MARSILIUS
KOLLEG

SCHRIFTEN
DES
MARSILIUS-KOLLEGS
Band 2

D1729720

Universitätsverlag
WINTER
Heidelberg

UNIVERSITÄT
HEIDELBERG

Zukunft. Seit 1386.

Das Marsilius-Kolleg der Universität Heidelberg ist eine Einrichtung, die das Gespräch und die Zusammenarbeit zwischen den Wissenschaftskulturen fördert. Im Mittelpunkt steht der Brückenschlag zwischen den Natur- und Lebenswissenschaften einerseits und den Geistes-, Sozial- und Rechtswissenschaften andererseits. Die Erträge werden mit den Schriften des Marsilius-Kollegs der Öffentlichkeit zugänglich gemacht.

Menschenbild und Menschenwürde am Ende des Lebens

Herausgegeben von
THOMAS FUCHS
ANDREAS KRUSE
GRIT SCHWARZKOPF

Zweite Auflage

Universitätsverlag
WINTER
Heidelberg

Bibliografische Information der Deutschen Nationalbibliothek

Die Deutsche Nationalbibliothek verzeichnet diese Publikation
in der Deutschen Nationalbibliografie;
detaillierte bibliografische Daten sind im Internet
über *http://dnb.d-nb.de* abrufbar.

ISBN 978-3-8253-5675-0
2. Auflage 2012

© 2012, 2010 Universitätsverlag Winter GmbH Heidelberg
Imprimé en Allemagne · Printed in Germany
Druck: Memminger MedienCentrum, 87700 Memmingen

Gedruckt auf umweltfreundlichem, chlorfrei gebleichtem
und alterungsbeständigem Papier

Den Verlag erreichen Sie im Internet unter:
www.winter-verlag.de

Inhalt

Vorwort

Menschen, so postulierte Kant, haben keinen Wert, sondern Würde. Wie aber zeigt sich ihre Würde da, wo ihr Menschsein dem Ende zugeht? Wie lässt sich die Würde bewahren, wenn Hinfälligkeit, Pflegebedürftigkeit oder demenzielle Erkrankungen die letzte Lebensphase bestimmen?

Die Frage nach dem Bild des Menschen und seiner Würde ist nicht zuletzt durch die Fortschritte der Biomedizin erneut in den Vordergrund getreten. Dies gilt in besonderer Weise für das menschliche Lebensende: Nicht nur von unseren medizinischen und technischen Möglichkeiten, sondern auch von unserem zugrunde liegenden Menschenbild hängt es wesentlich ab, wie sich Leben und Sterben alter Menschen in unserer Gesellschaft gestalten. Die damit verbundenen ethischen, psychologischen, medizinischen und politischen Aufgaben bedürfen mehr denn je einer interdisziplinären Reflexion, zu welcher der vorliegende Band einen Beitrag leisten will. Er dokumentiert den Kongress „Menschenbild und Menschenwürde am Ende des Lebens", der vom 8. bis 10. Mai 2008 an der Universität Heidelberg stattfand, veranstaltet vom *Interdisziplinären Forum für Biomedizin und Kulturwissenschaften (IFBK)* in Zusammenarbeit mit dem *Marsilius-Kolleg* der Universität. Das IFBK, gegründet 2005 von dem Theologen Wilfried Härle und dem Humangenetiker Claus Bartram, hat sich die Förderung des Dialogs zwischen den Geistes- und Naturwissenschaften über ethische Fragen der Biomedizin zur Aufgabe gestellt.

In dem Band kommen die verschiedenen Sichtweisen von Theologen, Juristen, Medizinern, Natur- und Geisteswissenschaftlern zur Sprache. Ihnen allen ist die Spannung zwischen der Würde eines Menschen und dem Wert, der ihm oft zugesprochen oder abgesprochen wird, vertraut. Die hier versammelten Beiträge wollen helfen, diese Spannung kritisch zu reflektieren. Die Themen reichen von der

Geschichte des Alterns bis zur seelsorgerlichen Sterbebegleitung, von der literarischen Gestaltung bis zur rechtswissenschaftlichen Problematik. Nach einer Einführung in die Fragestellung (Kapitel I) werden zunächst Gefährdungen der Menschenwürde in historischer Perspektive analysiert (Kapitel II). Weitere Abschnitte gelten den Themen der Sterbebegleitung und Sterbehilfe (Kapitel III) sowie der Thematisierung von Alter und Sterben in Literatur, Film und Musik (Kapitel IV). Die beiden abschließenden Beiträge plädieren für einen anderen individuellen und gesellschaftlichen Umgang mit dem Sterben (Kapitel V). Die verschiedenen Zugangsweisen umkreisen die gemeinsame Fragestellung und lassen so ein Bild des Menschen am Lebensende hervortreten.

Zu danken ist an erster Stelle den beiden Organisatoren des Kongresses, den Germanisten Karin Tebben und Helmuth Kiesel, für ihre Mühen vor und während der Durchführung. Die Referenten und Teilnehmer haben mit ihrer engagierten Mitwirkung zum Gelingen wesentlich beigetragen. Das Marsilius-Kolleg der Universität hat den Kongress großzügig gefördert und deren Beiträge freundlicherweise in seine neue Schriftenreihe aufgenommen. Die Beiträge wurden aufgrund der intensiven Diskussionen während des Kongresses von den Referenten überarbeitet. Der Universitätsverlag Winter schließlich betreute die Drucklegung mit Umsicht und Sorgfalt. Ihnen allen sei herzlich gedankt!

Heidelberg, im August 2009

Thomas Fuchs, Andreas Kruse und Grit Schwarzkopf

I. Die Fragestellung

Wilfried Härle

Menschenbild und Menschenwürde am Ende des Lebens
Eine Einführung

I. Bilder vom Menschen am Lebensende

Die im Titel des vorliegenden Bandes auftauchende Wendung „Ende des Lebens" lässt an Alter denken:

- Im besten Fall an ein Sterben „alt und lebenssatt", wie es im Alten Testament von mehreren Patriarchen berichtet wird (1. Mose 25, 8; 35, 29 sowie Hiob 42, 17). Und das heißt ja nicht: Sie hatten das Leben satt, sondern: Sie waren vom Leben wie von einer guten Mahlzeit gesättigt und konnten nun gerne und leicht den Tisch des Lebens verlassen und gehen.
- Im weniger guten Fall lässt die Wendung an ein Lebensende denken, bei dem ein Mensch dahinsiechend und leidend oder vereinsamt und verlassen den Tod herbeisehnt, aber lange Zeit über nicht sterben kann, bis endlich der Tod als Befreiung oder gar als Erlösung eintritt.

Der wohl noch schlimmere Fall ist freilich der, wenn der Tod nicht erst im Alter eintritt, wenn er nicht wartet, bis ein langes, mehr oder weniger erfülltes Leben gelebt und das Sterben an der Zeit ist, sondern mitten ins Leben einbricht, wenn Menschen zu früh, sei es ganz am Anfang oder in der Mitte des Lebens, jedenfalls zur Unzeit weggerafft werden. Und in manchen Weltgegenden ist das ja betrüblicherweise sogar fast der Normalfall.

Für unsere Weltgegend heißt „Ende des Lebens" in aller Regel tatsächlich „Alter", immer häufiger sogar „hohes Alter". Darauf will ich mich in meiner Einführung denn auch konzentrieren: auf das Bild, die Bilder und vor allem auf die Würde des alten Menschen, der sein Leben weitgehend hinter sich hat und sich – ob er will oder nicht – anschickt und anschicken muss, zu sterben.

Gibt es ein spezifisches, typisches, charakteristisches Bild vom Menschen am Lebensende? Die Bilder, die ich kenne, sei es aus eigenem Erleben oder aus Darstellungen anderer, sind höchst unterschiedlich. Ich erinnere mich an das Sterben eines mir nahe stehenden Menschen, an dessen Ende, als der vielstündige Todeskampf ausgekämpft war, ich im Blick auf die Tote nur denken und sagen konnte: ein „königlicher", ein „majestätischer" Anblick. Und ich denke auch an die Erfahrung, dass ein mir ebenfalls nahestehender Mensch in meinem Arm verlosch wie eine Kerze und ich nur denken konnte: „Wer so stirbt, der stirbt wohl."[1]

Aber ich weiß natürlich auch, dass dies nur ein Ausschnitt ist – und sicher kein repräsentativer – und beileibe nicht die ganze Wahrheit über das Bild vom Menschen an der Grenze des Lebens, am Übergang vom Leben zum Tod. Da gibt es auch viele ängstigende, erschreckende, schreckliche, abstoßende Bilder, die gerne gezeigt werden, wenn Menschen gewonnen werden sollen für die Legalisierung von aktiver Sterbehilfe, assistiertem Suizid oder zumindest für Patientenverfügungen. Auch das sind Realitäten. Vermutlich ist niemand in der Lage zu quantifizieren, wie viele positive Erfahrungen am Lebensende wie vielen negativen Erfahrungen gegenüberstehen, ja schon die Einteilung in „positiv" oder „negativ" dürfte erhebliche Schwierigkeiten bereiten. Aber ich würde nicht widersprechen, wenn jemand die Vermutung äußern würde, dass wohl die meisten Bilder

---

[1]   Diese Worte schließen das bekannte Passionslied von Paul Gerhardt „O Haupt voll Blut und Wunden" ab und finden sich im Evangelischen Gesangbuch (Nummer 85, Strophe 10). Die beiden letzten Strophen dieses Liedes sind die eindrucksvollste und tröstlichste Sterbe-Lyrik bzw. -Poesie, die ich kenne. Sie lauten: „Wenn ich einmal soll scheiden, so scheide nicht von mir, wenn ich den Tod soll leiden, so tritt du dann herfür; wenn mir am allerbängsten wird um das Herze sein, so reiß mich aus den Ängsten kraft deiner Angst und Pein. – Erscheine mir zum Schilde, zum Trost in meinem Tod, und lass mich sehn dein Bilde in deiner Kreuzesnot. Da will ich nach dir blicken, da will ich glaubensvoll dich fest an mein Herz drücken. Wer so stirbt, der stirbt wohl."

vom Ende des Lebens nicht schön sind, oder vorsichtiger ausgedrückt, dass sie auf den ersten und zweiten Blick nicht schön wirken. Es ist übrigens kein geringeres Buch als die Bibel, die zu einem nüchternen, kritischen, geradezu negativen Bild vom Alter und vom Lebensende beiträgt, wenn es im Prediger Salomo (12,1) heißt: „Denk an deinen Schöpfer in deiner Jugend, ehe die bösen Tage kommen und die Jahre sich nahen, da du sagen wirst: ‚Sie gefallen mir nicht‘.“ Und dann wird in einer faszinierenden Bildersprache und Metaphorik beschrieben, was alles im Alter nachlässt, schwer fällt und das Leben schwer macht. Die Jahre, von denen wir sagen: „Sie gefallen mir nicht“, klingen jedenfalls nicht nach einem Euphemismus wie „Seniorenresidenz“, aber so etwas gab es damals eben auch noch nicht. Und dazu passt ja auch die biblische Bezeichnung des Todes als „Feind“, genauer als „letzter Feind, der vernichtet wird“ (1. Korinther 15,26).

Die Bilder vom Menschen am Ende des Lebens weisen jedenfalls viele Facetten, eine große Spannweite auf, und nicht alles, was wir da zu sehen und vielleicht auch zu erleben bekommen, gefällt uns, ja es stößt uns eher ab und treibt uns von sich weg. Und das trägt mit zu dem bei, was ich in Übernahme einer der beeindruckenden Phantasiegestalten Michael Endes so ausdrücken möchte: Der Tod ist in unserer Gesellschaft zu einem Scheinriesen geworden. Leser von Michael Endes *Jim Knopf* wissen, was ein Scheinriese ist, wie dort Herr Tur-Tur (Ende 1983: 129-134). Es ist eine Gestalt, die einem umso größer erscheint, je mehr man sich von ihr entfernt. Und darum wirkt sie aus großer Ferne riesig und bedrohlich, und das veranlasst normalerweise dazu, sich noch mehr von ihr zu entfernen, um sich vor ihr in Sicherheit zu bringen, was aber die Größe noch einmal steigert und eine angstfreie Beziehung noch einmal erschwert, ja geradezu unmöglich macht.

Dabei gibt es nur eine Möglichkeit, dieses Muster zu erkennen und diesen Schein aufzulösen. Sie besteht darin, sich dieser Gestalt zu nähern und dabei zu erkennen: Sie wird immer kleiner, und wenn ich schließlich unmittelbar vor ihr stehe, hat sie ihr menschliches Maß (wieder) gewonnen.

Ich begegne immer wieder Menschen, die auf ein bevorstehendes Sterben in ihrer nahen Umgebung oder auf den eingetretenen Tod im Verwandten- oder Bekanntenkreis so reagieren, dass sie sich entziehen, z. B. durch Verweis auf andere terminliche Verpflichtungen für Lebende oder mit Hilfe des Satzes: „Ich möchte sie oder ihn so in Erinnerung behalten, wie sie im Leben waren." Ich begegne seit einiger Zeit sogar immer häufiger Pfarrern, die sagen müssen: „Wir waren noch nie dabei, als ein Mensch starb. Wir haben das noch nie miterlebt; denn gestorben wird heute nicht in den Familien, in den Wohnungen, in unserer Lebenswelt, sondern in Alten- und Pflegeheimen, in Krankenhäusern, auf Intensivstationen. Und dort gibt es ja die speziell ausgebildeten Klinikseelsorger, die dafür zuständig sind."

Ich sage das ohne jede Kritik, nur als Feststellung, dass es aufgrund vielfältiger Ursachen so ist. Und ich vermute, dass damit vielen Menschen – Kindern, Jugendlichen und Erwachsenen – eine wichtige Erfahrung fehlt: das Miterleben von Sterben, das Wahrnehmen von Tod als einem Teil des Lebens. Und ich vermute weiter, dass zwischen dieser Situation und der Tatsache, dass der Tod zu einem Scheinriesen geworden ist, ein Zirkel besteht, richtiger eine sich verstärkende, vertiefende Spirale, die nicht gut ist und uns nicht gut tut.

Aus der Erfahrung mit dem Menschenwürde-Schulprojekt, das wir seit einigen Jahren im Rahmen des Interdisziplinären Forums für Biomedizin und Kulturwissenschaften (IFBK) von unserer Universität aus an mehreren Gymnasien in der Umgebung von Heidelberg durchführen, und das sich im ersten Jahr mit dem Thema „Menschenwürde am Lebensende" beschäftigt hat, kann ich aber auch sagen: Es ist möglich, diese Spirale umzukehren und die Angst vor Sterben und Tod abzubauen oder sogar zu überwinden. Und das ist natürlich eine sehr ermutigende Erfahrung.

II.   Die Würde des alten Menschen

Und was hat es nun mit dieser Menschenwürde am Ende des Lebens, verstanden als „Würde des alten Menschen", auf sich? Diese Formel ist zweifach interpretierbar: entweder allgemein, und dann eher defensiv, oder speziell, und dann eher offensiv. Die allgemein-defensive Interpretation besagt: auch alte, sieche, sterbende Menschen haben (noch) Menschenwürde, und das ist zu verteidigen, dafür ist einzutreten, dafür muss sogar notfalls gekämpft werden. Die speziell-offensive Interpretation der Formel „Würde des alten Menschen" besagt: Alte Menschen, Menschen am Lebensende haben eine besondere Würde, die andere Menschen nicht haben (können). Das wissen und respektieren andere Kulturen und Gesellschaften besser als die unsrige, aber gerade deshalb müssen wir in unserer Gesellschaft für diese besondere Würde alter Menschen eintreten. Was von beidem gilt? Lassen sich beide Auffassungen begründen? Lassen sie sich sogar miteinander vereinbaren oder bilden sie einen spannungsvollen Gegensatz?

(1)   Die Würde des alten Menschen als Menschenwürde

Dass die allgemeine Interpretation gilt, ist unbestreitbar und trivial. Man würde den Gedanken der Menschenwürde ja gar nicht denken oder gedacht haben, wenn man bestritte, dass auch alte Menschen, Menschen am Lebensende an ihr teilhaben. Man müsste ihnen zuvor das Menschsein absprechen, wie das z. B. im Dritten Reich mit den Menschengruppen gemacht wurde, die für Unterwerfung oder Vernichtung vorgesehen waren, indem man sie als „Untermenschen", „Ungeziefer" oder „Schädlinge" kennzeichnete und bezeichnete und ihnen damit den Schutzbegriff „Mensch" entzog.[2] Bei allem, was in unserer Gesellschaft in dieser Hinsicht problematisch sein mag: Dafür, dass alte Menschen in dieser Weise ausgegrenzt und vogelfrei gestellt würden, gibt es nun wirklich keinerlei Anzeichen.[3] Und da-

---

[2]   Victor Klemperer hat das in seiner wichtigen Schrift über die Sprache des Dritten Reiches *Lingua tertii imperii* (2002) höchst eindrucksvoll beschrieben.

[3]   Allerdings wird diese Strategie auch dort angewandt, wo im Blick auf den Lebensbeginn (etwa zur ethischen Legitimation von embryonaler Stammzellforschung oder sog. Therapeutischem Klonen) die Auffassung vertreten wird, menschliche Embryonen (und/oder Föten) seien vor einem bestimmten Zeitpunkt (z. B. vor der Einnistung in die Gebärmutter oder vor der Geburt) noch gar keine

rum gilt – zumindest theoretisch unbestritten: auch der alte, der sieche, der sterbende Mensch am Ende des Lebens hat Menschenwürde, hat also einen mit seinem Dasein als Mensch gegebenen und damit objektiven Anspruch auf Achtung, der als solcher „unantastbar" ist. Aber worin besteht dieser Anspruch und worin besteht die Respektierung dieses unantastbaren Anspruchs auf Achtung?[4]

Für diese Definition von „Menschenwürde", die ich damit im Anschluss an Aussagen Immanuel Kants (Kant 1968: 66 f.), Günter Dürigs (Dürig 1958 ff., Art. 1, Abs. 1, Rdnr. 28) und Robert Spaemanns (Spaemann 1996: 9-49, 252-264) sowie an neuere Arbeiten zum Thema „Menschenwürde" voraussetze (Vogel 2006: 21), ist dreierlei grundlegend:

a) Menschenwürde ist etwas, das dem Menschen *mit seinem Dasein* gegeben ist. Das unterscheidet Menschenwürde von Auszeichnungen, die entweder im Lauf einer Lebensgeschichte erworben oder verliehen werden. Dabei muss und sollte man nicht bestreiten, dass es andere Formen von Würde gibt, die erst erworben oder verliehen (und gegebenenfalls dann auch wieder entzogen) werden können. Davon wird gleich, beim Nachdenken über die spezielle Interpretation, die Rede sein. Aber von solchen speziellen, differenzierenden Formen der Würde unterscheidet sich die Menschenwürde dadurch, dass sie allen Menschen zukommt und allen Menschen in gleicher Weise, nämlich alleine aufgrund ihres Menschseins zukommt.

b) Menschenwürde ist ein *objektiver* Anspruch. Dass von einem objektiven Anspruch die Rede sein muss, ergibt sich aus der Notwendigkeit, diesen bzw. einen solchen Anspruch zu unterscheiden von der Vielzahl von Ansprüchen, die Menschen erheben (können), weil diese ihren Wünschen, Neigungen, Bedürfnissen, ihrer Selbsteinschätzung oder ihrer Lebensplanung entsprechen. Weil Men-

---

Menschen im Vollsinn des Wortes und deswegen fielen sie auch nicht unter die (volle) Schutzwirkung von Menschenwürde und Menschenrechten. Im Blick auf das Lebensende gibt es dazu allenfalls eine Analogie, nämlich dort, wo z. B. das Hirntodkriterium als hinreichende Definition für den Tod eines Menschen genommen und auf Grund dessen bestritten wird, dass wir es bei „Hirntoten" mit sterbenden, todgeweihten, aber noch lebenden Menschen zu tun haben.

[4]   Vgl. zum Folgenden Härle 2005: 135-165.

schenwürde mit dem Menschsein als solchem gegeben ist, darum hat sie den Charakter eines Anspruchs, der nicht von subjektiven Faktoren, Bedingungen oder Voraussetzungen abhängig ist, sondern den Charakter eines objektiven Anspruches. Dabei ist unter einem objektiven Anspruch ein Recht zu verstehen, das von anderen (und sogar vom Träger selbst) Anerkennung, Beachtung, Respektierung und Erfüllung verlangt. Wird diese Anerkennung etc. versagt oder bleibt sie aus, so verliert der objektive Anspruch nicht seine Geltung, sondern „nur" seine Anerkennung. Er ist als Anspruch „unantastbar" und kann darum nicht verloren gehen. Wohl aber können Menschen sich durch die Missachtung dieses Anspruchs aneinander und sogar an sich selbst schuldig machen.

c) Menschenwürde ist ein Anspruch auf *Achtung*. Was heißt das? Achtung ist ein facettenreicher, vielschichtiger Begriff. Er umschließt in jedem Fall ein Wahrnehmen, ein Ernstnehmen und einen respektvollen Umgang mit demjenigen, das oder der einen Anspruch auf Achtung hat. Wenn Menschenwürde mit dem Dasein des Menschen gegeben ist, dann schließt die Achtung der Menschenwürde in jedem Fall die Anerkennung des Würdeträgers als Mensch ein und d. h. zugleich die Anerkennung des Würdeträgers als (potentieller oder aktueller) Würdeadressat,[5] d. h. als ein Wesen, das dazu in der Lage ist, die Würde anderer Wesen zu erkennen, anzuerkennen, zu achten – oder sie zu verkennen, zu leugnen, zu missachten. Das heißt aber zugleich, dass die Menschenwürde, die Menschen gegenüber anderen Geschöpfen auszeichnet, vor allem in ihrer Verantwortlichkeit für die Achtung der Würde ihrer Mitmenschen (und für sich selbst) besteht, darauf jedoch nicht beschränkt ist, sondern die Achtung vor der Würde und dem Wert anderer Geschöpfe mit einbezieht. Umso erschreckender und bedrückender ist es, wenn der Mensch seine Sonderstellung als Würdeadressat zur Verkennung, zur Verleugnung oder zur Missachtung der Würde und des Wertes anderer (menschlicher und außermenschlicher) Geschöpfe gebraucht.

---

[5]   Siehe zu diesem Begriff und der damit zusammenhängenden tragfähigen Theorie Herms 2005: 90-96.

Weil diese drei Momente (a-c) im allgemeinen und umfassenden Begriff der Menschenwürde zu einer untrennbaren Einheit verbunden sind, ist es kein Widerspruch, wenn Art. 1 GG in seinem ersten Satz sagt: „Die Würde des Menschen ist unantastbar", und dem im zweiten Satz anfügt: „Sie zu achten und zu schützen ist Verpflichtung aller staatlichen Gewalt." Es scheint zwar widersprüchlich zu sein, wenn im Blick auf etwas (in diesem Fall die Menschenwürde), das als unantastbar bezeichnet wird, was man also gar nicht antasten, d. h. weder verletzen noch zerstören kann, gleichwohl die Verpflichtung ausgesprochen wird, es zu schützen. Ist es unantastbar, so braucht man es allem Anschein nach nicht zu schützen.[6] Bedarf es des Schutzes, so scheint es antastbar zu sein. Dass diese schlichte logische Folgerung dem Sachverhalt nicht gerecht wird, zeigt sich dann, wenn man Menschenwürde – wie hier geschehen und vorgeschlagen – erfasst als „den mit dem Menschsein gegebenen Anspruch auf Achtung" (Vogel 2006: 21). Dann muss man nämlich sagen, dass dieser Anspruch insofern unantastbar ist, als er niemandem – ganz oder teilweise – genommen werden kann. Und das Wissen darum kann in bestimmten Situationen von größter Bedeutung sein. Denn dann ist auch der Satz: „Unsere Peiniger konnten uns alles nehmen – nur unsere Würde nicht" nicht nur nachvollziehbar, sondern wird in seiner ganzen rettenden und schützenden Kraft verständlich. Dass man diesen unantastbaren Anspruch – ohne ihn beseitigen zu können – gleichwohl missachten, ignorieren, mit Füßen treten kann, ist ebenso wahr und macht die Formulierung von Satz 2 des Menschenwürdeartikels nicht nur verständlich und wichtig, sondern unverzichtbar. Deswegen ist es auch richtig, wenn Opfer eines

---

[6] Diesen Satz habe ich der Kritik Schopenhauers an der Gerechtigkeitsformel „Jedem das Seine" nachgebildet. Schopenhauer sagt: „Ist es das Seinige, braucht man es ihm nicht zu geben" (Schopenhauer 1988: 574). Dass dieser Einwand aber nur scheinbar plausibel ist, zeigt sich dann, wenn man näher bestimmt, was es (in diesem Fall heißt), „das Seinige" zu sein, nämlich: ein Recht oder einen Anspruch darauf zu haben. Es ist das, was einem Menschen von Rechts wegen zusteht (Härle 2007: 282-293, bes. 26 f.). Die gleiche Argumentationsstruktur gilt m. E. im Blick auf die Unantastbarkeit der Menschenwürde, die zu achten und zu schützen ist.

totalitären, menschenverachtenden politischen Systems sagen: „Unsere Peiniger haben sogar unsere Menschenwürde mit Füßen getreten und haben mit allen Mitteln versucht, uns unsere Würde zu nehmen." Gleichwohl gilt auch hierfür: „Sie konnten uns jedoch unsere Menschenwürde nicht nehmen." Aber beide Einsichten bilden nur dann einen Zusammenhang, wenn Würde als Anspruch auf Achtung verstanden wird, die verweigert werden kann, ohne dass damit der Anspruch auch nur im Geringsten angetastet wird und angetastet werden kann.

Und das formuliert Art. 1 GG in mustergültiger Klarheit und Präzision und schafft damit eine rechtliche Grundlage für die Anerkennung der allgemeinen Würde jedes Menschen und darum auch des alten Menschen, des Menschen am Ende seines Lebens.

(2)   Die spezifische Würde des alten Menschen

Wesentlich schwieriger, weil strittiger und komplexer ist die Frage nach der Würde in ihrer speziellen Interpretation: Gibt es eine besondere Würde – also einen besonderen Anspruch auf Achtung – des alten Menschen, des Menschen am Ende des Lebens, und womit ließe dies sich gegebenenfalls begründen?

Die Beantwortung der Frage, ob es eine solche Würde tatsächlich in der Form gibt, dass sie in einer Gesellschaft anerkannt und geachtet wird, ist stark kulturabhängig. Das wird (immer noch) unübersehbar, wenn man z. B. die Situation fernöstlicher und abendländisch-westlicher Kulturen miteinander vergleicht. Wie unsicher es ist, ob bei uns eine spezifische Würde des alten Menschen anerkannt wird, will ich an einer anekdotischen Erinnerung und einer sprachlichen Beobachtung verdeutlichen:

– Wahrscheinlich ist es vielen von den bejahrteren Teilnehmern unter uns schon passiert, dass sie in einem Geschäft als „junge Frau" oder als „junger Mann" angesprochen oder dass mit dieser Formel über sie gesprochen wird: „Ich glaube, jetzt ist erst der junge Mann dran." Ich vermute, dass ich mit dem, was ich jetzt sage, in den Verdacht völliger Humorlosigkeit gerate, aber das muss ich riskieren. Ich lasse diese Kennzeichnung oder Anrede nur selten unkommentiert durchgehen, sondern reagiere auf sie meist mit einer iro-

nischen Bemerkung folgender Art: „Ich bin nicht so jung, wie ich aussehe"
oder: „Jetzt bemühe ich mich seit über 60 Jahren darum, ein älterer Herr zu
werden, und nun nennen Sie mich ‚junger Mann'. Das kann ich nicht auf mir
sitzen lassen." Nur wenige verstehen diese Ironie oder finden diese Reaktion
witzig. Die meisten nehmen sie ernst und reagieren – unisono – mit einer nun
wirklich verheerenden Antwort: „Das sollte doch nur ein Kompliment sein."
„Verheerend" nenne ich diese Antwort nicht, weil sie zeigt, wie unehrlich
diese Anrede gemeint war. Das weiß man ja ohnehin. Sondern verheerend
nenne ich sie deswegen, weil darin die Meinung zum Ausdruck kommt,
„jung" genannt zu werden, sei ein Kompliment, weil jung zu sein eine Aus-
zeichnung sei, „alt" genannt zu werden und zu sein dagegen ein ziemlicher
Mangel oder Defekt – jedenfalls alles andere als eine besondere Würde.

–   Und dazu passt auch die sprachliche Beobachtung. Abgesehen von Antiqui-
täten und edlen Tropfen gibt es kaum etwas in unserer Gesellschaft, dessen
hohes Alter als ein Qualitätsmerkmal gilt. Im Gegenteil. Das Urteil: „Da
siehst du aber ganz schön alt aus", hat einen ziemlich vernichtenden Sinn.
Und viele Schimpfwörter erhalten dadurch eine deutliche Steigerung, dass
sie mit dem Adjektiv „alt" versehen werden. So ist ein „alter Angeber" oder
eine „alte Ziege" zweifellos eine Steigerungsform gegenüber den Nor-
malausgaben von Angeber und Ziege. Dementsprechend haben wir auch einen gesellschaftlichen sprachlichen Wandel mitgemacht vom Altenheim zur
bereits erwähnten Seniorenresidenz und ganz generell von den „Alten" zu
den „Senioren". Das klingt schon alleine deswegen besser und feiner, weil es
lateinisch ist. Aber dabei wird auch der abmildernde Komparativ wirksam.
Man könnte ja sagen: „Senior" sei ja schon rein sprachlich „älter" (als „alt").
Aber das stimmt ebenso wenig wie im gesundheitlichen Bereich. Wird man
gefragt, wie es einem geht, so sagt die Antwort „besser" oder „schon besser"
bekanntlich weniger (manchmal sogar sehr viel weniger) als die Antwort
„gut". Das spricht für die Vermutung, dass auch „die Älteren" oder „die Senioren" weniger alt klingen und klingen sollen als „die Alten". Sprachlich
spricht also wenig dafür, dass es in unserer Gesellschaft eine spezifische
Würde des alten Menschen, des Menschen am Lebensende gibt, die allgemeine Anerkennung fände.

Aber sollte es die Anerkennung einer solchen spezifischen Würde
der Alten denn geben? Dann müssten wir das ja irgendwie begründen können. Dabei wird man von einer Begründung für diese spezielle Würde nicht erwarten dürfen, dass sie auf jeden alten Menschen zutrifft. Es müsste schon reichen, dass damit etwas Typisches
oder Charakteristisches benannt wird, das aber zum bloßen Faktum
des Alters bzw. Altseins hinzukommt.

a) Eine klassische Kandidatin hierfür ist natürlich die oft beschworene Weisheit des Alters, die einen Menschen durch Lebenserfahrung gütig, geduldig, großzügig, verständnisvoll und milde werden lässt. Das wäre eine gute Begründung, aber wie verallgemeinerungsfähig ist sie? Ist es mit der Weisheit des Alters nicht so wie mit der Annahme: Wem Gott ein Amt gibt, dem gibt er auch Verstand? Das ist eine wunderbare Erfahrung, die gelegentlich zutrifft und dann das Herz erfreut, sich aber schwerlich verallgemeinern lässt.

b) Ein anderer Begründungsweg liefe über die Lebensleistung, die ein alter, Mensch, ein Mensch am Ende des Lebens erbracht hat Auch da wird man sagen müssen: Wenn es eine solche Lebensleistung gibt (und sie lässt sich gewiss nicht primär am erzielten Einkommen ablesen), dann ist das in der Tat ein triftiger und manchmal zu Unrecht übersehener oder missachteter Grund dafür, einem Menschen eine solche besondere Würde zuzusprechen – wenn es sie gibt! Im Blick auf die Generation der sog. „alten Alten", also der jetzt über Achtzigjährigen, plädiere ich im Blick auf die von ihr erbrachte Aufbauleistung nach dem Zweiten Weltkrieg (auch wenn sie teilweise nur eine Wiederaufbauleistung war) zumindest für einen Anfangsverdacht auf Lebensleistung. Dass dabei die Frauen noch einmal besonders hervorgehoben zu werden verdienen, ist sattsam bekannt, aber kein Hinderungsgrund, es zu erwähnen.

c) Ein wieder anderes Begründungsmuster wird sichtbar in dem Verweis auf die Rolle und Funktion als Eltern oder Großeltern, also als Vorfahren, denen Menschen ihr Leben, ihre Erziehung und Bildung verdanken. Damit befindet man sich in guter Gesellschaft oder Nachbarschaft mit dem vierten Gebot: „Du sollst deinen Vater und deine Mutter ehren" (2. Mose 20,12 und 5. Mose 5,16). Das steht interessanterweise unter den Geboten, die sich auf das Verhältnis zum Mitmenschen beziehen (also auf der sog. Zweiten Tafel der Gebote), an erster Stelle, noch vor dem Verbot zu töten. Darin kommt die Einsicht zum Ausdruck, dass die irdische Abstammungsbeziehung, der wir unser Leben verdanken, die nächste Analogie zu der Schöpfungsbeziehung ist, der alle Kreaturen in einem absoluten Sinn ihr Dasein verdanken. Dabei würde ich es für eine Verengung halten, diese Würde, die in der Ehrung der Vorfahren (und zwar nicht nur der guten und vorbildlichen, sondern auch der schwierigen und wunderlichen) zum Ausdruck kommt, auf die Menschen zu begrenzen, die im physischen Sinne Mütter oder Väter oder Großeltern werden und sein konnten, sondern würde gerne auch die Menschen einbeziehen, denen das nicht vergönnt war, die aber in ihrem Beruf, in ihrem sozialen Engagement, durch den Stil, in dem sie mit den nachwachsenden Generationen umgingen, sich auf diese Verantwortung eingelassen haben und zumindest versucht haben, ihr gerecht zu werden.

d) Eine weitere Begründungsmöglichkeit für eine spezifische Altenwürde liegt in deren etwa durch Gebrechlichkeit bedingten Hilfsbedürftigkeit. Das berühmte Aufstehen, um einen Platz für einen alten Menschen frei zu machen, dem es sichtlich schwer fällt, zu stehen, ist ja in öffentlichen Verkehrsmitteln nicht ganz aus der Übung gekommen – auch wenn es nicht immer die ganz Jungen sind, die sich dabei hervortun. Das muss einem eben auch erst einmal beigebracht werden. Aber solche Formen der Rücksichtnahme und Höflichkeit können doch zumindest Ausdruck für eine Achtung sein, von der man sagen könnte, in ihr wird die Würde des Alters, genauer: die Würde des alten Menschen anerkannt und geachtet.

e) Einen noch anderen Ansatz zur Begründung einer speziellen Würde des Menschen am Lebensende sehe ich im Verweis auf seine Nähe zum Tod, die ihm wohl seit je und bis heute eine gewisse Aura verleiht, die Respekt heischt. Ist das noch nachvollziehbar? Verdienen Menschen Achtung angesichts des großen Überganges, der da gemeistert und bestanden werden muss? Sind es also die Alten am Ende des Lebens als die morituri (d. h. als die zum Sterben Bestimmten), die eine besondere Würde haben, die nicht einfach schon mit dem Menschsein als solchem gegeben ist, sondern darüber hinausreicht? Ein Arzt, bei dem ich vor einigen Wochen in Behandlung war, und der nicht wusste, dass ich Theologe bin, sagte beiläufig, aber sehr ernsthaft, er sei davon überzeugt, dass alte Menschen ein größeres Wissen um die Transzendenz hätten als Menschen in der Lebensmitte. Könnte daraus, auch daraus – wenn es denn stimmt – eine Begründung für die Annahme einer besonderen Würde des Menschen am Ende des Lebens resultieren?

Das waren in allen fünf Punkten überwiegend Fragen, keine empirisch oder theoretisch abgestützten Behauptungen. Sollte es gute Gründe dafür geben, zumindest eine oder einige dieser Fragen positiv zu beantworten, so spräche das dafür, dass es lohnend und ein sozialethisches Desiderat ist, auch die Menschenwürde in ihrer speziell dem alten Menschen geltenden Interpretation aufzuspüren und aufzudecken, zur Geltung zu bringen und sich für ihre Achtung einzusetzen.

*(3)   Das Verhältnis von Menschenwürde und Würde des
alten Menschen*

Zwischen der allgemeinen Interpretation, also zwischen der Würde, die jedem Menschen als Mensch und darum auch jedem alten Menschen als Mensch zukommt, und der speziellen Interpretation, also der Würde, die dem alten Menschen im Besonderen zukommt, besteht natürlich keine Alternative und schon gar kein Gegensatz, sondern eine Verbindung und Zusammengehörigkeit. Aber wie ist die genauer zu denken und zu verstehen?

Auch die spezielle Würde des alten Menschen ist ein Anspruch auf Anerkennung, und zwar ein Anspruch, der sich nicht auf das Menschsein an sich gründet, sondern auf eine Besonderheit, durch die sich dieses Menschsein anderen Lebensaltern und Lebensweisen gegenüber auszeichnet. Das heißt aber: Die Anerkennung der Würde des alten Menschen geht über die Anerkennung der Würde jedes Menschen (als Mensch) hinaus, sie übertrifft sie und schließt sie in entscheidender Hinsicht ein. Wem als altem Menschen Würde zuerkannt wird, der braucht sich um die Anerkennung seiner Menschenwürde keine Sorgen zu machen. Sie ist darin immer schon irgendwie mit eingeschlossen.

Auf diesem Umweg stoßen wir auf eine Einsicht, auf die Ernst Benda, der frühere Bundesinnenminister und Präsident des Bundesverfassungsgerichts, eindrücklich hingewiesen hat. Er zeigt in einem Aufsatz aus dem Jahr 1985 auf, dass Menschenwürde zwar per definitionem jedem Menschen zukommt, dass sie aber ihre eigentliche Bedeutung und Wichtigkeit nicht im Blick auf die Menschen erweist,

die mit dem Leben gut zurecht kommen, die den Anforderungen des
Lebens gewachsen sind, die von ihren Mitmenschen und in der Gesellschaft Anerkennung genießen. Was es bedeutet, eine unantastbare
Menschenwürde zu haben, wird vielmehr erst deutlich im Blick auf
Menschen, die versagt haben, die mit dem Leben nicht zurecht
kommen, die den üblichen Anforderungen nicht gewachsen sind oder
die sich schuldig gemacht haben (Benda 1985: 18). Das alles wäre
völlig missverstanden, wenn man es so hörte, als sei Menschenwürde
ein Anspruch, der nur solchen Menschen zukäme, oder als wäre
Menschenwürde eine Art Armenrecht. Natürlich kommt Menschenwürde jedem Menschen zu, aber Benda weist zu Recht darauf hin,
dass dies für die Menschen, die den üblichen Erwartungen und Anforderungen nicht entsprechen, von ganz besonderer Bedeutung ist,
während es für andere möglicherweise den Charakter einer Selbst-
verständlichkeit hat, auf die sie gar nie rekurrieren müssen.

Dieser Hinweis Bendas ist in zweierlei Hinsicht von Bedeutung:
Zunächst unterstreicht er, dass Menschenwürde nicht fundiert ist in
Eigenschaften, durch die Menschen sich (sei es im Vergleich zu anderen Menschen oder zu anderen Kreaturen) auszeichnen, durch die
sie über andere hinausragen, sondern dass sie in nichts anderem be-
gründet ist als im schlichten Hinzugehören zum Menschengeschlecht
(genus humanum) bzw. zur Menschheitsfamilie. Sodann weist er auf
die unterschiedlichen Grade hin, in denen Menschenwürde in verschiedenen Lebenssituationen oder gesellschaftlichen Situationen ihre Bedeutung und Wichtigkeit entfaltet.[7] Und darin zeigt sich ein Zusammenhang, der es fast erlaubt zu sagen: Die Anerkennung und
Achtung der besonderen Würde des alten Menschen schließt die Anerkennung seiner allgemeinen Würde als Mensch geradezu mit ein.

Warum nur „fast" und „geradezu"? Darum, weil gerade im Blick
auf die spezifische Würde des alten Menschen auch der Gedanke zu
denken und auszusprechen ist, dass sie durch Entwicklung oder Verhalten Einbußen erleiden und verloren gehen kann – z. B. wenn der

---

[7] Es ist kein Zufall, dass nach Erfahrungen lebensgeschichtlichen Scheiterns sowie
     unter gesellschaftlich oder politisch totalitären Bedingungen die Menschenwürde
     in der Regel ihre größte Bedeutung entfaltet.

alte Mensch albern oder kindisch[8] wird, wenn an ihm Charakterzüge zum Vorschein kommen, die er ein Leben lang geschickt verborgen hat, die ihm aber nun, da sie sichtbar werden, die Ehre des Alters zu rauben drohen. Und im Blick auf solche Situationen ist es von geradezu lebensrettender Bedeutung, dass die spezifische Würde des alten Menschen seine Menschenwürde jedenfalls nicht in der Form einschließt, dass man sagen oder auch nur vermuten könnte, mit dem Verlust der spezifischen Würde des alten Menschen käme ihm auch die jedem Menschen eignende allgemeine Menschenwürde abhanden.

Sie verbleibt dem Menschen auf jeder Stufe seiner Entwicklung und bei jeder Form seines Verhaltens. Sie ist das Fundament des menschlichen Lebens und Zusammenlebens, das als objektiver Anspruch bestehen bleibt, auch wenn ihm keine Achtung gebietende Lebensleistung, keine liebenswerte Begegnungsform, keine selbstbestimmte Lebensführung (mehr) entspricht. In dieser Hinsicht unterscheidet sich die (möglicherweise vorhandene) spezielle Würde des alten Menschen von der (gewiss gegebenen) allgemeinen Würde jedes Menschen als Mensch. Und dieser Unterschied ist sogar von grundlegender Art und Bedeutung.

Das hebt nicht auf, dass die Würde des alten Menschen und die Menschenwürde einander zu- und aufeinander hingeordnet sind. Und das kommt wohl nirgends anschaulicher und erfreulicher zum Ausdruck als dort, wo sie im Achtung-geben und im Achtung-empfangen so miteinander verbunden sind, dass sie ein und demselben Menschen, in diesem Fall: ein und demselben alten Menschen, gelten und von ihm erlebt werden.

Literatur

Benda, Ernst (1985): „Erprobungen der Menschenwürde am Beispiel der Humangenetik." In: *Aus Politik und Zeitgeschehen* Beiheft 3, 18.
Dürig, Günter (1958): *Grundgesetz. Kommentar*. München.

---

[8] Nicht kindlich! Das ist etwas kategorial anderes.

Ende, Michael (1983): *Jim Knopf und Lukas der Lokomotivführer*. Stuttgart.

Härle, Wilfried (2005): „Menschenwürde – konkret und grundsätzlich." In: *Marburger Jahrbuch Theologie* XVII, 135-165.

Härle, Wilfried (2007): *Christlicher Glaube in unserer Lebenswelt. Studien zur Ekklesiologie und Ethik*. Leipzig.

Herms, Eilert (2005): „Menschenwürde". In: *Marburger Jahrbuch Theologie* XVII, 79-134.

Kant, Immanuel (1968): *Grundlegung zur Metaphysik der Sitten (1785). Werke in zehn Bänden*. Band 6. Darmstadt.

Klemperer, Victor (2002): *Lingua Tertii Imperii*. London.

Schopenhauer, Arthur (1988): „Die beiden Grundprobleme der Ethik." In: ders.: *Werke in fünf Bänden*. Band III. Zürich, 323-632.

Spaemann, Robert (1996): *Personen. Versuche über den Unterscheid zwischen „etwas" und „jemand"*. Stuttgart.

Vogel, Bernhard (2006): *Im Zentrum: Menschenwürde*. Berlin.

Andreas Kruse

Der Respekt vor der Würde des Menschen am Ende seines Lebens

I. Die Ordnung des Lebens mit der Ordnung des Todes
    verbinden

Als bedeutende Entwicklungsaufgabe im Lebenslauf eines Menschen ist die Integration zweier grundlegender Ordnungen zu verstehen – der Ordnung des Lebens und der Ordnung des Todes (Kruse 2007). In den einzelnen Lebensaltern besitzen die beiden Ordnungen unterschiedliches Gewicht: In den frühen Lebensaltern steht eher die Ordnung des Lebens im Zentrum – ohne dass die Ordnung des Todes damit ganz „abgeschattet" werden könnte –, in den späten Lebensaltern tritt hingegen die Ordnung des Todes immer mehr in den Vordergrund, ohne dass dies bedeuten würde, dass die Ordnung des Lebens damit aufgehoben wäre. Wenn Menschen pflegebedürftig sind oder an einer fortgeschrittenen Demenz leiden, dann werden sie, dann werden auch ihre engsten Bezugspersonen immer stärker mit der Ordnung des Todes konfrontiert: Die hohe Verletzlichkeit und die Vergänglichkeit dieser Existenz sind zentrale Merkmale der Ordnung des Todes. Doch dürfen wir auch bei der Konfrontation mit der Ordnung des Todes nicht die Ausdrucksformen der Ordnung des Lebens übersehen. Denn dies zeigen empirische Befunde: Auch bei höchster Verletzlichkeit, auch bei Vorliegen stark ausgeprägter psychopathologischer Symptome und körperlicher wie kognitiver Einbußen ist nicht selten ein differenzierter emotionaler Ausdruck zu beobachten, der auf die Ordnung des Lebens verweist.

Jene Menschen, die sich in ihrem Lebenslauf nicht bewusst mit der Aufgabe auseinandergesetzt haben, die Ordnung des Lebens mit der Ordnung des Todes zu verbinden, und für die die abschiedliche

Existenz sowie die Vergänglichkeit des Lebens keine Themen persönlicher Reflexion gewesen sind, werden die Konfrontation mit einem pflegebedürftigen, vor allem mit einem demenzkranken Menschen eher als eine Belastung erleben, der sie nach Möglichkeit auszuweichen versuchen. Wenn sie einem pflegebedürftigen oder demenzkranken Menschen begegnen, dann tendieren sie dazu, bei diesem nur noch Zeichen der Ordnung des Todes, hingegen keine Zeichen der Ordnung des Lebens mehr wahrzunehmen und zudem dessen Lebensqualität, wenn nicht sogar dessen Menschenwürde in Frage zu stellen. Und schließlich werden sie dazu neigen, das in einer Pflegeeinrichtung zu beobachtende Leiden primär auf die bestehenden institutionellen Rahmenbedingungen zurückzuführen (etwa in dem Sinne: „Dort wird nur schlechte Pflege geleistet, aus diesem Grunde befinden sich die Menschen in einem derartigen Zustand") und nicht auf die Vergänglichkeit des Menschen, wie sich diese gerade in der Demenz ausdrückt.

Mit dem Begriff „Ordnung des Todes" soll zum Ausdruck gebracht werden, dass der Tod *nicht ein einzelnes Ereignis* darstellt, sondern vielmehr ein unser Leben strukturierendes Prinzip (von Weizsäcker 1986), das in den verschiedensten Situationen des Lebens sichtbar wird, zum Beispiel dann, wenn wir an einer schweren, lang andauernden Erkrankung leiden, die uns unsere Verletzlichkeit und Begrenztheit sehr deutlich vor Augen führt, oder dann, wenn wir eine nahe stehende Person verlieren.

Die Notwendigkeit, im Lebenslauf zu einer Verbindung der Ordnung des Lebens und der Ordnung des Todes zu gelangen, findet sich eindrucksvoll ausgedrückt in einer Aussage der Schriftstellerin Marie Luise Kaschnitz (1901-1974):

> Wenn einer sich vornähme, das Wort Tod nicht mehr zu benützen, auch kein anderes, das mit dem Tod zusammenhängt, mit dem Menschentod oder dem Sterben der Natur. Ein ganzes Buch würde er schreiben, ein Buch ohne Tode, ohne Angst vor dem Sterben, ohne Vermissen der Toten, die natürlich auch nicht vorkommen dürfen ebenso wenig wie Friedhöfe, sterbende Häuser, tödliche Waffen, Autounfälle, Mord. Er hätte es nicht leicht, dieser Schreibende, jeden Augenblick müsste er sich zur Ordnung rufen, etwas, das sich eingeschlichen hat, wieder austilgen, schon der Sonnenuntergang wäre gefährlich,

schon ein Abschied, und das braune Blatt, das herabweht, erschrocken streicht er das braune Blatt. Nur wachsende Tage, nur Kinder und junge Leute, nur rasche Schritte, Hoffnung und Zukunft, ein schönes Buch, ein paradiesisches Buch (Kaschnitz 1981: 21).

II.   Die Verbindung der beiden Ordnungen im hohen Alter

Wenden wir uns nun der Verbindung dieser beiden Ordnungen im hohen Alter zu. Dazu sei die Persönlichkeitsentwicklung im hohen Alter kurz skizziert.

In Beiträgen zur psychischen Entwicklung im hohen Alter wird betont, dass die zunehmende Erfahrung von Endlichkeit und Endgültigkeit zu einer qualitativ neuen Selbst- und Weltsicht beitragen kann, die mit Begriffen wie Generativität und Integrität umschrieben wird: Zu nennen sind hier vor allem die theoretischen Beiträge von Erik H. Erikson (Erikson 1966) sowie von Dan P. McAdams (McAdams 2006). Der Begriff der *Generativität* bezieht sich auf das Bedürfnis, einen über die Begrenztheit des eigenen Lebens hinausgehenden Beitrag zu leisten, wobei generatives Verhalten im familiären wie auch im gesellschaftlichen Kontext verwirklicht werden kann. Dabei ist zu berücksichtigen, dass Generativität im Kern ein interpersonales, die Passung zwischen Person und sozialem Umfeld oder zwischen Person und Gesellschaft bezeichnendes Konzept darstellt. Generatives Verhalten resultiert also nicht alleine aus dem Bedürfnis nach symbolischer Unsterblichkeit, sondern setzt auch Vertrauen in die Natur des Menschen und die jeweilige Gesellschaft voraus, das ein Engagement für andere Menschen als zumindest sinnvoll erscheinen lässt. Der Begriff der *Integrität* bezieht sich explizit auf die Fähigkeit, gelebtes wie ungelebtes Leben zu akzeptieren, die eigene Entwicklung als stimmig, das eigene Leben als sinnvoll zu erleben. Die Entwicklung von Integrität wird dadurch gefördert, dass sich die Person von Nebensächlichkeiten löst oder diese zu transzendieren in der Lage ist. Ähnlich wie die Entwicklung von Generativität verweist auch die Entwicklung von Integrität auf die in einer gegebenen Gesellschaft verfügbaren Möglichkeiten, eigenes Handeln an Sinnentwürfen zu orientieren und als sinnvoll zu erfahren.

Im hohen Alter stellt sich dem Menschen vermehrt die psychologisch hoch anspruchsvolle Aufgabe, sich von lieb gewonnenen Menschen zu verabschieden, einzelne Ziele, Interessen und Aktivitäten aufzugeben. Eine tragfähige Lebensperspektive kann nur aufrechterhalten, gegebenenfalls auch wieder gefunden werden, wenn es gelingt, trotz einer nicht mehr zu leugnenden Zunahme von Verlusten und eigener Verletzlichkeit das eigene Leben im Sinne einer im Werden begriffenen Totalität wahrzunehmen. Dieses kann vielleicht auch gerade wegen der Erfahrung von Endlichkeit, Vergänglichkeit und Endgültigkeit als wertvoll erkannt werden. Eine tragfähige Lebensperspektive kommt in einer Bindung an das Leben zum Ausdruck, die sich als positive Lebensbewertung, als Erwartung, auch die verbleibenden Jahre noch sinnvoll gestalten und nutzen zu können, sowie als Wunsch nach sozialer Teilhabe äußert. Empirische Untersuchungen zeigen, dass sich in dieser Bindung an das Leben unabhängig vom körperlichen und psychischen Zustand der betroffenen Menschen erhebliche Unterschiede finden (Jopp, Rott, Oswald 2008). Dabei ist zu berücksichtigen, dass sich in einer erhaltenen Bindung an das Leben die jeweils bestehenden Möglichkeiten einer fortgesetzten Teilhabe und die im sozialen Umfeld verfügbaren emotionalen und instrumentellen Unterstützungspotenziale unmittelbar widerspiegeln. Wenn das eigene Leben im hohen Alter als nutzlos empfunden wird, so spiegeln sich in dieser Haltung nicht lediglich die von einem Menschen für ein gutes Leben als nicht mehr gegeben erachteten Kriterien wider. Vielmehr verweist eine derartige Haltung gegenüber dem eigenen, durch Verluste und Verletzlichkeit geprägten Leben in besonderer Weise auch auf das Ausmaß an Demütigung und Achtung, das einem Menschen entgegengebracht wird.

In diesem Zusammenhang sei erwähnt, dass die im Jahre 2007 veröffentlichte *Pflegecharta* die angedeutete Problematik ausdrücklich aufnimmt. Denn in ihrer Präambel stellt sie ausdrücklich fest, dass der uneingeschränkte Anspruch auf Respektierung seiner Würde und Einzigartigkeit für alle Menschen gilt. Aus der Tatsache, dass sich Menschen, die Hilfe und Pflege benötigen, häufig nicht selbst

vertreten können, erwächst für Staat und Gesellschaft große Verantwortung für den Schutz ihrer Würde am Ende des Lebens (Bundesministerium für Familie, Senioren, Frauen und Jugend 2007).[1]

In Altersbildern spiegeln sich Menschenbilder – wie auch Vorstellungen von der Würde des Menschen in spezifischen Grenzsituationen – wider. So ist durchaus möglich, dass Menschen mit einer
weit fortgeschrittenen Demenz das Humane abgesprochen wird, was
vor allem der Fall ist, wenn in einer Gesellschaft primär eine in hohem Maße rationale Konzeption von Menschsein vertreten wird. Es
ist auch zu beobachten, dass bei fortgeschrittener Demenz grundlegende Zweifel in Bezug auf die Menschenwürde vorgebracht werden, wobei diese Zweifel vielleicht weniger mit der Vorstellung von
Menschenwürde zu tun haben, die *bei dem Erkrankten selbst* vor-
herrscht, als mit der Vorstellung von Menschenwürde, die der Au-
ßenstehende vertritt. Bei einem derart reduktionistischen Menschenbild ist zunächst die Kommunikation mit dem demenzkranken
Menschen tiefgreifend gestört, weil wesentliche Voraussetzungen
der Kommunikationsfähigkeit als nicht mehr gegeben erachtet werden (Kitwood 2000). Zudem besteht die Tendenz, dem demenzkranken Menschen das Recht auf qualitativ hochwertige medizinische
und pflegerische Versorgung abzusprechen, weil dieser – einem solchen Menschenbild zufolge – von einer derartigen Versorgung nicht
mehr profitiert. Doch auch bei weniger reduktionistischen Men-
schenbildern besteht die Gefahr, dass emotionale Ressourcen, über
die viele demenzkranke Menschen selbst in einem weit fortgeschrittenen Stadium der Erkrankung verfügen, nicht erkannt werden: damit
bleibt ein wichtiges Potenzial zur Bewältigung dieser Grenzsituation
unerkannt und ungenutzt.

Bei körperlich erkrankten älteren Menschen ergeben sich besondere Beziehungen zwischen Altersbild und Körperbild (de Beauvoir
1965). Gerade bei körperlich erkrankten Menschen – wenn diese
nach außen hin sichtbare funktionale Einbußen zeigen – besteht die
Gefahr, dass sie den gesellschaftlich dominierenden Bildern eines in-
takten Körpers nicht entsprechen. Und gerade in diesen Situationen

---

[1]   http://www.pflege-charta.de

besteht die Tendenz, von der körperlichen Dimension auf andere Dimensionen der Person zu schließen: Einschränkungen körperlicher Unversehrtheit werden dann gleichgesetzt mit generellen Defiziten der Person. Die Herstellung dieser Beziehung ist nicht nur für das Alter charakteristisch, aber sie gewinnt im Alter zunehmend an Bedeutung, weil in diesem Lebensabschnitt körperliche Einbußen wie auch Angewiesensein auf Hilfe häufiger werden. Schließlich sind Menschen mit schweren körperlichen Einbußen davon bedroht, dass die soziale Umwelt den Kontakt zu ihnen deutlich reduziert oder ganz aufgibt – vielfach aufgrund von Ängsten, die die Begegnung mit einem körperlich schwer versehrten Menschen hervorruft (Wetzstein 2005).

Angesichts der schweren körperlichen und psychischen Erkrankungen im hohen Alter wird die kritische Reflexion des in unserer Gesellschaft dominierenden Menschenbildes bzw. Personbegriffs als wichtige individuelle und gesellschaftlich-kulturelle Aufgabe betrachtet. Diese Aufgabe stellt sich nicht alleine älteren Menschen, sie ist genauso für jüngere Menschen bedeutsam, die in Beziehung zu älteren Menschen stehen: Ohne diese – auch gesellschaftlich-kulturell unterstützte – Reflexion des Menschenbildes ist die Gestaltung und Aufrechterhaltung von Beziehungen und Begegnungen mit der älteren Generation deutlich erschwert. Hinzu kommt, dass auch die Antizipation eigener Grenzsituationen (soweit diese möglich ist) das Individuum vor die Aufgabe stellt, darüber zu reflektieren, von welchem Menschenbild es sich leiten lässt und inwiefern dieses möglicherweise unvollständig ist – schon die Abfassung einer Patientenverfügung ist implizit oder explizit mit dieser Aufgabe verknüpft. Darüber hinaus berühren diese Aussagen das Berufsethos und die fachlich-ethische Kompetenz jener Personen, die unmittelbar oder mittelbar für eine qualitativ hochwertige Therapie, Pflege und Begleitung chronisch kranker Menschen verantwortlich sind. In erster Linie sind hier Angehörige der medizinischen und pflegerischen Berufe angesprochen, die vor die Aufgabe gestellt sind, im Angesicht eines schwer kranken Menschen ihr eigenes Menschenbild (und Altersbild) zu hinterfragen. Diese Aussage trifft aber auch auf Entscheidungsträger auf politischer und organisationaler Ebene zu, die sich ebenfalls vor die Aufgabe gestellt sehen, kritisch zu reflektieren, inwieweit ihre Menschen- und Altersbilder ihre Überlegungen, Entscheidungen und Handlungen leiten oder zumindest beeinflussen.

III.   Zum Verständnis von Würde in der Palliativmedizin und Palliativpflege

Mit diesen Aussagen sind wir in das Zentrum unserer Überlegungen zum Respekt vor der Würde des Menschen am Lebensende eingetreten. Diese Überlegungen lassen sich am besten mit Schillers Distichon über die „Würde des Menschen" aus dem Jahre 1796 umschreiben:

> Nichts mehr davon, ich bitt euch. Zu essen gebt ihm, zu wohnen,
> Habt ihr die Blöße bedeckt, gibt sich die Würde von selbst.

Dieses Distichon lässt sich in folgender Weise deuten: Der Mensch besitzt als Mensch Würde, diese kann ihm nicht gegeben werden, diese kann ihm auch nicht genommen werden. Die Würde des Menschen ist nicht an Leistungen, an Fähigkeiten, an Erfolgen, an das spezifische Wesen der Persönlichkeit gebunden. Vielmehr lässt sich nur eine Bedingung für die Würde nennen: Die Ausstattung mit Gütern, die den Menschen dazu befähigen, zu überleben. In dieser Weise lässt sich die Forderung, dem Menschen zu essen und zu wohnen zu geben, wie auch die Aussage, dass sich die Würde dann von selbst gebe, wenn die Blöße des Menschen bedeckt wurde, interpretieren.

Die Deutung palliativmedizinischen und -pflegerischen Handelns kann an diesem Distichon ansetzen. Denn es besteht unter Vertreterinnen und Vertretern dieser Disziplin weitgehend Einigkeit, dass Palliativmedizin und -pflege die Rahmenbedingungen schaffen muss, damit sich Menschen auf den herannahenden Tod einstellen, diesen annehmen können. Zu diesen Rahmenbedingungen zählen neben der Versorgung mit lebenswichtigen Gütern die fundierte Schmerztherapie und Symptomkontrolle, die sensible Behandlungspflege, die Sicherstellung der sozialen Teilhabe sowie des individuellen seelischen

Beistands. Diese Überlegung soll im Folgenden anhand einzelner Beispiele aus dem Fachgebiet der palliative care veranschaulicht werden.

Der Berner Internist und Geriater Charles Chappuis beschreibt die Begleitung sterbender Menschen wie folgt: „Sie soll den Menschen befähigen, seinen Lebensweg zu sehen, zu gehen und zu gestalten" (Chappuis 1999: 912). Die Aussage wird von ihm wie folgt ausgeführt: „Soll also ein Patient befähigt werden, den letzten Teil seiner Existenz, das Leben zum Tode hin, zu sehen, zu gehen und zu gestalten, so wird er auch in diesem Abschnitt seines Lebens zum Menschsein befähigt" (Chappuis 1999: 914). Dabei geht Chappuis von den folgenden vier Existenzgrundbedürfnissen des Menschen aus, die auch im Sterben Gültigkeit besitzen: 1. Angenommensein, 2. Aktivität, 3. Fortschritt und Entwicklung, 4. Sinnfindung.

In Bezug auf den Fortschritt und die Entwicklung betont Chappuis die Relation zwischen *Retentio* (im Sinne des Rückblicks auf die Biografie) und *Intentio* (im Sinne der Aussicht, was werden kann). Den vier genannten Existenzgrundbedürfnissen ordnet Chappuis spezifische Aufgaben der medizinischen und pflegerischen Betreuung zu: Dem Angenommensein die Aufgabe der Empathie, der Aktivität die Aufgabe des Erfassens von Ressourcen, dem Fortschritt und der Entwicklung die Aufgabe der Assistenz, der Sinnfindung die Aufgabe der Begleitung.

Der Luzerner Internist und Kardiologe Frank Nager betont ein Verständnis von *Heilung*, das sich nicht alleine an Erkrankungen und Möglichkeiten der ursächlichen (kausalen) oder lindernden Therapie orientiert, sondern auch an den Werten der Person und den aus diesen folgenden Anforderungen an die Begleitung des erkrankten Menschen.

> Das Wort Heilung weckt zuerst die Assoziation von Kurieren und Reparieren. Wir denken an *restitutio ad integrum*. Bei akuten Organerkrankungen, in der Chirurgie und bei Unfällen ist diese Betrachtungsweise des Heilens hinreichend. Angesichts chronisch kranker oder sterbender Menschen ist es gut, sich an die Etymologie des Wortes Heilen und an seinen spirituell-religiösen Bezug zu Heil und Heiligem zu erinnern: an *restitutio ad integritatem*, das heißt, an innere Unversehrtheit, an Heilen als Voranschreiten und Begleiten.

Das ursprüngliche Wesen der Therapie bedeutet – etymologisch gesehen – dienend-pflegendes Beistehen, Mitschwingen, Einfühlen, Verstehen, Begleiten. Dementsprechend ist Heilkunde eine dienende Disziplin und nicht nur ein Arsenal unterwerfender Herrschaftstechniken (Nager 1999: 27).

Auf die Palliativmedizin und Palliativpflege übertragen, heißt dies:

Die Palliativtherapie ist der moderne Beitrag der medizinischen Wissenschaft zu einer zeitgemäßen ars moriendi. Sie ist eine dienende, kommunikative, integrative, Fächer übergreifende Disziplin. Hier muss sich […] die komplementäre Wirklichkeit des Arztes als krankheitsorientierter Experte und als krankenorientierter Partner und Begleiter erfüllen (Nager 1999: 70).

Der Heidelberger Mediziner und Psychologe Rolf Verres macht deutlich, wie wichtig für die seelisch-geistige Entwicklung im Prozess des Sterbens die vermehrte Konzentration des Arztes auf das Erleben und Verhalten des Patienten ist. Er legt vor dem Hintergrund seiner Forschungsergebnisse dar, dass bei genauer Betrachtung des Erlebens und Verhaltens nicht selten eine Sammlung und geistige Konzentration des Patienten auf das Sterben und den Tod erkennbar ist, die eine entsprechende geistige Antwort des Arztes und der anderen Begleiter erfordert. Diese *vita contemplativa* – wie wir selbst diese Sammlung und geistige Konzentration nennen möchten – dürfe, so Rolf Verres, nicht dadurch behindert werden, dass das Ankämpfen gegen den Tod im Gespräch mit dem Patienten grundsätzlich als die effektivste Form der Auseinandersetzung dargestellt werde.

Die meisten Menschen haben nicht Angst vor dem Tod, sondern vor der Art des Sterbens. Es geht also bei der Hoffnung nicht grundsätzlich darum, immer weiter und unendlich als Mensch leben zu wollen, sondern jedem Menschen ist völlig klar, dass sein Leben irgendwann zu Ende sein wird. Hoffnung kann sich dann allmählich transformieren im Sinne einer Eröffnung von Transzendenz, wobei sich die Menschen natürlich je nach Religion oder Spiritualität stark unterscheiden. Der Gegenpol zur üblichen Hoffnung im Alltagssinn (nämlich auf Weiterleben) ist also nicht die Hoffnungs- oder Aussichtslosigkeit, sondern die bewusste Entscheidung, sich auf das Sterben vorzubereiten. [...] Die Möglichkeit des Nicht-Handelns hat nicht nur den Charakter einer Negation, sondern sie kann auf der emotionalen Ebene auch mit Begriffen wie Ruhe, Bedachtsamkeit, Besinnung, innerer Gelassenheit und Angemessenheit, also mit durchaus wichtigen positiven Werten, in Verbindung gebracht werden. Es geht um Loslassen. Für den Arzt kann das bedeuten, innerlich vom Heilungsanspruch und zu gegebener Zeit auch von einem bestimmten Patienten loszulassen, also auch einem Patienten zu helfen, von seinen bisherigen Ansprüchen an das Leben und letztendlich vom irdischen Leben überhaupt loszulassen. Ein Hauptproblem in der Onkologie ist jedoch, dass eine positive Rolle des Arztes dann, wenn medizinisch für den Patienten nichts mehr getan werden kann, bisher wenig plastische Konturen hat (Verres 1997: 114).

Die zuletzt getroffene Aussage stimmt überein mit der von Hans-Georg Gadamer beschriebenen Aufgabe und Chance, gerade in der Beobachtung der ärztlichen Heilkunst auch die Grenzen erkennen und akzeptieren zu lernen, die uns die Natur auferlegt hat.

Darin besteht unser aller eigenste Aufgabe, die der Arzt uns durch sein Können am Ende vor Augen stellt: Zu erkennen, wie wir alle zwischen Natur und Kunst stehen, Naturwesen sind und uns auf unser Können verstehen müssen. Gerade am Arzt und seinen Erfolgen kann uns die Grenze allen menschlichen Könnens bewusst werden und die Aufgabe, Begrenzungen annehmen zu lernen (Gadamer 1993: 118).

Viktor von Weizsäcker regt zur kritischen Reflexion darüber an, ob die Bekämpfung des Todes in der Medizin eine zentrale Aufgabe darstellt:

Es ist noch die Frage, ob man im ärztlichen Amte darin eine besondere Stellung oder einen besonderen Auftrag habe, demzufolge der Arzt unter allen Umständen für das Leben einzutreten habe. Ich glaube das nicht und glaube, dass er mit dem Tod einen Pakt habe und schließen müsse, aber nicht ihn bekämpfen müsse. Der Arzt ist in diesem Falle dem Tode gegenüber in keiner Sonderstellung. Sondern er muss die Bedingungen des gesunden, und das heißt des wahren, guten und schönen Lebens in besonderer Absicht auf dessen Entfaltung kennen. [...] Eine Sonderstellung genießt er nicht in Beziehung auf den Tod, sondern in Beziehung auf die Gesundheit (von Weizsäcker 2005: 513).

Schließen wir nun unsere Aussagen zum Verständnis der Würde in der Palliativmedizin und Palliativpflege mit einem Zitat aus einer juristischen und einer theologischen Arbeit ab. Der ehemalige Richter am Bundesverfassungsgericht Paul Kirchhof beantwortet die Frage:

„Was ist menschliches Leben, was ist der Mensch?" im Rahmen gesicherter Rechtserkenntnisse; unter jenen fünf Antworten, die auf diese Frage gegeben werden, findet sich die folgende, für unsere Thematik besonders wichtige:

> Die Würde des Menschen stützt sich auf die Vorbefindlichkeit, dass jeder Mensch auf eine zum Tod bestimmte Entwicklung angelegt ist. Diese Bestimmung begründet den Auftrag der Medizin, Krankheiten zu heilen und Schmerzen zu lindern, sowie den Auftrag von Staat und Recht, die Lebensbedingungen ständig zu verbessern. Deshalb darf die Rechtsgemeinschaft nur so handeln, dass sie keine ernsthafte Gefährdung des Lebens und der Gesundheit verursacht, dass das Leben der Menschen in Zukunft möglich bleibt und in seinen Bedingungen – soweit erreichbar – verbessert wird. In diesem Lebensschutz ist aber auch der Respekt vor dem Sterben angelegt, der Anspruch jedes einzelnen Menschen, das ihm bestimmte Lebensende in Freiheit anzunehmen und in Würde erfahren zu dürfen (Kirchhof 1997: 54).

Der Heidelberger Theologe Dietrich Ritschl akzentuiert in einer Arbeit zum „Leben in der Todeserwartung" gleichfalls das Bedürfnis des Menschen, das Lebensende in Würde zu erfahren, wenn er zum einen deutlich macht, dass die Zeit vor dem Eintreten des Todes eine sinnerfüllte Zeit sein kann.

> Der Tod als Ende und Zerstörung des Lebens ist selbst nicht mit Sinn behaftet; jeder Tod ist in sich selbst sinnlos. Nach Sinn kann nur gefragt werden im Hinblick auf die Zeit vor seinem Eintreten, auf das Leben in der Todeserwartung, auch der nahen Erwartung, und auf die Zeit danach, wenn Menschen sich fragen, welchen Sinn das Leben des Verstorbenen erfüllt habe und welcher Sinn jetzt für die Überlebenden zu finden sei (Ritschl 1997: 123).

Und an anderer Stelle heißt es:

> In vielen alten Kirchenliedern finden wir die Bitte, ich möge doch vor einem solch plötzlichen Tod bewahrt bleiben. Das ist sehr eigentümlich, gerade im Kontrast mit der heute so oft vernommenen Äußerung, der Tod möge doch bitte eilig und unbemerkt sein Werk an mir tun (Ritschl 1997: 132).

IV.   Kategorien eines „gelingenden Lebens"

In einem ethischen Entwurf zum gelingenden Leben im Alter hat der
Autor vier Kategorien in das Zentrum seiner Überlegungen gestellt
(Kruse 2005):
1. Selbstständigkeit
2. Selbstverantwortung
3. Bewusst angenommene Abhängigkeit
4. Mitverantwortung
Diesen vier Kategorien soll eine fünfte hinzugefügt werden, in der
die ersten vier Kategorien aufgehen und der damit eine übergeordne-
te Bedeutung zukommt:
5. Selbstaktualisierung
Dabei lassen sich diese fünf Kategorien wie folgt definieren:
   Selbstständigkeit beschreibt die Fähigkeit des Menschen, ein von
Hilfen anderer Menschen weitgehend unabhängiges Leben zu führen
oder im Falle des Angewiesenseins auf Hilfen diese so zu gebrauchen, dass ein selbstständiges Leben in den für die Person zentralen
Lebensbereichen möglich ist. *Selbstverantwortung* beschreibt die
Fähigkeit und Bereitschaft des Individuums, den Alltag in einer den
persönlichen Vorstellungen eines guten Lebens entsprechenden Art
und Weise zu gestalten und sich reflektiert mit der eigenen Person
(„Wer bin ich? Was möchte ich tun?") wie auch mit den Anforderungen und Möglichkeiten der persönlichen Lebenssituation auseinanderzusetzen. Zudem beschreibt Selbstverantwortung im Prozess
der medizinischen und der pflegerischen Versorgung die Mitbestim-
mung des Patienten bei der Entscheidung über die Art der zu wäh-
lenden Intervention. In der *bewusst angenommenen Abhängigkeit*
spiegelt sich die Fähigkeit des Menschen wider, das – auch objektiv
gegebene – Angewiesensein auf Unterstützung als Ergebnis seiner
Verletzlichkeit und damit als ein Merkmal der conditio humana zu
deuten. Sie beschreibt weiterhin dessen Fähigkeit, irreversible Einschränkungen und Verluste anzunehmen, wobei diese Fähigkeit
durch ein individuell angepasstes und gestaltbares System an Hilfen
gefördert wird, die dazu beitragen, Einschränkungen und Verluste
in Teilen zu kompensieren oder deren Folgen erkennbar zu verrin-

gern. In der *Mitverantwortung* kommt die Fähigkeit und Bereitschaft des Menschen zum Ausdruck, sich in die Lebenssituation anderer Menschen hineinzuversetzen, sich für andere zu engagieren, sich als verantwortlichen Teil innerhalb der Gemeinschaft zu definieren. *Selbstaktualisierung* beschreibt die Verwirklichung von Werten, Fähigkeiten, Neigungen und Bedürfnissen und die in diesem Prozess erlebte Stimmigkeit der Situation (die auch verstanden werden kann als Sinnerleben des Menschen). Dabei ist für das angemessene Verständnis der Selbstaktualisierung die Aussage wichtig, dass die Person sehr verschiedenartige Qualitäten umfasst: In einer groben Differenzierung kann dabei zwischen den körperlichen, den kognitiven, den emotionalen, den empfindungsbezogenen, den sozial-kommunikativen, den ästhetischen, den alltagspraktischen Qualitäten unterschieden werden. Und jede dieser Qualitäten kann schon für sich alleine Quelle der Selbstaktualisierung bilden.

Diese fünf Kategorien bilden nach unserem Verständnis den Kern des (in der Sprache der *Nikomachischen Ethik* ausgedrückten) *guten Lebens im Alter*. Denn Selbstständigkeit und Selbstverantwortung spiegeln das Moment der Selbstsorge – oder der Verantwortung *vor* sich selbst und *für* sich selbst – wider, das deswegen als zentral für das gelingende Leben erachtet werden kann, da es die Fähigkeit zur Gestaltung des eigenen Lebens akzentuiert. Dabei gehen wir von der Annahme aus, dass auch im Prozess des Sterbens – sofern die entsprechenden körperlichen und seelisch-geistigen Ressourcen bestehen – die Selbstsorge ein bedeutendes personales Moment der Würde bildet und sich der Respekt vor der Würde auch im Respekt vor der Fähigkeit zur Selbstsorge ausdrückt. In der Mitverantwortung hingegen spiegelt sich die grundlegende Zugehörigkeit des Menschen zur Gemeinschaft wider, ohne die menschliches Leben gar nicht denkbar ist – und dies gilt selbstverständlich auch für den Prozess des Sterbens, den wir als Teil des Lebens zu verstehen haben. Dabei ist Mitverantwortung auch im Sinne der Mitgestaltung des öffentlichen Raums zu deuten (Arendt 1960), die ihrerseits mit der subjektiven Erfahrung verbunden ist, für andere Menschen etwas tun zu können, von anderen Menschen gebraucht zu werden, eine Person zu sein, auf die die Gemeinschaft nicht verzichten kann – eine für das subjektive Lebensgefühl entscheidende Erfahrung (Sennett 2002). Mit dieser Aussage soll auch deutlich gemacht werden, dass nicht allein die soziale Integration und die erlebte Zugehörigkeit für das Lebensgefühl sterbender Menschen zentral sind, sondern – wieder unter der Voraussetzung entsprechend gegebener Ressourcen – auch die Erfahrung, die empfangene Hilfe erwidern, anderen Menschen etwas geben und damit den sozialen Nahraum mitgestalten zu können. Weiterhin ist die Angewiesenheit auf den anderen Menschen (und zwar im Sinne bewusst angenommener Abhängigkeit) als grundlegende Erfahrung des Menschen zu verstehen, die in den Arbeiten von Martin Buber (1963) mit dem Begriff der *Begegnung* umschrieben wird: In der Begegnung, so Martin Buber, wird uns deutlich, dass wir nicht ohne den Anderen sein können, dass wir grundlegend auf den Anderen bezogen sind. Diese Bezogenheit auf den anderen Menschen, diese Angewiesenheit auf die Solidarität – als Kern der bewusst angenommenen Abhängigkeit – kommt in dem folgenden Vers des Dichters Simon Dach (1605-1659) zum Ausdruck:

> Die Red ist uns gegeben
> Damit wir nicht allein
> Für uns nur sollen leben
> Und fern von Menschen sein
> Wir sollen uns befragen
> Und sehn auf guten Rat
> Das Leid einander klagen
> So uns befallen hat.

Nehmen wir die Mitverantwortung und die bewusst angenommene Abhängigkeit zusammen – nämlich als Ausdrucksformen grundlegender Bezogenheit –, so sprechen wir damit eine Qualität des Menschen – nämlich seine tiefe Zugehörigkeit zur Menschheit – an, wie diese in folgenden Worten des britischen Theologen und Schriftstellers John Donne (1572-1631) aus dem Jahre 1624 zum Ausdruck gebracht wird:

> No man is an island, entire of itself; every man is a piece of the continent, a part of the main; if a clod be washed away by the sea, Europe is the less, as well as if a promontory were, as well as if a manor of thy friend's or of thine

own were; any man's death diminishes me, because I am involved in mankind, and therefore never send to know for whom the bell tolls; it tolls for thee (Donne 2008: 152).[2]

Kommen wir schließlich zur Selbstaktualisierung, die in der Sprache der Existenzpsychologie Viktor Frankls (Frankl 2005) als Streben des Menschen nach Verwirklichung von Werten zu verstehen ist. Dabei differenziert Viktor Frankl zwischen drei grundlegenden Wertformen, in denen sich auch unser umfassendes Verständnis der Person und ihrer Möglichkeiten zur Wertverwirklichung ausdrückt: *homo faber* als der schaffende Mensch, *homo amans* als der liebende, erlebende, empfindende Mensch, *homo patiens* als der leidende, erleidende, sein Leiden annehmende Mensch. Bemerkenswert an der Theorie Frankls ist die Aussage, wonach auch – und Frankl geht soweit zu sagen: gerade – in Grenzsituationen Selbstaktualisierung möglich ist. In der Verwirklichung der Einstellungswerte, das heißt, der Fähigkeit, in einer Grenzsituation zu einer neuen Lebenseinstellung zu gelangen (homo patiens), erkennt Frankl sogar die höchste Form der Wertverwirklichung. Prozesse der Selbstaktualisierung bilden zudem den Kern psychologisch-humanistischer Theorien, die von der Annahme ausgehen, dass das Streben nach Selbstverwirklichung die Entwicklung über die gesamte Lebensspanne antreibe; zu nennen sind hier Arbeiten der Begründerin der Humanistischen Psychologie, Charlotte Bühler (Bühler 1959). Im Erleben der *Stimmigkeit einer Situation* sieht Hans Thomae das Ergebnis einer Wechselwirkung zwischen der personalen Geschehensordnung des Menschen (wie sich diese ausdrückt in ihren Leitideen und ihren dominierenden Lebensthemen) und dem Gehalt einer Situation (Thomae 1996); hinzu tritt das Bedürfnis des Menschen nach Verwirklichung der Leit-

---

[2] Niemand ist eine Insel, in sich selbst vollständig; jeder Mensch ist ein Stück des Kontinentes, ein Teil des Festlands. Wenn ein Erdklumpen vom Meer fortgespült wird, so ist Europa weniger, gerade so als ob es ein Vorgebirge wäre, als ob es das Landgut deines Freundes wäre oder dein eigenes. Jedes Menschen Tod ist mein Verlust, denn mich betrifft die Menschheit; darum verlange nie zu wissen, wem die Stunde schlägt; sie schlägt dir selbst.

ideen und Lebensthemen. Dieses Bedürfnis wird mit dem Begriff des *propulsiven Ichs* umschrieben (Thomae 1966).

Die Selbstaktualisierung lässt sich in den Worten des Dichters Andreas Gryphius (1616-1664) ausdrücken:

> Mein sind die Jahre nicht
> Die mir die Zeit genommen
> Mein sind die Jahre nicht
> Die etwa möchten kommen
> Der Augenblick ist mein
> Und nehm ich den in acht
> So ist der mein
> Der Jahr und Ewigkeit gemacht.

Das für das Verständnis von Selbstaktualisierung notwendige Persönlichkeitsmodell, welches ausdrücklich die zahlreichen Qualitäten der Persönlichkeit als Quelle des Schöpferischen und des Sinnerlebens berücksichtigt, erweist sich auch im Hinblick auf den Respekt vor der Würde des Menschen am Lebensende als zentral. Wir würden die psychische Situation des Sterbenden fehlinterpretieren, konzentrierten wir uns nur auf dessen Selbstbestimmung (wir würden sagen: nur auf dessen Selbstverantwortung) und die dafür notwendigen kognitiven Qualitäten. Gehen wir von einem umfassenden Persönlichkeitsmodell aus, so tritt nicht nur die Selbstbestimmung in das Zentrum des Interesses, sondern alle – bereits angeführten – Qualitäten der Persönlichkeit. Und dann ergibt sich auch die Frage, auf welche Art und Weise im Prozess der Sterbebegleitung dazu beigetragen werden kann, dass sich die verschiedenen Qualitäten der Persönlichkeit ausdrücken und verwirklichen und somit Grundlage für das Wohlbefinden, wenn nicht sogar für das Erleben von Freude und Erfüllung bilden können.

V.   Verantwortungsbezüge des Menschen: Die coram-Struktur

Die hier genannten Kategorien eines guten Lebens lassen noch eine weitere Deutung zu. Es geht um die Frage, in welchen Verantwortungsbezügen der Mensch steht, wobei hier auf das Sprachbild der *coram-Struktur* zurückgegriffen werden soll. Das lateinische Wort coram heißt „vor den Augen"; bekannt ist dieses Wort in der Verbindung mit publico: coram publico lässt sich übersetzen mit „vor den Augen der Öffentlichkeit". Es kann nun von drei Verantwortungsbezügen des Menschen ausgegangen werden, die in ihrer Gesamtheit jene coram-Struktur bilden, deren Erfüllung für ein gutes Leben grundlegend ist. Dabei bildet die Selbstsorge des Individuums, das heißt, dessen Verantwortung für sich selbst, den ersten, die Mitverantwortung des Individuums, das heißt, dessen Bereitschaft, sich für andere Menschen zu engagieren, den zweiten, die Verantwortung des Individuums für die Schöpfung, das heißt, dessen Bereitschaft, einen Beitrag zum Wohl nachfolgender Generationen zu leisten, den dritten Verantwortungsbezug des Menschen.

Fragen wir: Gelten diese Verantwortungsbezüge auch für den Menschen am Lebensende? Unsere Antwort lautet: Sofern es dem Menschen vergönnt ist, sich bewusst, gefasst, frei von starken Schmerzen seinem Lebensende zu nähern, sollte dessen Situation immer auch im Kontext der genannten coram-Struktur betrachtet werden. Dies bedeutet: Mit Blick auf die Situation sterbender Menschen ist zunächst zu fragen, *was diese selbst tun können*, um sich auf ihr Sterben einzustellen, um Angehörige, aber auch Ärzte, Pflegefachkräfte, Seelsorger dabei zu unterstützen, die mit der Begleitung des Sterbenden verbundenen Aufgaben in einer fachlich wie ethisch anspruchsvollen Art und Weise auszuführen. In diesem Kontext ist eine Aussage des Trierer Psychologen Leo Montada wichtig, die sich auf die Selbstsorge kranker und gebrechlicher Menschen bezieht:

> Was können kranke und gebrechliche alte Menschen für sich selbst tun? Sie müssen sich ihrer personalen Würde bewusst bleiben, die sie durch ihre Biografien und ihre Lebensleistung, aber auch durch ihre Leistung eines positiven Alterns gewonnen haben. Dies wird durch das äußere Erscheinungsbild, die Sprache, die Kommunikationsinhalte und die vielen Formen der Selbstdarstellung und Besuche ausgedrückt, die zur Vermittlung von sozialem Status beitragen. […] Einschränkungen und Verluste bewältigen, die durch sie ausgelösten negativen Emotionen (Panik, Empörung, Scham, Hilflosigkeit, Hoffnungslosigkeit) vermeiden, sind zentrale Entwicklungsaufgaben des Al-

ters. Deren Meisterung kann als eine zentrale Form von Produktivität im Alter angesehen werden. Wer die typischen Verluste und Lasten des Alters meistert, hat Produktives geleistet für sich selbst, insofern als er seelisch gesund bleibt. Wer in diesem Sinne seelisch gesund ist, ist für andere ein weniger belastender Interaktionspartner und zudem ein Vorbild für produktives Altern. Dies sollte den Jüngeren die Angst vor dem Alter nehmen und damit deren Motivation reduzieren, das Alter zu verdrängen (Montada 1996: 387).

Fragen wir weiter: Was können Menschen am Lebensende *für andere Menschen tun*, bieten sich ihnen Möglichkeiten der Mitverantwortung? Hier ist zu betonen, dass bereits in der von Leo Montada getroffenen Aussage Aspekte der Mitverantwortung angesprochen sind, geht es doch auch darum, Ärzte und Pflegefachkräfte von jenen psychischen Belastungen, die mit der Betreuung eines schwerkranken Menschen verbunden sind, in Teilen zu entlasten. Daneben ist der vorübergehend geleistete Perspektivenwechsel – der von sich selbst abzusehen und den Blick auf die nahestehenden Menschen zu richten vermag – als eine bedeutende Form von Mitverantwortung zu interpretieren. In der altgriechischen Dichtung findet sich ein sehr eindrucksvolles Beispiel für diesen Perspektivenwechsel und die sich darin widerspiegelnde Mitverantwortung: Die auf Herodot zurückgehende Aussage: „pathemata mathemata" (dies heißt: „Leiden sind Lehren") wird von Dionysios von Halikarnassos wie folgt weitergeführt: „pathemata paideumata genesetai tois allois" (dies heißt: „Meine Leiden werden zu Lehren werden für die anderen"). Damit wird die potenzielle Vorbildfunktion von Menschen, die in einer Grenzsituation stehen, umschrieben. – Und fragen wir schließlich: Finden Menschen am Lebensende auch Möglichkeiten der Übernahme von Verantwortung für nachfolgende Generationen, die wir als Ausdruck der Verantwortung für die Schöpfung verstehen? Im Kern kann die Wahrnehmung einer Vorbildfunktion für junge Menschen in der gleichen Weise erfolgen wie die Wahrnehmung von Mitverantwortung für andere Menschen: In dem Maße, in dem jungen Menschen die Möglichkeit gegeben wird, am eigenen Sterbeprozess bewusst Anteil zu nehmen, werden diese in eine Entwicklungsaufgabe eingeführt, die wir schon zu Beginn dieser Ausführungen hervorgehoben haben: Nämlich in die Verbindung der Ordnung des

Lebens mit jener des Todes. Für die weitere Entwicklung junger Menschen und deren Kreativität in der Lebensgestaltung kann diese Einführung von großer Bedeutung sein.

VI.   Eine kritische Analyse unseres Umgangs mit sterbenden Menschen

Diese Überlegungen bilden ein Ideal. Diesen sei nun eine gesellschaftskritische Analyse des Umgangs mit sterbenden Menschen gegenübergestellt.

Nach Norbert Elias lassen sich moderne Gesellschaften auch dadurch kennzeichnen, dass einerseits überlieferte Konventionen des Umgangs mit Sterben und Tod als nicht mehr angemessen erscheinen, dass andererseits neue Rituale, an denen Menschen ihr Verhalten gegenüber Sterbenden orientieren könnten, noch nicht entwickelt wurden. Das Faktum der eigenen Endlichkeit erscheine im Selbstverständnis des modernen Menschen als Bedrohung. Entsprechend bestehe eine Tendenz, Sterben und Tod aus dem gesellschaftlich-geselligen Leben zu verdrängen. Das Sterben des Anderen erscheine als mahnende Erinnerung an den eigenen Tod, löse entsprechend Unsicherheit aus und trage so dazu bei, dass die Menschen in modernen Gesellschaften nicht mehr in der Lage seien, Sterbenden das zu geben, was diese brauchen.

> Viele Menschen sterben allmählich, sie werden gebrechlich, sie altern. Die letzten Stunden sind wichtig, gewiss. Aber oft beginnt der Abschied von Menschen viel früher. Schon Gebrechen sondern oft die Alternden von den Lebenden. Ihr Verfall isoliert sie. Ihre Kontaktfreudigkeit mag geringer, ihre Gefühlsvalenzen mögen schwächer werden, ohne dass das Bedürfnis nach Menschen erlischt. Das ist das Schwierigste – die stillschweigende Aussonderung der Alternden und Sterbenden aus der Gemeinschaft der Lebenden, das allmähliche Erkalten der Beziehung zu Menschen, denen ihre Zuneigung gehörte, der Abschied von Menschen überhaupt, die ihnen Sinn und Geborgenheit bedeuteten (Elias 1982: 8 f.).

Daraus folgt:

> Hier begegnet man in einer extremen Form einem allgemeineren Problem
> unserer Tage – der Unfähigkeit, Sterbenden diejenige Hilfe zu geben und
> diejenige Zuneigung zu zeigen, die sie beim Abschied von Menschen am
> meisten brauchen – eben weil der Tod des Andern als Mahnzeichen des ei-
> genen Todes erscheint (Elias 1982: 19).

Diese Unfähigkeit bedinge eine

> eigentümliche Verlegenheit der Lebenden in der Gegenwart eines Sterben-
> den. Sie wissen oft nicht recht, was zu sagen. Der Sprachschatz für den Ge-
> brauch in dieser Situation ist verhältnismäßig arm. Peinlichkeitsgefühle hal-
> ten die Worte zurück. Für die Sterbenden selbst kann das recht bitter sein.
> Noch lebend, sind sie bereits verlassen (Elias 1982: 39).

Die Tatsache, dass das Sterben eines Menschen mehr und mehr aus
dem öffentlichen Raum (*polis*) herausgedrängt wurde und seinen
Platz ausschließlich im privaten Raum (*oikos*) findet,[3] lasse sich auch
daran beobachten, dass im Hinblick auf die Begleitung Sterbender
keine wirklichen Rituale mehr existierten:

> Die konventionellen Redewendungen und Riten sind gewiss noch in Ge-
> brauch, aber mehr Menschen als früher fühlen, dass es etwas peinlich ist,
> sich ihrer zu bedienen, eben weil sie ihnen als schal und abgedroschen er-
> scheinen. Die rituellen Floskeln der alten Gesellschaft, die die Bewältigung
> kritischer Lebenssituationen erleichterten, klingen für das Ohr vieler jüngerer
> Menschen abgestanden und falsch. An neuen Ritualen, die dem gegenwärti-
> gen Empfindens- und Verhaltensstandard entsprechen und die Bewältigung
> wiederkehrender kritischer Lebenssituationen erleichtern können, fehlt es
> noch (Elias 1982: 40).

Entsprechend falle die Aufgabe, das rechte Wort, die rechte Geste zu
finden, auf den Einzelnen zurück. Dabei sei zu bedenken – und hier
wird das Verhalten gegenüber sterbenden Menschen in einen unmit-
telbaren Zusammenhang mit den in unserer Gesellschaft vorherr-

---

[3] Mit der Gegenüberstellung zwischen polis und oikos lehnen wir uns an Hannah
Arendt an, die in ihrer Schrift *Vita activa oder vom tätigen Leben* (1960) diese
Unterscheidung vornimmt.

schenden Lebensstilen gebracht –, dass sich Menschen in entwickelten Gesellschaften vielfach als unabhängige Einzelwesen verstünden,
denen die ganze Welt

> als Außenwelt gegenübersteht und deren Innenwelt wie durch eine unsicht-
> bare Mauer von dieser Außenwelt, also auch von anderen Menschen, abge-
> trennt ist.
> Diese Art, sich selbst zu erleben, das für eine bestimmte Zivilisationsstufe
> charakteristische Selbstbild des homo clausus, steht gewiss in engster Ver-
> bindung mit einer ebenso spezifischen Art, vorwegnehmend den eigenen Tod
> und, in der akuten Situation, das eigene Sterben zu erleben (Elias 1982: 81).

Doch könne das Bewusstwerden der eigenen Endlichkeit, die kulturell geleistete Auseinandersetzung der Vergänglichkeit Anstöße zu
einer Neubesinnung in unserer Gesellschaft geben, denn: „Das Ethos
des homo clausus, des sich allein fühlenden Menschen, wird schnell
hinfällig, wenn man das Sterben nicht mehr verdrängt, wenn man es
als einen integralen Bestandteil des Lebens in das Bild von Menschen mit einbezieht" (Elias 1982: 100).

VII.   Wie drückt sich der Respekt vor der Würde des Menschen am
        Lebensende in der Kommunikation aus?

Der US-amerikanische Chirurg Sherwin B. Nuland hat sich in seiner
Schrift *Wie wir sterben. Ein Ende in Würde?* ausführlich mit der
Frage auseinandergesetzt, inwieweit sich in der Art der Kommunikation mit einem sterbenden Menschen der Respekt vor dessen Würde
ausdrückt.

> Man kann Todgeweihten immerhin versprechen, dass man sie im Sterben
> nicht allein lässt. Besonders trostlos und einsam ist das Sterben, wenn dem
> Kranken vorenthalten wird, dass der Tod gewiss ist. So kann die Absicht, ei-
> nem Todkranken die Hoffnung nicht nehmen zu wollen, ihn einer wertvollen
> Hoffnung berauben. Solange wir nicht wissen, dass wir sterben, und die Um-
> stände unseres bevorstehenden Todes nicht möglichst genau kennen, können
> wir von unseren Lieben nicht Abschied nehmen. Dann bleiben wir, auch
> wenn sie in der Stunde des Todes anwesend sind, einsam und ohne Trost.
> Erst das Versprechen geistigen Beistands am Ende gibt uns eine Hoffnung,

die viel stärker ist als der Trost physischer Hilfe. – Der Sterbende selbst ist
dafür verantwortlich, dass er seine Angehörigen nicht aus falscher Rücksichtnahme schont. Die aus solcher Rücksicht folgende Einsamkeit habe ich
oft erlebt, und ich habe sogar zu ihr beigetragen, bevor ich es besser wusste
(Nuland 1994: 358).

In einer klassisch zu nennenden Untersuchung von Barney G. Glaser
und Anselm L. Strauss (1965) wurde gezeigt, dass Stationsschwes-
tern auf einen (durch Klingelzeichen gegebenen) Notruf sterbender
Patienten statistisch signifikant langsamer antworteten als auf den
Notruf von Patienten, die nicht an einer tödlichen Krankheit litten.
Die Zeit, die vom Notruf bis zum Eintritt in das Zimmer des Patienten verstrich, war für die Gruppe der sterbenden Patienten im Durchschnitt doppelt so lange wie für die Gruppe nicht-tödlich erkrankter
Patienten. Diese Untersuchungsergebnisse interpretieren Glaser und
Strauss als Zeichen des sozialen Todes, den sterbende Patienten zum
Teil lange vor dem biologischen Tod erleiden. Der Begriff des sozia-
len Todes beschreibt die wachsende Isolation Sterbender im Vorfeld
des Todes. Dieser ist nicht mit Nachlässigkeit oder gar bösem Willen
zu erklären, sondern mit einer Scheu der Bezugspersonen vor offener
Kommunikation mit Sterbenden.

Auf der Grundlage direkter Beobachtung der Kommunikations-
muster sterbender Patienten sowie von Interviews mit Pflegefach-
kräften in Krankenhäusern gelangten Barney G. Glaser und Anselm
L. Strauss (1965) zu einer Differenzierung von vier Bewusstseinskontexten, die jeweils durch spezifische Formen des Umgangs zwischen Sterbenden und Bezugspersonen gekennzeichnet sind:

1. *Geschlossene Bewusstheit*: Der Patient erkennt nicht, dass er im Sterben
   liegt, weil er durch Familienangehörige und Pflegekräfte bewusst nicht informiert oder getäuscht wird. Dieser Bewusstseinskontext ist insbesondere
   dann, wenn sich der Zustand des Patienten verschlechtert und Veränderungen in der Behandlung eintreten, mit Spannungen verbunden, weil improvi-
   sierte Erklärungen und Beschwichtigungen unglaubwürdig werden. Zu jenen
   strukturellen Bedingungen, die zur Entstehung der geschlossenen Bewusstheit beitragen, sind – den empirischen Befunden Nelda Samarels (Samarel
   2003) zufolge – zu rechnen: (a) Fehlende Vertrautheit der meisten Patienten
   mit Anzeichen des bevorstehenden Todes, (b) Zurückhaltung der Ärzte,
   wenn es darum geht, den Patient davon zu unterrichten, dass er wahrschein-

lich sterben wird, (c) Wunsch der Familie, den Patienten abzuschirmen und zu schützen, (d) Vertraulichkeit medizinischer Information im Gesundheitssystem, (e) Fehlen von Bezugspersonen, die nicht in die „Konspiration des Schweigens" einbezogen sind.

2. *Argwöhnische Bewusstheit*: Der Patient ahnt, dass er sterben wird, und versucht, Ärzte, Pflegekräfte und Familienangehörige zu Widersprüchen zu verleiten. Dieser Bewusstseinskontext wird dadurch gefördert, dass es Ärzte häufig vorziehen, den Patienten selbst darauf kommen zu lassen, dass er sterben wird, und Antworten auf direkte Fragen vermeiden.

3. *Wechselseitige Täuschung*: Obwohl alle Beteiligten (Patient, Familie, Personal) wissen, dass der Patient sterben wird, verhalten sie sich weiterhin so, als sei dies nicht der Fall. Nach Nelda Samarel (2003) ist dieser Bewusstseinskontext zum einen für die Wahrung einer emotionalen Distanz zum sterbenden Patienten hilfreich, zum anderen kann er die Bemühungen des Patienten um Privatheit, Würde und Kontrolle unterstützen. Nicht übersehen werden sollte aber, dass dieser Bewusstseinskontext auch die Gefahr einer Entfremdung in sich birgt und nicht selten von allen Beteiligten als unerträglich empfunden wird.

4. *Offene Bewusstheit*: Alle Beteiligten wissen, dass der Patient im Sterben liegt, und bringen dies auch in ihren Interaktionen zum Ausdruck. Dieser Bewusstseinskontext ermöglicht es dem Patienten, mit dem Sterben verbundene Aufgaben wie den Abschied von anderen Menschen, die Reflexion des eigenen Lebens, die Auseinandersetzung mit Ängsten oder die Regelung des Nachlasses zu bewältigen.

Auch wenn die *offene Bewusstheit* vielfach den anderen Bewusstseinskontexten vorzuziehen ist, so ist doch zu bedenken, dass die Aufrechterhaltung dieses Bewusstseinskontextes in vielen Fällen nicht möglich und mitunter auch nicht wünschenswert ist. Denn nicht immer verfügen alle Beteiligten über die Voraussetzungen für eine offene Interaktion über den Tod, zum Beispiel weil sie von der Sorge bestimmt sind, die an eine offene Kommunikation zu richtenden Anforderungen nicht erfüllen zu können, oder weil sie dazu neigen, Negation als Abwehrmechanismus einzusetzen. Der *Abwehrmechanismus der Negation* ist nicht selten eine sinnvolle, wenn nicht sogar notwendige Form der Auseinandersetzung; dabei lassen sich drei Formen der Negation differenzieren: Negation erster Ordnung im Sinne der Leugnung von medizinischen Fakten, Negation zweiter Ordnung im Sinne der Leugnung von Folgen der Erkrankung und Negation dritter Ordnung im Sinne einer Leugnung der Tatsache, dass die Krankheit nicht heilbar ist und zum Tode führen wird (Weisman 1972).

Der Maastrichter Medizinethiker Paul Sporken betont, dass in der Kommunikation mit Sterbenden auch die *Person des Helfers* angesprochen ist. Entsprechend kennzeichnet er das zwischenmenschliche Geschehen aus der Perspektive des Helfers als Chance, spezifische Anforderungen im Prozess der Sterbebegleitung zu erkennen und diesen eher zu genügen, wie auch als Quelle von Gefühlen der Hilflosigkeit, die die Sterbebegleitung erschweren:

> Gerade das zwischenmenschliche Geschehen bildet für den Helfer einerseits eine Kraftquelle, um seine Aufgabe zu erfüllen, andererseits die Erklärung für die Tatsache, dass der Helfer sich manchmal hilflos fühlt. Ich habe dies erst richtig verstanden und zutiefst erlebt in einem langen Gespräch mit einer jungen Frau, die wusste, dass sie bald sterben würde. Sie hatte den Kampf gegen den kommenden Tod aufgegeben; sie tat sich aber sehr schwer damit, diese unumgängliche Realität anzunehmen. Ich versuchte, sie zu unterstützen bei der Suche nach einem Anhaltspunkt, mit Hilfe dessen eine Bejahung für sie möglich werden konnte. Nachdem es eine Weile stille war, hat sie das Gespräch fortgesetzt, und zwar indem sie – für mich völlig unerwartet – die Frage stellte: „Hast du eigentlich bejaht, dass ich jetzt sterben muss?" (Sporken 1982: 31)

Die Kommunikation mit Sterbenden stellt an den Helfer besondere Anforderungen, da zum einen immer auch Fragen angesprochen sind, auf die der Helfer keine Antwort weiß, zum anderen mit heftigen emotionalen Reaktionen des Sterbenden wie auch mit Situationen umgegangen werden muss, in denen Gefühle verborgen bleiben oder nicht ausgedrückt werden:

> Viele Helfer ringen um die Schwierigkeit, überhaupt etwas Sinnvolles auszusagen über Fragen nach dem Sinn des Lebens und des Sterbens. Außerdem weiß man sich oft keinen Rat für die (bisweilen sehr heftigen) Gefühlsäußerungen eines Schwerkranken. Oder man kommt gerade mit dem Stillschweigen anderer nicht zurecht (Sporken 1982: 33).

Probleme und Chancen des Zuhörens beschreibt Sporken wie folgt:

> Zuhören setzt zunächst einmal voraus, dass der Helfer von seinem Inneren her bereit ist, in der Tat zuzuhören, das heißt sein Herz zu öffnen für die Äu-

ßerungen der Kranken. Die Bereitschaft allein genügt aber nicht. Wenn der Helfer unter Zeitdruck steht, wenn er selbst mit schwierigen Problemen kämpft, wenn er sich durch die angesprochene Thematik überfordert fühlt, besteht die Gefahr, dass er die Äußerungen des Sterbenden überhört, falsch versteht oder interpretiert (Sporken 1982: 34).

In anderen Fällen ist der Helfer zwar darum bemüht, dem Sterbenden wirklich zuzuhören, wird dabei aber gehemmt durch die Tatsache, dass er inzwischen fast fieberhaft nach irgendetwas Gutem sucht, das er dem Sterbenden sagen könnte, damit dieser wieder ein Stück weiter kann (Sporken 1982: 36).

VIII. Das langsame Verlöschen des Ichs im Prozess des Sterbens

Die nachfolgenden Aussagen, die einer Arbeit des früheren Heidelberger Internisten Herbert Plügge zum Verhältnis zwischen *Ich* und *Leib* entnommen sind (Plügge 1962), stellen einen zentralen Aspekt des Sterbens in das Zentrum: Dieses verläuft nicht linear, nicht im Sinne eines kontinuierlichen Rückzugs des Menschen aus seinem Leib und aus der Welt, sondern vielmehr im Sinne „eines phasenhaften Hin und Her". Zunächst ist die Unterscheidung zwischen Körper und Leib wichtig: Der Leib wird als „beseelter Körper" verstanden; im Falle des zunehmenden (und doch in Phasen verlaufenden) Rückzugs des Menschen aus seinem Leib erscheint dieser mehr und mehr als Hülle, kaum oder gar nicht mehr als beseelt, mit geringer oder fehlender Spannkraft. Dieser Rückzug lässt sich somit auch als „langsames Verlöschen" umschreiben: Die seelisch-geistige Dimension des Menschen ist immer weniger erkennbar, erfahrbar, spürbar, der Körper verliert die Qualität des Leiblichen, vor allem aber scheint sich der Sterbende auch in seiner Mimik immer weniger mitzuteilen, immer weniger auf seine Umgebung zu reagieren. Er zieht sich mehr und mehr nach innen zurück, scheint zu Beginn häufiger zurückzukehren und auf seine Umgebung zu antworten, doch werden diese Antworten seltener, schwächer, bis sie schließlich ganz ausbleiben. Lassen wir nun Plügge selbst zu Wort kommen:

> Es handelt sich hier um eine Art von langsamem Verlöschen; um den Vorgang, dass hier der Kranke seinen Leib gleichsam nach innen verlässt, das

Leibliche dagegen immer mehr den Charakter des Körperlichen annimmt und damit zur Hülle wird. Diese Kranken ziehen sich fast unmerklich nach innen zurück. Der menschliche Raum, der sonst nach außen schlechthin unbegrenzt ist, schrumpft allmählich auf den Bereich alles dessen, was innerhalb der Haut liegt, zusammen. Das äußerlich Sichtbare des Leiblichen, die Haut, die Muskulatur, der Blick, nehmen immer mehr den Charakter des Leblosen an. Die Bewegungen werden spärlicher, die Mimik starrer. In extremen Fällen verraten nur die Atmung und die Wärme der Haut, dass hier noch von einem lebenden leiblichen Ich gesprochen werden kann. Die Kranken reden auch nicht mehr viel. Sie haben kein rechtes Bedürfnis mehr, sich mitzuteilen. […] An die Stelle der Sprache tritt das Schweigen. Ähnliches sehen wir bei Menschen hohen Alters. Das langsame Enden im Alter ist von dem Verlöschen bei schweren chronisch konsumierenden Erkrankungen kaum zu unterscheiden (Plügge 1962: 116 f.).

Der Weg zur Verwandlung eines Leibes in das Körperlich-Hüllenhafte während eines langen Siechtums ist […] kein gradliniger, sondern ein phasenhaftes Hin und Her, in dem heute mehr das Lebendig-Leibliche, morgen vorwiegend das Verwelkende, fast Abgestorbene in Erscheinung tritt. Immer ist beides sichtbar, das auch noch in extremis ermöglicht, sich der eigenen Welt, wenn auch unter Umständen nur kurzfristig und dürftig, zuzuwenden, an ihr teilzuhaben, ja: sie in begrenztem Umfang wiederherzustellen bzw. umzuformen (Plügge 1962: 118).

Vergleichsweise sanft […] ist tatsächlich weitgehend identisch mit privilegiert. ‚Sanft' ist also von unzähligen Fällen von soziologischen Gegebenheiten abhängig. Abhängig vom Vermögen, das in die Lage versetzt, sich ein Einzelzimmer zu leisten, von der nur für die eine Kranke zur Verfügung stehenden Privatschwester, von der Häufigkeit der ärztlichen Visite, von individuell abgestimmter Besuchserlaubnis, vom häufigen Wechsel der Wäsche – das heißt von den Anderen, von dem Milieu, das die Anderen dem Kranken schaffen können. Abhängig von der Hilfserwartung, die die Anderen dem Schwerkranken vermitteln können. ‚Sanft' ist also weniger gebunden an die Art des Verlaufs der Krankheit, als man gemeinhin glauben möchte und glaubt, sondern oft genug gewährleistet durch den Komfort, den materiellen und fürsorgerischen Komfort, den Angehörige mit ihren Mitteln zur Verfügung stellen (Plügge 1962: 119 f.).

Dieses von Herbert Plügge beschriebene, langsame Verlöschen des Ichs im Prozess des Sterbens führt uns zur Lyrik der Schriftstellerin Else Lasker-Schüler (1879-1945), und zwar zu jener Lyrik, in der ihre Todesahnungen wie auch das Erleben zunehmender körperlicher, zunehmender seelisch-geistiger Schwächung und Schwäche im Zentrum stehen.

Beginnen wir mit einem Gedicht aus dem im Jahre 1943 erschienenen Band „Mein blaues Klavier" (Lasker-Schüler 1986):

> Ich weiß
> Ich weiß, dass ich bald sterben muss
> Es leuchten doch alle Bäume
> Nach langersehntem Julikuss.
> Fahl werden meine Träume.
> Nie dichtete ich einen trüberen Schluss
> In den Büchern meiner Reime.
> Eine Blume brichst du mir zum Gruß,
> Ich liebe sie schon im Keime.
> Doch ich weiß, dass ich bald sterben muss.
> Mein Odem schwebt über Gottes Fluss
> Ich setze leise meinen Fuß
> Auf den Pfad zum ewigen Heime.

Hier werden ihre Todesahnungen deutlich, wobei einerseits die körperliche Schwächung und Schwäche, auch der abnehmende seelisch-geistige Antrieb akzentuiert werden – und dies durchaus im Sinne eines langsamen Verlöschens, andererseits aber – und zwar in den beiden letzten Zeilen – die Hoffnung auf eine Erlösung, und zwar im Sinne einer metaphysischen Heimstatt, ausgedrückt wird.

Wenige Monate vor ihrem Tod gibt sie in ihrem letzten Gedicht „Man muss so müde sein" (Lasker-Schüler 2004) Einblick in ihre Liebe zu dem drei Jahrzehnte jüngeren Wissenschaftler Ernst Simon (dieser war übrigens wissenschaftlicher Mitarbeiter von Martin Buber), zeigt aber zugleich auf, wie sie sich von dieser Liebe – wie auch von der ganzen Welt – immer mehr nach innen hin zurückzieht. Der Respekt vor der Würde des Menschen am Ende seines Lebens bedeutet somit auch: Diesen Rückzug nach innen zu erkennen, anzunehmen und – soweit dies möglich ist – sensibel zu begleiten.

> Man muss so müde sein
> Man muss so müde sein
> Wie ich es bin
> Es schwindet kühl-entzaubert meine Welt aus meinem Sinn

Und es zerrinnen alle Wünsche tief im Herzen
Gejagt und wüsste auch nicht mehr wohin
Verglimmen in den Winden alle Kerzen
Und meine Augen sehen alles dünn.
Dich lasse ich zurück mein einziger Gewinn
Und bin zu müde dich zu küssen und zu herzen

Literatur

Arendt, Hannah (1960): *Vita activa oder vom tätigen Leben*. Stuttgart.

de Beauvoir, Simone (1965): *Ein sanfter Tod*. Reinbek.

Buber, Martin (1963): *Ich und Du*. Heidelberg.

Bühler, Charlotte (1959): *Der menschliche Lebenslauf als psychologisches Problem*. Göttingen.

Bundesministerium für Familie, Senioren, Frauen und Jugend (2007): *Charta der Rechte hilfe- und pflegebedürftiger Menschen*. Bonn.

Chappuis, Charles (1999): „Rehabilitation: Aspekte am Lebensende." In: *Schweizerische Ärztezeitung* 80, 912-914.

Donne, John (2008): *Devotions upon Emergent Occasions*. Charleston, SC.

Elias, Norbert (1982): *Über die Einsamkeit der Sterbenden in unseren Tagen*. Frankfurt am Main.

Erikson, Erik H. (1966): *Identität und Lebenszyklus*. Frankfurt am Main.

Frankl, Viktor (2005): *Der Wille zum Sinn*. Bern.

Gadamer, Hans-Georg (1993): *Über die Verborgenheit der Gesundheit*. Frankfurt am Main.

Jopp, Daniela; Rott, Christoph; Oswald, Frank (2008): „Valuation of Life in Old and Very Old Age. The Role of Socio-Demographic, Social, and Health Resources for Positive Adaptation". In: *The Gerontologist* 48, 646-658.

Kaschnitz, Marie Luise (1981): *Steht noch dahin*. 6. Auflage Frankfurt am Main.

Kirchhof, Paul (1997): „Der Schutz des Lebens als Ausdruck gegenwärtig erreichter Rechtskultur." In: Ruprecht-Karls-Universität Heidelberg (Hrsg.): *Sterben und Tod*. Heidelberg, 44-56.

Kitwood, Tom (2000): *Demenz: Der personenzentrierte Umgang mit verwirrten Menschen*. Bern.

Kruse, Andreas (2005): „Selbstständigkeit, Selbstverantwortung, bewusst angenommene Abhängigkeit und Mitverantwortung als Kategorien einer Ethik des Alters." In: *Zeitschrift für Gerontologie und Geriatrie* 38, 273-286.

Kruse, Andreas (2007): *Das letzte Lebensjahr. Die körperliche, psychische und soziale Situation des alten Menschen am Ende des Lebens*. Stuttgart.

Lasker-Schüler, Else (1986): *Mein blaues Klavier*. Frankfurt am Main.

Lasker-Schüler, Else (2004): *Liebesgedichte*. Frankfurt am Main.

McAdams, Dan P. (2009): *The Person. An Introduction to the Science of Personality Psychology.* Fort Worth.

Montada, Leo (1996): „Machen Gebrechlichkeit und chronische Krankheit produktives Altern unmöglich?" In: Baltes, Margret; Montada, Leo (Hrsg.): *Produktives Leben im Alter.* Frankfurt am Main, 382-392.

Nager, Frank (1999): *Gesundheit, Krankheit, Heilung, Tod.* Luzern.

Nuland, Sherwin (1994): *Wie wir sterben. Ein Ende in Würde?* München.

Plügge, Herbert (1962): *Wohlbefinden und Missempfinden.* Tübingen.

Ritschl, Dietrich (1997): „Leben in der Todeserwartung." In: Ruprecht-Karls-Universität Heidelberg (Hrsg.): *Sterben und Tod.* Heidelberg, 123-137.

Samarel, Nelda (2003): „Der Sterbeprozess." In: Wittkowski, Joachim (Hrsg.): *Sterben, Tod und Trauer.* Stuttgart, 122-151.

Sennett, Richard (2002): *Respekt im Zeitalter der Ungleichheit.* Berlin.

Sporken, Paul (1982): „Die Bedürfnisse des Sterbenden." In: Sporken, Paul (Hrsg.): *Was Sterbende brauchen.* Freiburg, 11-44.

Thomae, Hans (1966): *Persönlichkeit. Eine dynamische Interpretation.* Bonn.

Thomae, Hans (1996): *Das Individuum und seine Welt.* 3. Auflage Bern.

Verres, Rolf (1997): „Vom Handlungsdruck zur inneren Ruhe." In Verres, Rolf; Klusmann, Dietrich (Hrsg.): *Strahlentherapie im Erleben der Patienten.* Heidelberg, 111-116.

Weisman, Avery (1972): *On Dying and Denying. A Psychiatric Study of Terminality.* New York.

von Weizsäcker, Viktor (1986): *Der Gestaltkreis.* Stuttgart.

von Weizsäcker, Viktor (2005): *Pathosophie.* Frankfurt am Main.

Wetzstein, Verena (2005): „Alzheimer-Demenz. Perspektiven einer integrativen Demenz-Ethik." In: *Zeitschrift für medizinische Ethik* 51, 27-40.

II. Gefährdungen der Menschenwürde in historischer Perspektive

Pat Thane

Die Geschichte des Alterns und des Alters in ‚westlichen' Kulturen

Mein Thema ist nicht so sehr das eigentliche Lebensende, sondern, geschichtlich betrachtet, die lange Spanne bis zum Lebensende, die wir „Alter" nennen, ein Zeitraum, während dessen es ständig schwieriger wird, Würde und Selbstwertgefühl zu bewahren. Ein wichtiges Kapitel dieser Geschichte ist, dass im Lauf der Zeit, vor allem während des letzten Jahrhunderts, die Phase des „Alters" für die meisten Menschen länger geworden ist und mehr Menschen sie erleben. Auch ist sie inzwischen eine vielfältigere Erfahrung. Zu den Schwierigkeiten, die wir heute im Umgang mit dem Tod im Alter haben, gehört, dass auch das Sterben sich oft länger hinzieht und wir – oft irrtümlich – glauben, dank der Fortschritte der modernen Medizin könnten wir, anders als in der Vergangenheit, das Sterben nach unseren Vorstellungen steuern. Dies wirft neue Probleme auf: Wie können wir die medizinische Behandlung am Lebensende und die Erfahrung des Sterbens optimal gestalten? Dass wir weniger als frühere Generationen gewohnt sind, den Tod anderer zu erleben, und daher weniger geübt im Umgang damit, macht es nur noch schwieriger für uns.

Das Alter ist allerdings weit mehr als die Vorbereitung auf den Tod, und es hat eine lange Geschichte, auch wenn sich die Ansicht, dass die Menschen „früher" nur selten alt wurden, erstaunlich hartnäckig hält. Unser Verständnis dieser Geschichte weist noch viele Lücken auf, auch wenn wir in den letzten Jahren einige davon schließen konnten. Es ist eine verwickelte Geschichte, passend zu dem Lebensabschnitt, der größere Veränderungen mit sich bringt als jeder andere. Durch die Jahrhunderte hindurch, vor allem in der heutigen Zeit, umfasste das Alter Menschen vom sechsten Lebensjahrzehnt an bis zu den über Hundertjährigen; zu den Alten gehörten manche der Reichsten und Mächtigsten wie auch der Ärmsten und Benachteiligtesten; welche, die über achtzigjährig noch in der Lage waren, an einem Marathonlauf teilzunehmen, was heute immer öfter vorkommt, und wieder andere, die zu den Gebrechlichsten zählten.

I.   Wurden die Menschen in „der Vergangenheit" alt?

Allerdings, und zwar in größerer Zahl, als oft angenommen wird. Die Zahl derer, die – nach den Maßstäben ihrer Zeit – „alt" wurden, variierte im Zeitablauf, von Land zu Land und von Ort zu Ort. Schätzungen zufolge sollen selbst im alten Rom sechs bis acht Prozent der Bevölkerung über 60 Jahre alt gewesen sein (Parkin 2003). Diese Schätzungen sind wenig zuverlässig, da sie auf vereinzelten Inschriften auf Grabsteinen und wenigen Dokumenten beruhen, die vorwiegend auf männliche Personen der Oberschicht hinweisen. Wir wissen nichts über die Lebenserwartung der Sklaven, obwohl bildliche Darstellungen und schriftliche Zeugnisse über betagte Sklaven erhalten geblieben sind. Schätzungen für das mittelalterliche Europa besagen, dass ältere Menschen höchstens acht Prozent der Bevölkerung ausmachten, in einigen Gegenden und während mancher Zeiträume betrug ihr Anteil „nicht über fünf Prozent" (Shahar 2005).

Für England existiert umfangreiches Datenmaterial aus Langzeituntersuchungen über die Lebenserwartung der Bevölkerung. Zwischen 1540 und 1800 betrug ihre Lebenserwartung bei Geburt im Durchschnitt etwa 35 Jahre (Wrigley, Schofield 1981), und es ist wenig wahrscheinlich, dass sie zu noch früherer Zeit höher war. Doch die hohe Kindersterblichkeit, die vor dem 20. Jahrhundert in allen Ländern durchgehend herrschte, drückte die durchschnittliche Lebenserwartung bei Geburt stark nach unten. Wer die gesundheitlich kritischen ersten Lebensjahre überstand, hatte selbst im England des 16. Jahrhunderts eine realistische Chance, um nach heutigen Begriffen zumindest ein mittleres Lebensalter zu erreichen, in vielen Fällen sogar über 60 Jahre alt zu werden (Wrigley 1997). Der Anteil der über Sechzigjährigen in der englischen Bevölkerung schwankte während des 17. Jahrhunderts zwischen sechs und acht Prozent. Im späten 18. Jahrhundert betrug er in England, Spanien und Frankreich etwa zehn Prozent.

Doch auch innerhalb ein und desselben Landes schwankte die Zahl älterer Menschen von Region zu Region, häufig als Folge von Migration. Das schnelle Wachstum der Städte, insbesondere ab dem 19. Jahrhundert, zog arbeitsuchende junge Leute an, wodurch der Anteil älterer Menschen in ländlichen Gebieten überproportional anstieg. Entsprechend hatten Staaten mit starker Zuwanderung aus anderen Ländern, wie die USA oder Australien, eine jüngere Bevölkerung als die europäischen Länder, aus denen die Zuwanderer hauptsächlich kamen. Ebenso beeinflusste die Entwicklung der Geburten- und Sterberaten die Altersstruktur von Bevölkerungen. So hatte England im 19. Jahrhundert eine hohe Geburtenrate, während die Sterberate unverändert blieb. Der Anteil der Menschen über sechzig fiel so auf ein historisches Tief von sechs Prozent, während er im zwanzigsten Jahrhundert bis heute stetig stieg, weil die Geburtenraten sanken und die Lebenserwartung sich erhöhte.

In Frankreich dagegen sank die Geburtenrate im 19. Jahrhundert, was sich auf die allgemeine Altersstruktur auswirkte. Mitte des 18. Jahrhunderts waren sieben bis acht Prozent der Bevölkerung 60 Jahre alt oder älter. 1860 betrug ihr Anteil zehn Prozent, Anfang des 20. Jahrhunderts zwölf, 1946 dann vierzehn Prozent, und war damit größer als seinerzeit in jedem anderen Land (Bourdelais 1998).

Für England zeigen die Daten seit 1837, als erstmals Personenstandsstatistiken erstellt wurden, deutlich, dass Frauen die Mehrheit der Sechzigjährigen und Älteren bildeten. Soweit wir sehen können, hatten Frauen die gesamte „westliche" Geschichte hindurch, wie auch heute noch, die Tendenz, die Männer zu überleben, obwohl dies nicht immer und überall galt. In der Vergangenheit starben leider viele Frauen im Kindbett, auch wenn dieses in „westlichen" Kulturen nie eine wirklich große Zahl von Frauen betraf (Schofield 1986) und daher nicht dazu führte, dass nur wenige Frauen ein hohes Alter erreichten; Männer im besten Alter wiesen oft höhere Sterberaten auf durch Krieg, Gefahren bei der Arbeit, alltägliche Gewalt, Unfälle und Krankheiten. Sachkundige des Mittelalters berichteten, dass

Frauen anscheinend länger lebten als Männer, und fragten sich, woran das liegen könne, wo es doch der Natur zu entsprechen schien, dass Männer stärker waren und daher länger leben sollten (Shahar 1997). Selbst im Frankreich des 18. Jahrhunderts erstaunte es Ärzte immer noch, wie konstant Frauen „der Natur trotzten" und die Männer überlebten.

Die Situation im „alten Europa" entwickelte sich wiederum anders als in der „Neuen Welt", den Ländern mit europäischer Besiedlung, deren Bevölkerung im 18. und 19. Jahrhundert mehrheitlich männlich war, weil die Zahl der männlichen Auswanderer die der weiblichen überwog. „Westliche" Gesellschaften „alterten" unterschiedlich schnell. In Frankreich dauerte es 140 Jahre (1836-1976), bis der Bevölkerungsanteil der über Sechzigjährigen sich von neun auf 18 Prozent verdoppelt hatte, in Schweden 86 (1876-1962) und im Vereinigten Königreich 45 Jahre (1920-65); in den USA dagegen machte dieser Bevölkerungsanteil am Ende des 20. Jahrhunderts noch keine 18 Prozent aus.

Der wachsende Anteil älterer Menschen in westlichen Gesellschaften im Verlauf des 20. Jahrhunderts hat bei Politikern und Intellektuellen von Zeit zu Zeit panikartige Befürchtungen ausgelöst. Diese Ängste kamen in Europa zum ersten Mal in den 1920er und 1930er Jahren auf, weil die Geburtenzahlen zurückgingen und die Lebenserwartung anstieg. Man befürchtete negative Auswirkungen in wirtschaftlicher und militärischer Hinsicht durch die schrumpfende Zahl aktiver und wirtschaftlich produktiver junger Menschen bei gleichzeitiger Zunahme der Kosten für hilfsbedürftige ältere Menschen. Rechte autoritäre Regime reagierten darauf, indem sie der Bevölkerung finanzielle Belohnung für Kinderreichtum in Aussicht stellten. Hitler wie Mussolini versuchten die Geburtenrate durch Zulagen an mehrfache Mütter zu steigern, während Kinderlose zusätzlich besteuert wurden. Die UdSSR schlug einen anderen Weg ein. Berufstätige ältere Menschen wurden lobend hervorgehoben, belohnt und zu weiterer Berufstätigkeit ermutigt. Stalin ermutigte Wissenschaftler, Methoden der Lebensverlängerung zu erforschen.

In Frankreich regten diese Ängste Bemühungen an, die Geburtenrate durch verbesserte Fürsorge für Kinder und Zuschüsse für

Familien zu steigern (Bourdelais 1998). In England gab die Furcht vor der „alternden Gesellschaft" den Anstoß zu Forschungen, die nachwiesen, dass viele ältere Menschen im Arbeitsleben und im Dienst an ihren Familien und Gemeinden über viel größere Fähigkeiten verfügten, als es der allgemeinen Auffassung entsprach. Die Regierung unternahm daraufhin Anstrengungen, die sozialen Bedingungen für ältere Menschen zu verbessern und die Vorbehalte gegen sie am Arbeitsplatz und in der Gesellschaft abzubauen, wenn auch nur mit begrenztem Erfolg (Thane 1990).

Die Ängste legten sich, als die Geburtenraten nach dem Zweiten Weltkrieg wieder anstiegen. Sie kehrten jedoch wieder in den 1980er Jahren, als die Regierungen Europas feststellten, dass die Geburtenraten erneut sanken und die Lebenserwartung in bisher nicht gekanntem Ausmaß anstieg. Die Befürchtungen sind geblieben, auch wenn die Geburtenraten in den letzten Jahren in Nordeuropa und auch in Großbritannien wieder angestiegen sind.

II.   Was ist „Alter"?

Vermitteln uns Statistiken über die Zahl der Menschen, die ein bestimmtes Alter überschritten haben, wirklich alles über die Altersstruktur oder die Bedeutung des „Alters"? Gewöhnlich sehen Gerontologen und Demographen 60 oder 65 als untere Grenze des „Alters" an. Natürlich ist es wichtig, eine Altersgrenze festzusetzen, damit statistische Vergleiche der Altersstruktur im Zeitverlauf möglich sind. Doch hatten diese Lebensalter immer die gleiche Bedeutung in der „westlichen" Kultur? 60 und 65 sind in heutigen westlichen Gesellschaften die beiden häufigsten Lebensalter, um Bezüge aus der staatlichen oder privaten Rentenversicherung zu erhalten. Sie sind zu dem Alter geworden, in dem üblicherweise der Ruhestand beginnt, und gelten im Allgemeinen als Beginn des „Alters." Diese Altersgrenzen wurden im Wesentlichen im frühen 20. Jahrhundert festgelegt, als Rentenbezüge und Ruhestand zu einer normalen Phase des Alterns in den meisten westlichen Ländern wurde, auch wenn sie vor 1940 in keinem Land allgemein gültig waren. Damals hielt man 60

bzw. 65 für das Alter, in dem die meisten Menschen einer Vollzeit-
beschäftigung nicht mehr nachgehen können. Im 20. Jahrhundert ist
es um die physische Leistungsfähigkeit der Menschen in den Sechzigern in den meisten westlichen Ländern besser bestellt. In einigen
Ländern und Berufen (z. B. wissenschaftliche Berufe in den Vereinigten Staaten, Berufsgruppen im öffentlichen Dienst in Australien)
wurde im ausgehenden 20. Jahrhundert und in den ersten Jahren des
21. Jahrhunderts die Altersgrenze für den Eintritt in den Ruhestand
angehoben oder ganz aufgehoben. Die Anhebung der Altersgrenze
für den Bezug staatlicher Rente wurde gleichzeitig in vielen europäischen Ländern zu einem wichtigen politischen Thema, weil Regierungen beunruhigt waren über die Kosten der Rentenzahlungen für
eine alternde Bevölkerung.

Das war im Anschluss an eine Periode von den 1980ern bis zu
den späten 1990ern, als das Renteneintrittsalter in vielen europäischen Ländern sank; dies war der Situation der nationalen Wirtschaften und der Weltwirtschaft und der „Freisetzung" teurer führender
Mitarbeiter während einer Rezession geschuldet, sowie individuellen
Entscheidungen, frühzeitig aus dem Arbeitsleben auszuscheiden,
weil sich damals viele Beschäftigte im Management und in gehobenen Berufen auf großzügige Ruhestandsbezüge freuen konnten (Kohli 1991). Das Absinken des Rentenalters ereignete sich merkwür-
digerweise gerade zu einer Zeit, als die körperliche Gesundheit in
fortgeschrittenem Alter zunahm. Im späten 20. Jahrhundert war die
körperliche Verfassung zum ersten Mal kein gesellschaftliches oder
bürokratisches Kriterium mehr für „Alter" – Menschen im Ruhestand, die ihre Rente bezogen, waren nicht mehr schwach und gebrechlich, sondern gesund und aktiv. Immer mehr machte sich der
Eindruck breit, viele Leute seien nicht mehr „alt" in den Sechzigern,
sondern hätten sich nur vom Erwerbsleben verabschiedet und bezö-
gen ihre Rente.

Wie aber wurde „Alter" in entfernterer Vergangenheit definiert?
Nannte man Menschen in früheren Jahrhunderten, als der Lebensstandard geringer und das Leben härter war, in jüngerem Alter „alt",
und nahm man sie auch so wahr?

Der Begriff „Alter" war allen bekannten Kulturen der Vergangenheit geläufig. Es mag überraschen, dass im Europa des Mittelalters und auch schon früher das Alter von 60 und 70 Jahren gesetzlich und institutionell als Beginn des „Alters" angesetzt wurde. 60 war lange Zeit das Alter, das durch Gesetz oder Usus erlaubte, sich aus „Altersgründen" von öffentlichen Aufgaben zurückzuziehen (Shahar 1997). Selbst im alten Griechenland galt die formelle Verpflichtung zum Militärdienst noch bis zum 60. Lebensjahr, und Männer in den Fünfzigern wurden auch noch eingezogen (Finley 1984). Im England des Mittelalters sah die Arbeitsgesetzgebung vor, dass Männer und Frauen bis zum 60. Lebensjahr zum Arbeitseinsatz verpflichtet bzw. die Männer zum Militärdienst herangezogen werden konnten. Seit dem 13. Jahrhundert war in England 70 das Alter, bis zu dem man das Schöffenamt bekleiden konnte. Ähnliche Bestimmungen galten in anderen europäischen Ländern. Freistellung vom Militärdienst war in Kastilien und Leon im neuzeitlichen Spanien, in Modena und Florenz im neuzeitlichen Italien erst ab dem 70. Lebensjahr vorgesehen (Shahar 1997, 2005). Es ist wenig wahrscheinlich, dass solche Altersgrenzen glaubwürdig festgesetzt werden konnten, ohne den Vorstellungen der Bevölkerung über das „Alter" und die Fähigkeiten älterer Menschen Rechnung zu tragen.

Auch war im mittelalterlichen und frühen neuzeitlichen Europa für viele Tätigkeiten in gehobenen Positionen kein Ruhestandsalter festgelegt, und Ernennungen konnten auch an Menschen in fortgeschrittenem Alter ausgesprochen werden. In England lag das durchschnittliche Berufungsalter der neun Erzbischöfe von Canterbury (der Führer der anglikanischen Kirche) im 17. Jahrhundert bei 60; sie wurden im Durchschnitt 73 Jahre alt. Zwischen 1400 und 1600 betrug das durchschnittliche Wahlalter der Staatsoberhäupter Venedigs, der Dogen, 72 Jahre. Einige waren zum Zeitpunkt ihrer Wahl über 80 Jahre alt (Shahar 2005). All dies lässt darauf schließen, dass es auch in fernerer Vergangenheit in allen gesellschaftlichen Schichten nicht als außergewöhnlich galt, dass Menschen, vor allem aus der gesellschaftlichen Elite, bis ins hohe Alter aktiv und geistig auf der Höhe blieben.

Andererseits nahm man lange Zeit an, dass die meisten manuell

Tätigen in ihren jeweiligen Berufen nach Erreichen des 50. Lebens-
jahres nicht weiter in vollem Ausmaß arbeiten konnten, insbesondere, wenn ihre Leistungsfähigkeit von physischen Attributen wie guter
Sehkraft abhing. Schriftzeugnisse aus dem 16. Jahrhundert lassen
vermuten, dass, wie gelegentlich heute noch, 50 als Beginn des „Alters" galt. Verbreitet war die Ansicht, dass bei Frauen das „Alter"
früher einsetze, Ende der 40 oder Anfang 50, mit der Menopause,
wenn Frauen nach allgemeiner Auffassung ihre zentrale Bestimmung
im Leben verloren – das Gebären von Kindern (Botelho 2001). Bei
Männern wurde es als ausschlaggebendes Merkmal für den Beginn
des „Alters" angesehen, wenn sie nicht mehr in vollem Umfang be-
rufstätig sein konnten. Im vorindustriellen Europa galt im Alltagsle-
ben für Männer wie Frauen, dass „Alter" vorwiegend an der äußeren
Erscheinung und der Fähigkeit, alltägliche Verrichtungen auszuüben,
festgemacht wurde, weniger am Lebensalter. So konnte es sein, dass
Menschen ganz unterschiedlichen Alters als „alt" bezeichnet wurden.
In Aufzeichnungen der Armenfürsorge im England des 18. Jahrhunderts werden manche Personen in den Fünfzigern „alt" genannt, andere erst ab dem 70. Lebensjahr. Antragsteller auf staatliche Rente
im Frankreich des 18. Jahrhundert waren zwischen 54 und 80 Jahren
alt (Troyansky 1993).

Diese Daten lassen vermuten, dass Alter viele Jahrhunderte lang
für unterschiedliche Kontexte und unterschiedliche soziale Gruppen
verschieden definiert wurde. Es lässt sich chronologisch, funktional
oder kulturell definieren. Altersvorgaben sind seit Langem bürokrati-
sche Hilfsmittel, um Altersgrenzen für bestimmte Anrechte und
Pflichten festzulegen, etwa das Anrecht auf Rente oder das Recht auf
Kandidatur für ein öffentliches Amt. Müsste der Einzelne individuell
nach seinen Fähigkeiten beurteilt werden, wäre dafür ein ungleich
höherer administrativer Aufwand nötig. Mit der Festsetzung von Altersgrenzen für Beginn und Ende der Ausbildung, für den Beginn des
Ruhestands und den Erhalt staatlicher Rente erlangten feste Altersgrenzen im 20. Jahrhundert eine größere Bedeutung, und die Schich-
tung der Gesellschaft nach Altersklassen spielte nun eine viel größere Rolle.

„Funktionales" Alter ist definiert durch die Fähigkeit, die Aufgaben zu erfüllen, wie es von einer eigenständigen männlichen bzw. weiblichen Person erwartet wird, wie etwa bezahlte oder unbezahlte Hausarbeit. Jemand gilt als „alt", wenn er diesen Aufgaben nicht mehr gerecht werden kann. „Kulturelles" Alter bedeutet, dass eine Person im Sinne der gesellschaftlich gültigen Normvorstellungen „alt" aussieht und von seinen Mitmenschen als „alt" behandelt wird. Darin äußert sich das Wertesystem der Gesellschaft; Individuen werden danach als „alt" definiert, wenn sie sich entsprechend kleiden oder anderen gesellschaftlich akzeptierten äußerlichen Merkmalen entsprechen.

Offizielle und volkstümliche Definitionen des Beginns „hohen Alters" blieben zwar über lange Zeiträume hinweg konstant, doch im Mittelalter und in der frühen Neuzeit fühlte sich ein großer Anteil der Langlebigen bereits in geringerem Alter „alt" als Menschen in jüngster Vergangenheit und sahen „alt" aus. Gründe dafür sind Armut, ein beschwerlicheres Leben und fehlende Möglichkeiten, das Altern zu kaschieren. Die Zahl der Menschen früherer Gesellschaften, die „alt aussahen", kann deutlich größer und auch deutlich stärker wahrnehmbar gewesen sein, als die reinen Zahlen über Sechzigjährige und Ältere aussagen.

Seit Langem weiß man, dass Geschwindigkeit und Timing des Alterns sehr stark variieren, dass Menschen nicht gleich schnell oder auf dieselbe Weise altern. Schon seit der Antike (Parkin 1998) teilten literarische und bildliche Darstellungen das Alter in Stufen ein. Einige dieser Einteilungen waren detailliert beschrieben, wie z. B. die Darstellung der „Lebensalter des Menschen" im Mittelalter, das das Leben in drei, vier, sieben oder zwölf Lebensalter einteilte (Burrow 1986; Sears 1986). Spätestens seit dem 14. Jahrhundert, und bis zum 19. Jahrhundert, waren Abbildungen über die „Stufen des Lebens" des Mannes, manchmal auch der Frau, oder noch seltener von beiden, sehr verbreitet. Sie zeigten den Verlauf des Lebens als eine Reihe von ansteigenden Stufen; für Frauen war bei 30 Jahren die höchste Stufe, für Männer bei 40-50 Jahren; dann führten die Stufen wieder abwärts, um bei 90 oder gar 100 Jahren zu enden. Auch das deutet darauf hin, dass sehr hohes Alter selbst in fernerer Vergan-

genheit vorstellbar war und als normales Merkmal der Lebensgeschichte dargestellt werden konnte.

Im alltäglichen Sprachgebrauch wird das Alter inzwischen immer häufiger in zwei Abschnitte eingeteilt: einmal in das im frühneuzeitlichen England als „grünes" Alter beschriebene Stadium, also
eine Zeit der Leistungsfähigkeit und Aktivität, während der ein Ab-
bau einiger Fähigkeiten erfolgen kann; und in ein späteres, das letzte
Stadium, die Altersschwäche. Diese Phase scheint bis in die jüngste
Zeit, als die moderne Medizin das Leben der Menschen verlängert
hat, oft eine kurze Zeitspanne vor dem Tod gewesen zu sein. Auch
vor hundert Jahren starben die Leute noch an Infektionen, die heute
behandelt werden können, so dass der Patient wieder auf die Beine
kommt, wenn auch manchmal zunehmend gebrechlich.

Heute nennen wir diese Einteilung des Alters etwas fantasielos
„junges" und „altes" Alter bzw. „dritter" und „vierter" Lebensabschnitt, wobei die beiden letzten Bezeichnungen aus dem Französischen übernommen sind. Aus all dem wird ersichtlich, dass man
schon seit Langem weiß, dass die Bezeichnung „Alter" vielfältige
Befähigungen und Erfahrungen beinhaltet.

III.   Überlebensstrategien: Arbeit

Wie haben ältere Leute in der Vergangenheit überlebt? Natürlich gab
es unter den Alten schon immer Menschen, die genügend wohlha-
bend waren, um bis zum Lebensende finanziell unabhängig zu sein
und bei Bedarf Pflegepersonal in Anspruch nehmen zu können, in
entsprechenden Einrichtungen oder bei sich zuhause. In Europa hatten seit dem Mittelalter und bis zum 19. und 20. Jahrhundert, vor allem in ländlichen Gegenden Irlands, Teilen von Frankreich und Osteuropa, alte Menschen das Recht, jüngeren Verwandten oder auch
Nicht-Verwandten ihr Eigentum zu vermachen, um als garantierte
Gegenleistung dafür bis zum Tod von ihnen versorgt zu werden, und
sie konnten die Einhaltung der Vereinbarung rechtlich einklagen. Alte Menschen taten alles dafür, ihr eigenes Leben selbst zu bestimmen
und ihre Unabhängigkeit zu bewahren, wann immer und solange das

irgendwie möglich war. Für die Vermögenden war das natürlich am einfachsten. Den Armen blieb gewöhnlich nur, solange als möglich zu arbeiten, während die Reichen selbst bestimmen konnten, wann sie aus dem Erwerbsleben ausschieden.[1] Viele alte Leute lebten vom „improvisierten Wirtschaften", wie es Historiker im frühneuzeitlichen Europa nannten, indem sie die unterschiedlichsten Ressourcen mobilisierten, um zu überleben.

Bis ins 20. Jahrhundert hinein hatten die Armen häufig keinen Anspruch auf Unterstützungsleistungen, solange sie noch arbeitsfähig waren. In Akten über eine Zählung der Armen im englischen Norwich im Jahr 1570 hieß es über drei Witwen im Alter von 74, 79 und 82 Jahren, dass sie „beinahe arbeitsunfähig" seien; sie verdienten sich immer noch etwas durch das Spinnen von Wolle hinzu (Pelling 1991). Armenfürsorgesysteme sorgten dafür, dass alte Männer und Frauen weiterhin arbeiteten; ihr mageres Einkommen konnten sie mit Unterstützungsleistungen aufbessern. Im frühneuzeitlichen Europa boten die meisten Kommunen älteren Menschen Arbeit an, wie etwa das Ausbessern von Straßen, Pflege des Friedhofs, Dienstbotenarbeiten, Betreuung der Pferde an Markttagen, Betreuung alter Männer. Für Frauen war es oft leichter, alleine zurechtzukommen durch Kinderbetreuung, gelegentliche Arbeiten in Haushalten wie Putzen und Waschen, Untervermietung oder Betreiben eines kleinen Geschäftes oder einer Bierstube (Jütte 1994).

Erst Mitte des 20. Jahrhunderts, als der Ruhestand zu einem normalen Lebensabschnitt wurde, wurde das Leben der Armen, das eine einzige Plackerei war, erträglicher. Der Ruhestand mit Rentenbezug wurde für Angestellte im öffentlichen Dienst und in der Privatwirtschaft in den meisten westlichen Ländern im späteren 19. und während der ersten Hälfte des 20. Jahrhunderts zur Regel, weil zuerst Staatsbürokratien und in der Folge auch Unternehmen ihre Effizienz zu steigern versuchten, indem sie sich von weniger leistungsfähigen älteren Mitarbeitern trennten. Bis zu den 1940er Jahren und noch etwas darüber hinaus nahmen Angestellte die Möglichkeit der Verrentung nicht in großem Maßstab wahr; erst dann machten höhere staat-

---

[1]   Shahar 1997; Harvey 1993; Smith 1991.

liche Rentenzahlungen es für ältere Menschen möglich, ohne Erwerbsarbeit zu überleben.

Die erste Generation Männer, die zwischen einem langen Arbeitsleben und dem Tod eine Periode frei verfügbarer Zeit erlebten, waren darauf nicht vorbereitet und fanden es schwierig, mit diesem Freiraum an Zeit umzugehen. Spätere Generationen wussten, wann sie in Rente gehen würden, und konnten Pläne zur Gestaltung des Lebensabends machen (Thane 2000; Hannah 1986). Im fortgeschrittenen 20. Jahrhundert konnte die Masse der Beschäftigten einen Lebensabend mit dem Maß an Freizeit genießen, wie es früher nur den Bessergestellten möglich war. Dadurch veränderten sich die Struktur und die Erwartungen an den Lebensverlauf.

In den 1980er und 1990er Jahren schieden dann, wie schon beschrieben, vor allem in Westeuropa, immer mehr Menschen in den Fünfzigern aus dem Arbeitsleben aus, teils gewollt, oft aber auch auf Druck der Unternehmen (Kohli 1986). Ab den späten 1990er Jahren schlug das Pendel wieder in die andere Richtung aus, als Unternehmen und insbesondere Regierungen die Beschäftigten unbedingt länger in Arbeit halten wollten, weil man sich über das Altern der Bevölkerung und die schrumpfende Zahl junger Beschäftigter klar wurde. Sie trafen jedoch auf den Widerstand der Beschäftigten, die sich inzwischen damit angefreundet hatten, früher den Ruhestand antreten zu können.

IV. Alte Menschen und ihre Familien

Bis hierhin habe ich ältere Menschen über die Jahrhunderte hinweg als im wesentlichen unabhängig und, solange sie es konnten, sich selbst versorgend charakterisiert. Wie passt das zusammen mit der verbreiteten Meinung, dass ältere Leute „früher", in vorindustriellen Gesellschaften, mit ihren Kindern und nahen Verwandten zusammenlebten und von ihnen unterstützt wurden? Historiker konnten nachweisen, dass, soweit es darüber verlässliche Daten gibt, dies nicht der Regel entsprach; mit Gewissheit nicht in Nordwesteuropa (Laslett, Wall 1972). Mehrere Generationen einer Familie lebten tatsächlich in vielen Mittelmeerländern und einigen nordeuropäischen, bäuerlich geprägten Gesellschaften wie Irland, und auch Teilen Frankreichs, unter einem Dach. Grundbesitz war der einzige Besitz der Familie, und der künftige Erbe teilte ihn und das Haus mit den Älteren bis zu deren Tod (Troyansky 1993; Kennedy 1991). In großen Teilen Nordwesteuropas allerdings führten die Älteren ihren Haushalt weiter, solange sie dazu in der Lage waren, und teilten ihn nur selten mit erwachsenen verheirateten Kindern. Wenn sie nicht mehr für sich selbst sorgen konnten, konnten sie zu Verwandten ziehen, zum Beispiel für eine kurze Zeit vor dem Tod.

Das volkstümliche Liedgut vieler Länder lässt erkennen, dass es sich dabei um eine tief verwurzelte kulturelle Tradition Nordeuropas handelt. Diese kannte auch im Mittelalter kaum Illusionen, was die Unterstützung naher Verwandter für Menschen im Alter anging, warnte die älteren Menschen vielmehr vor den Gefahren, wenn sie sich selbst und ihren Besitz in die Hände der Kinder gaben. Ihren vollendeten Ausdruck fanden diese Geschichten in William Shakespeares *King Lear* (1605), wo der hinfällige König von zwei seiner Töchter hintergangen wird, nachdem er sich selbst und seinen Besitz ihnen anvertraut hatte. *Lear* war eine Überarbeitung einer Reihe mittelalterlicher Volksmärchen.

In den meisten Ländern im mittelalterlichen und frühneuzeitlichen Europa wurde die Verpflichtung erwachsener Kinder und manchmal auch anderer naher Verwandte, für die älteren Angehörigen zu sorgen, gesetzlich verankert, wie etwa im englischen Poor Law aus dem späten 16. Jahrhundert. In Teilen des frühneuzeitlichen Deutschland war dies übliche Praxis, wiewohl nicht gesetzlich vorgeschrieben (Jütte 1994). Wie häufig es tatsächlich so gehandhabt wurde, schwankte, nicht zuletzt, weil die nahen Verwandten der alten Armen oft selbst sehr arm waren und Unterstützung von ihnen nicht erwartet werden konnte.[2]

Der Umstand jedoch, dass ältere Menschen in vielen „westlichen" Gesellschaften nicht gewohnheitsmäßig bei engen Verwandten wohnten und ihre Unabhängigkeit solange wie es nur irgend ging zu

---

[2]   Thomson 1991; Thane 1996, 2000; Montigny 1997.

wahren suchten, bedeutet nicht, dass es zwischen den Generationen keine engen emotionalen Bande und gegenseitige Unterstützung gab (Laslett, Wall 1972; Laslett 1995). Eltern und erwachsene Kinder wohnten nicht unbedingt zusammen, aber oft doch in unmittelbarer Nähe, selbst in einer so mobilen Gesellschaft, wie England es vor der industriellen Revolution jahrhundertelang war (Thane 2000). Ganz allgemein endete „Verwandtschaft nicht an der Eingangstür" (Jütte 1994; Anderson 1971), wie Historiker es ausgedrückt haben: wenigstens einige nahe Verwandte lebten nah genug bei den Alten, um ihnen bei Bedarf zu helfen. Die österreichischen Soziologen Rosenmayr und Kockeis haben die Beziehung zwischen Alten und Jungen in der nordeuropäischen Familie mit der Formulierung „Intimität mit Abstand" gekennzeichnet (Rosenmayr, Kockeis 1963: 418-419).

Familienmitglieder unterstützten und halfen sich gegenseitig, unabhängig von der Schichtzugehörigkeit. Dies ist oft unterschätzt worden, da es sich hier um Sachleistungen oder Naturalien handelte, die historisch schwer nachzuweisen sind, weil es keine schriftlichen Zeugnisse gibt. Es gehörte zu den Selbstverständlichkeiten des Alltagslebens der Vergangenheit, die am schwierigsten zu rekonstruieren sind. Sehr oft handelte es sich um eine Tauschbeziehung. Alte Menschen waren in der Vergangenheit wie auch heute selten ausschließlich abhängig, außer ihr körperlicher Zustand verschlechterte sich gravierend. Sie passten auf die Enkelkinder auf und betreuten kranke Menschen, unterstützten jüngere Leute finanziell, wenn sie es sich leisten konnten, und halfen anderen in vielfältigster Weise. Entgegen der älteren soziologischen Lehrmeinung, dass die Generationen im vorindustriellen Zeitalter zusammenlebten und durch die Industrialisierung auseinander gerissen wurden, hat die Forschung in Europa und den USA festgestellt, dass alte Menschen in den schnell wachsenden Industriestädten des 19. Jahrhunderts viel wahrscheinlicher mit ihren erwachsenen Kindern unter einem Dach lebten als in den ländlichen Gebieten. Dies lag am Mangel an Wohnungen und daran, dass die junge Generation auf Hilfe angewiesen war, zum Beispiel bei der Betreuung ihrer Kinder, und um sich in der neuen städtischen Umgebung zurechtzufinden. Als sich im 20. Jahrhundert in den Industriegesellschaften größerer Wohlstand entwickelte, konnten auch wieder mehr alte Menschen ein unabhängiges Leben führen.

Allerdings hatten nicht alle alten Menschen Kinder oder andere nahe Verwandte, die sie unterstützen konnten. Hohe Sterblichkeitsraten in allen Jahrhunderten vor dem 20. bedeuteten, dass Eltern oft ihre Kinder überlebten. Bis zu einem Drittel der Frauen, die im 17. und 18. Jahrhundert das 65. Lebensjahr erreichten, hatten keine lebenden Kinder mehr (Pelling, Smith 1991). Auch konnte durch die räumliche Mobilität in Jahrhunderten, in denen es nur langsame Fortbewegungsmittel gab und viele Menschen des Schreibens nicht mächtig waren, der Kontakt selbst zu noch lebenden Kindern abreißen. Jüngere Leute zogen in die Städte, seit dem 19. Jahrhundert sogar in ferne Länder, um Arbeit zu finden. Auch wenn sie oft alles taten, um über die Entfernung hinweg in Kontakt zu bleiben, war intensive Unterstützung doch unmöglich. In der jüngeren Vergangenheit ist es für Familienangehörige leichter geworden, engen Kontakt zu halten, selbst wenn sie weit voneinander entfernt leben. Moderne Formen der Kommunikation – Telefon, Internet, Auto und Flugzeug – helfen beim Kontakt über große Entfernungen hinweg, wie es in früheren Jahrhunderten unvorstellbar war.

Während des 20. Jahrhunderts sanken die Geburtenraten in den meisten „westlichen" Ländern, wenn auch ungleichmäßig und in den USA langsamer als in Europa. Doch auch die Sterblichkeitsraten, die Kindersterblichkeit eingeschlossen, gingen zurück, und die Zahl der Eheschließungen nahm in den 1970er Jahren zu. Daher hatte im frühen 20. Jahrhundert ein höherer Anteil älterer Menschen als je zuvor zumindest ein überlebendes Kind; die außerordentlich geringen Geburtenraten der 1980er Jahre könnten allerdings dafür sorgen, dass dies für künftige Kohorten alternder Menschen nicht mehr zutrifft. Die meisten alten Menschen, deren Kinder noch leben, stehen mit einem oder allen von ihnen in enger Verbindung. Zu allen Zeiten waren Bezieher staatlicher Unterstützungsleistungen stärker davon betroffen, keine noch lebenden Kinder mehr zu haben; auch daran zeigt sich die historische Bedeutung der Unterstützung der Familie für die, die Angehörige hatten. Auch scheinen die modernen „Wohlfahrtsstaaten" die Unterstützung der Familie für alte Menschen nicht ver-

drängt zu haben, wie einige Sozialwissenschaftler befürchteten;
schon eher stellen sie eine zusätzliche Hilfe dar, die die Beziehungen
zwischen den Generationen einfacher macht und entspannt, indem
sie der Familie einige der wirtschaftlichen und emotionalen Belastungen ersparen.

Auch wer keine Blutsverwandten mehr hatte, konnte „Hilfsfami-
lien" bilden. In der Geschichte haben ältere Männer schon immer
jüngere Frauen geheiratet, die für sie sorgen konnten; seltener haben
auch reiche ältere Frauen jüngere Männer geheiratet. Waisenkinder
oder Kinder, deren Eltern zu arm waren, für sie zu sorgen, wurden
von älteren Menschen adoptiert und hatten damit ein Zuhause; als
Gegenleistung halfen sie den Älteren. Ältere Menschen ohne Verwandte taten sich zusammen und bildeten einen Haushalt, um sich
gegenseitig zu unterstützen, auch über das Zusammenleben hinaus.

V.   Altern und wohlfahrtsstaatliche Leistungen

Da, wo Familien nicht in der Lage oder bereit sind zu helfen, oder
fehlen, sind ältere Menschen vielfach auf Unterstützung durch Sozialleistungen des Staates oder der Kommunen oder auch von karitati-
ven Organisationen angewiesen. In den meisten Gesellschaften, vergangenen und heutigen, ist das Risiko wirklicher Armut für ältere
Menschen höher, besonders für Frauen.

Alle europäischen Länder hatten über Jahrhunderte Hilfsangebo-
te für die Alten und andere arme Menschen, die sich nicht selbst
helfen konnten und keine Familie oder andere Möglichkeiten der Unterstützung hatten. Die Finanzierung dieser Leistungen war auf un-
terschiedlichste Weise geregelt, meistens durch allgemeine Steuern
in Kombination mit ehrenamtlichen Hilfeleistungen, die oft von religiösen Organisationen angeboten wurden. „Fürsorge" für die Armen
konnte in Form finanzieller Hilfen oder Sachleistungen (Lebensmit-
tel, Kleidung, medizinische Versorgung) erfolgen oder durch Unter-
bringung im Kranken- oder Armenhaus. Die Qualität dieser Leistungen war unterschiedlich, und sie konnten bestrafenden oder
unterstützenden Charakter haben. In keinem Land konnte jemand al-

lein durch das Erreichen einer bestimmten Altersgrenze ein Recht auf Unterstützungsleistungen erwerben. Das wichtigste Kriterium dafür war bittere Not (Jütte 1994). Selbst dort, wo die Armenfürsorge relativ großzügig geregelt war, konnte sie selbst sehr alten Menschen verweigert werden, wenn man sie für noch fähig hielt, ein Einkommen zu erzielen. Das ist ein wichtiger Unterschied zu heutigen staatlichen Rentensystemen, auf deren Leistungen in der Regel bei Erreichen der vorgesehenen Altersgrenze fast jedermann Anspruch hat.

Alte Menschen waren in den meisten Ländern die ersten, die davon profitierten, dass zwischen dem späten 19. Jahrhundert und der Mitte des 20. Jahrhunderts aus den spärlichen und oft bestrafenden Unterstützungsleistungen umfassendere und großzügigere staatliche Sozialleistungen wurden. Ursächlich dafür war, dass sie, weil sie für den Arbeits- und Kapitalmarkt im Wesentlichen nur eine Randbedeutung haben, die letzte große Bevölkerungsgruppe waren, die von der allgemeinen Erhöhung des Lebensstandards profitierte, die in großen Teilen Europas während des 19. Jahrhunderts stattfand. Auch die „Bedürftigkeit" und die Ehrbarkeit älterer Menschen, die am Ende eines arbeitsreichen Lebens voll von kräftezehrender Arbeit darben mussten, waren für unwillige Steuerzahler, die dafür aufkommen mussten, nachvollziehbarer und leichter zu akzeptieren als die Bedürfnisse anderer verarmter gesellschaftlicher Gruppen wie der Arbeitslosen.

Die Altersrente wurde in allen „westlichen" Ländern seit den 1880er Jahren schrittweise eingeführt. In den einzelnen Ländern geschah dies nach unterschiedlichen Grundsätzen und aus unterschiedlichen Gründen, was hier nicht in allen Einzelheiten erörtert werden kann.

Alten Menschen hat der Fortschritt der Medizin Vor- und Nachteile beschert, insbesondere im 20. Jahrhundert. Schon seit der griechischen und römischen Antike haben sich Mediziner, wenn auch immer nur eine Minderheit, für die körperliche Verfassung alternder Menschen interessiert. Die Erforschung und das Verständnis des altersbedingten körperlichen Abbaus machte speziell im Frankreich des 19. Jahrhunderts Fortschritte, teils vorangetrieben von der wachsenden Zahl alter Menschen unter der französischen Bevölkerung (Bourdelais 1993, 1998). Doch erst im 20. Jahrhundert konnte die Medizin eine eingehende Diagnose und differenziertere Behandlungsformen anbieten, und erst Mitte des 20. Jahrhunderts war die medizinische Versorgung in den meisten westlichen Ländern so weit demokratisiert, dass die meisten alten Menschen medizinische Behandlung in Anspruch nehmen konnten. Selbst dann war es noch allzu oft der Fall, dass sie als letzte entsprechende Behandlung erhielten, weil ihr Leben weniger wertgeschätzt wurde als das jüngerer Menschen.

Die Fachrichtung Geriatrie entwickelte sich in den meisten „westlichen" Ländern seit dem frühen 20. Jahrhundert, ausgehend von New York. Ältere Menschen sollten so bewahrt werden vor Vernachlässigung durch die Ärzte, die wenig Interesse an ihren gesundheitlichen Beschwerden zeigten oder die Heilung der Patienten der Mühe nicht für wert hielten, weil sie bald sterben würden (Thane 1993). Seit den 1930er Jahren entwickelte sich die Geriatrie schneller, weil man sich in den meisten westlichen Ländern fragte, wie man die alternde Bevölkerung bei guter Gesundheit halten könne, und es nach dem Zweiten Weltkrieg in den meisten europäischen Ländern Zugang zu kostenlosen Gesundheitsleistungen gab. Doch die Geriatrie ist in den meisten Ländern immer noch ein medizinisches Fachgebiet mit geringem Renommee, und ältere Menschen werden innerhalb der Gesundheitssysteme immer noch zu oft vernachlässigt.

Ältere Menschen haben von den weiteren Fortschritten in der Medizin profitiert, beispielsweise von künstlichen Gelenken und Bypass-Operationen am Herzen, die die Qualität fortgeschrittenen Alters deutlich verbessern können, und von Medikamenten, die bei sachgerechtem Einsatz in einem unterstützenden Umfeld ein Sterben in Würde ermöglichen. Die moderne Medizin kann allerdings auch ein unwürdiges Sterben verlängern, weil Medikamente und Apparate Menschen zwar am Leben halten können, jedoch ohne ausreichende Lebensqualität. So sind wir historisch vor neue quälende Entscheidungen gestellt – wann und wie Leben beendet werden und wer die Entscheidung darüber treffen soll. Moderne Medikamente können auch missbraucht werden, etwa, wenn in unterbesetzten Pflegeheimen Demenzkranke damit ruhig gestellt werden, wie es in England heutzutage nur allzu oft geschieht, anstatt ihnen mit Respekt zu begegnen und zu versuchen, ihre Potentiale auszuschöpfen.

Der Medizin ist es also in jüngerer Vergangenheit möglich geworden, menschliches Leben in Würde bis zum Lebensende zu bewahren, und auch, es zu zerstören.

VI.   Hat sich der soziale Status alter Menschen verschlechtert?

Sozialwissenschaftler behaupten gelegentlich, Rentenbezüge, Ruhestandsregelung und spezialisierte medizinische Versorgung im 20. Jahrhundert hätten die Abhängigkeit und Marginalisierung älterer Menschen verstärkt, dass sie in der Gesellschaft von heute weniger Wertschätzung erfahren als in der Vergangenheit. Die Auffassung, der soziale Status älterer Menschen verschlechtere sich, hat eine sehr lange Geschichte. Schon auf den ersten Seiten seines Werks *Der Staat* wird sie von Plato (Parkin 2005: 31-70) erörtert und verworfen, ebenso in vielen späteren Texten in den folgenden Jahrhunderten. Die Langlebigkeit dieses Themas lässt vermuten, dass es eher hartnäckige kulturelle Ängste vor Alter und Vernachlässigung ausdrückt, als die augenfällige Realität abzubilden.

Jüngere Studien über das Alter im antiken (Parkin 1998) und mittelalterlichen Europa (Shahar 1997; Rosenthal 1996), in Frankreich (Troyansky 1989, 1998; Bourdelais 1993, 1998), Deutschland (Borscheid 1987; von Kondratowitz 1991; Conrad 1994) und den USA (Haber, Gratton 1994) zwischen dem 18. und 20. Jahrhundert bestätigen die Bandbreite an Erfahrungen im Alter über die Jahrhunderte hinweg und verabschieden sich von dem pessimistischen Konzept, ältere Menschen hätten unter nachlassender gesellschaftlicher Aufmerksamkeit und geringerem Status zu leiden. Eine facettenreiche Geschichte ist zum Vorschein gekommen, die gesellschaftliche, geschichtliche und geographische Unterschiede deutlicher macht. Ältere Menschen, Männer wie Frauen, die wirtschaftliche Kraft oder andere Formen von Macht sowie ihre Fähigkeiten bewahren konnten, konnten in der westlichen Kultur zu allen Zeiten Respekt einfordern bzw. erwirken. Auch wurden alte Menschen ohne Einfluss (nicht al-

le) zu allen Zeiten marginalisiert und herabgesetzt. Für die meisten
Länder Europas gilt, dass ältere Menschen niemals per se Achtung
und Status genossen, nur weil sie älter waren, sondern wie jüngere
Menschen geachtet oder eben auch nicht geachtet wurden, wegen ihrer Fähigkeiten oder aus Angst vor ihrer Macht. Bildliche und
schriftliche Darstellungen bringen diese unterschiedlichen Aspekte
zum Ausdruck.

In der englischen Literatur etwa tritt dies klar zutage. Shakespeares Beschreibung des siebten und letzten „Lebensalters des Menschen" in *Wie es euch gefällt* (1599) als „zweite Kindheit, gänzliches
Vergessen, ohn' Augen, ohne Zahn, Geschmack und alles" wird
manchmal für die typische Wahrnehmung von Alter im England des
16. Jahrhunderts gehalten, als etwas Trauriges und Negatives. Wenn
dies zutrifft, dann schreibt es älteren Menschen keinen hohen gesellschaftlichen Status zu. Doch nach dieser deprimierenden Beschreibung fortgeschrittenen Alters betritt der achtzigjährige Adam die
Bühne, der sich an früherer Stelle als „stark und rüstig, wie ein Jüngerer" beschrieben hat. Die Allgegenwart von Ironie und Dialog im
englischen Schauspiel und in der Literatur (etwa im Werk Chaucers)
zwischen im Widerstreit befindlichen – negativen und positiven –
Darstellungen des Alters, sowie die Ähnlichkeit des mittelalterlichen
mit dem frühen neuzeitlichen Publikum, die diese Darstellungen na-
helegen, deuten darauf hin, dass die Kultur Englands – und natürlich
auch die anderer Länder – uns hilft, die Vielfalt der späteren Lebensphase zu verstehen, wie sie seit vielen Jahrhunderten existiert und die
heute, wo viel mehr Menschen ein höheres Lebensalter erreichen und
ein reicheres Leben führen als je zuvor, noch gewachsen ist.

VII.   Fazit

Rentenbezüge, Ruhestandsalter und höherer Lebensstandard haben
mehr alten Menschen als je zuvor die Möglichkeit eröffnet, Würde
und Selbstwertgefühl im fortgeschrittenen Alter zu erhalten. Ein
wichtiges Problem besteht darin, wie man dieses Selbstwertgefühl
bis zum Lebensende erhalten kann. Im 20. Jahrhundert wurde es in

Ländern mit hohem Einkommensstandard zum ersten Mal Normalität, dass im Grunde jedermann alt werden konnte. Zum ersten Mal in der Geschichte wurde es für jeden möglich, sich ein langes Leben vorzustellen und Pläne dafür zu machen – und auch Furcht davor zu empfinden, da es schwierig ist, in die Zukunft zu sehen und unser eigenes Alter zu planen: schließlich wissen wir nicht, wie lange wir leben werden, ob wir Glück haben werden und gesund und aktiv bleiben können und einen schnellen schmerzlosen Tod haben werden, oder ob wir lange schmerzvoll dahinsiechen und hilflos sein werden. Die Wahlmöglichkeiten, die wir im Alter haben können, sind zahlreicher als je zuvor, und wir kennen sie besser als je zuvor. *Wir* wünschen uns natürlich, dass unser Lebensende nach unseren Plänen und Vorstellungen verläuft, doch in Wirklichkeit können wir nur schwer wissen, wofür wir genau planen.

(Aus dem Englischen von Peter Sondershausen)

Literatur

Achenbaum, Andrew (1978): *Old Age in the New Land. The American Experience since 1790*. Baltimore.

Amoss, Pamela; Harrell, Stevan (1981): *Other Ways of Growing Old. Anthropological Perspectives*. Stanford.

Anderson Jr., Michael (1971): *Family Structure in Nineteenth Century Lancashire*. Cambridge.

Baldwin, Peter (1992): *The Politics of Social Solidarity. Class Bases of the European Welfare States 1875-1975*. Cambridge.

Baltes, Paul; Baltes, Margret (1990): *Successful Aging. Perspectives from the Behavioral Sciences*. Cambridge.

Borscheid, Peter (1987): *Geschichte des Alters*. Münster.

Botelho, Lynn (2004): *Old Age and the English Poor Law. 1500-1700*. Woodbridge, Rochester.

Botelho, Lynn; Thane, Pat (2001): *Women and Ageing in British Society since 1500*. London.

Bourdelais, Patrice (1993): *Le nouvelle âge de la vieilless Histoire du vieillissement de la population*. Paris.

Bourdelais, Patrice (1998): „The Ageing of the Population: Relevant Question or Obsolete Notion." In: Johnson, Paul; Thane, Pat (Hrsg.): *Old Age from Antiquity to Post-Modernity*. London, 110-131.

Bulder, Elles (1993): *The Social Economics of Old Age. Strategies to Maintain Income in Later Life in the Netherlands. 1880-1940.* Tinbergen.

Burrow, John Anthony (1986): *The Ages of Man. A Study in Medieval Writing and Thought.* Oxford.

Chong, Alice Ming-Lin; Ng, Sik-Hung; Woo, Jean; Kwan, Alex Yiu-Huen (2006): „Positive Ageing: the Views of Middle-Aged and Older Adults in Hong Kong." In: *Ageing and Society* 26, Part 2, 243-266.

Clark, Elaine (1982): „Some Aspects of Social Security in Medieval England." In: *Journal of Family History* 7, 4, 307-320.

Clark, Elaine (1990): „The Quest for Security in Medieval England." In: Sheehan, Michael M. (Hrsg.): *Aging and the Aged in Medieval Europe.* Toronto, 189-200.

Cole, Thomas R. (1992): *The Journey of Life. A Cultural History of Aging in America.* Cambridge.

Conrad, Christoph (1994): *Vom Greis zum Rentner. Der Strukturwandel des Alters in Deutschland zwischen 1830 und 1930.* Göttingen.

Conrad, Christoph; von Kondratowitz, Hans-Joachim (1993): *Zur Kulturgeschichte des Alterns.* Berlin.

Dickey, Brian (1980): *No Charity There. A Short History of Social Welfare in Australia.* Melbourne.

Finley, Moses (1983): „Old Age in Ancient Rome." In: *Ageing and Society* 3, 391-408.

Fries, James (2002): „Reducing Disability in Older Age." In: *Journal of the American Medical Association* 288 No. 24, 3164-3166.

Gaunt, David (1983): „The Property and Kin Relationships of Retired Farmers in Northern and Central Europe." In: Wall, Richard u.a (Hrsg.): *Family Forms in Historic Europe.* Cambridge, 249-280.

Glaser, Karen (Hrsg.) (2006): Special Issue: „Family Support for Older People: Determinants and Consequences." In: *Ageing and Society* 26, Part 5.

Gullette, Margaret Morganroth (2004): *Aged by Culture.* Chicago.

Haber, Carol (1983): *Beyond Sixty-Five. The Dilemma of Old Age in America's Past.* New York.

Haber, Carole; Gratton, Brian (1994): *Old Age and the Search for Security. An American Social History.* Bloomington.

Hackett Fisher, David (1978): *Growing Old in America.* New York.

Hannah, Leslie (1986): *Inventing Retirement. The Development of Occupational Pensions in Britain.* Cambridge.

Harvey, Barbara (1993): *Living and Dying in England. 1100-1540: The monastic Experience.* Oxford.

Hennock, Ernest P. (2007): *The Origin of the Welfare State in England and Germany. 1850-1914. Social Policies Compared.* Cambridge.

Johnson, Paul (1994): „The Employment and Retirement of Older Men in England and Wales. 1881-1981." In: *Economic History Review* 47, 106-128.

Johnson, Paul; Thane, Pat (1998): *Old Age from Antiquity to Post-Modernity*. London.

Jütte, Robert (1994): *Poverty and Deviance in early Modern Europe*. Cambridge.

Kennedy, Liam (1991): „Farm Succession in Modern Ireland: Elements of a Theory of Jnheritance." In: *Economic History Review* 3, 478-496.

Kirkwood, Tom (1999): *Time of Our Lives. Why Ageing is Neither Inevitable Nor Necessary*. London.

Kohli, Martin; Rein, Martin; Guillemard, Anne-Marie; van Gunsteren, Herman (1991): *Time for Retirement. Comparative Studies of Early Exit from the Labour Force*. Cambridge.

von Kondratowitz, Hans-Joachim (1991): „The Medicalization of Old Age: Continuity and Change in Germany from the 18th to the Early 19th Century." In: Pelling, Margret; Smith, Richard M. (Hrsg.): *Life, Death and the Elderly. Historical Perspectives on Ageing*. London, 143-64.

Laslett, Peter; Wall, Richard (1972): *Household and Family in Past Time*. Cambridge.

Laslett, Peter (1995): „Necessary Knowledge: Age and Aging in the Societies of the Past." In: Kertzner, David; Laslett, Peter (Hrsg.): *Aging in the Past. Demography, Society and Old Age*. Berkeley, London, 3-80.

de Medeiros, Kathryn (Hrsg.) (2008): *From Reproduction to new Production. The Shift in Focus on Older Women's Bodies in Gerontological Discourse after World War Two. European Social Science History Conference*. Lisbon.

Manton, Kenneth G.; Gu, Xiliang (2001): „Changes in the Prevalence of Chronic Disability in the United States Black and Nonblack Population Above Age 65 from 1982 to 1999." In: Centre for Demographic Studies, Duke University (Hrsg.): *Proceedings of the National Academy of Sciences of the US*. Durham.

McNicol, John (1998): *The Politics of Retirement in Britain. 1878-1948*. Cambridge.

Minois, Georges (1989): *History of Old Age. From Antiquity to the Renaissance*. Oxford.

Montigny, Edgar-Andre (1997): *Foisted upon the Government? State Responsibilities, Family Obligations and the Care of the Dependent Aged in Late Nineteenth Century Ontario*. Montreal.

Ottaway, Susannah R. (2004): *The Decline of Life. Old Age in Eighteenth-Century England*. Cambridge.

Ottaway, Susannah R.; Botelho, Lynn; Kittredge, Katharine (2002): *Power and Poverty. Old Age in the Pre-Industrial Past*. Westport, London.

Parkin, Tim (1998): „Ageing in Antiquity: Status and Participation." In: Johnson, Paul; Thane, Pat (Hrsg.): *Old Age from Antiquity*. London, New York, 1-18.

Parkin, Tim (2003): *Old Age in the Roman World. A Cultural and Social History*. Baltimore.

Parkin, Tim (2005): „The Ancient Greek and Roman Worlds." In: Thane, Pat (Hrsg.): *The Long History of Old Age*. London, 31-69.

Pelling, Margaret (1991): „Old Age, Poverty and Disability in Norwich." In: dies.; Smith, Richard (Hrsg.): *Life, Death and the Elderly*. London, 74-101.

Pelling, Margaret; Smith, Richard (1991): *Life, Death and the Elderly. Historical Perspectives on Ageing*. London.

Phillipson, Chris (1982): *Capitalism and the Construction of Old Age*. London.

Ransom, Roger; Sutch, Richard (1986): „The Labor of Older Americans: Retirement of Men on and off the Job, 1870-1937." In: *Journal of Economic History* 46, 1-30.

Raphael, Marios (1964): *Pensions and Public Servants. A Study of the Origins of the British System*. Paris.

Rein, Martin; Salzman, Harold (1995): „Social Integration, Participation and Exchange in Five Industrial Countries." In: Bass, Scott (Hrsg.): *Older and Active. How Americans over 55 are Contributing to Society*. New Haven, 237-262.

Rosenmayr, Leopold; Kockeis, Eva (1963): „Proposition for a Sociological Theory of Aging and the Family." In: *International Social Science Journal* 3, 418-419.

Rosenthal, Joel Thomas (1996): *Old Age in Late Medieval England*. Philadelphia.

Schofield, Roger (1986): „Did the Mothers Really Die? Three Centuries of Maternal Mortality in ‚The World We Have Lost'." In: Bonfield, Lloyd u.a (Hrsg.): *The World We Have Gained. Histories of Population and Social Structure*. Oxford, 231-260.

Schröder-Butterfill, Elisabeth; Marianti, Ruly (2006): Special Issue: „Understanding Vulnerabilities in Old Age." In: *Ageing and Society* 26, Part 1.

Sears, Elizabeth (1986): *The Ages of Man. Medieval Interpretations of the Life Cycle*. Princeton.

Shahar, Sulamit (1997): *Growing Old in the Middle Ages*. London.

Skocpol, Theda (1992): *Protecting Soldiers and Mothers. The political Origins of Social Policy in the United States*. Cambridge, Mass.

Slack, Paul (1990): *The English Poor Law. 1531-1782*. Cambridge.

Smith, Richard M. (1991): „The Manorial Court and the Elderly Tenant in Late Medieval England." In: Pelling, Margret; Smith, Richard (Hrsg.): *Life, Death and the Elderly*. London, 39-61.

Sokoll, Thomas (1997): „Old Age in Poverty: The Record of Essex Pauper Letters 1780-1834." In: Hitchcock, Tim u.a. (Hrsg.): *Chronicling Poverty. The Voices and Strategies of the English Poor. 1640-1840*. London, 127-154.

Stavenuiter, Monique; Bjisterveld, Karin; Jansens, Saskia (1996): *Lange Levens. Stille Getuigen. Oudere Vrowen in Het Verladen*. Zutpen.

Stearns, Peter (1977): *Old Age in European Society. The Case of France*. London.

Thane, Pat (1990): „The Debate on the Declining Birth Rate in Britain: The ‚Menace' of an Ageing Population, 1920s-1950s." In: *Continuity and Change* 5 (2), 283-305.

Thane, Pat (1993): „Geriatrics." In: Bynum, William; Porter, Roy (Hrsg.): *Companion Encyclopaedia to the History of Medicine*. London, 1092-1118.

Thane, Pat (1996): „Old People and their Families in the English Past." In: Daunton, Martin (Hrsg.): *Charity. Self Interest and Welfare in the English Past*. London, 113-138.

Thane, Pat (2000): *Old Age in English History. Past Experiences, Present Issues*. Oxford.

Thane, Pat (2005): *The Long History of Old Age*. London.

Thomson, David (1991): „The Welfare of the Elderly in the Past. A Family or Community Responsibility?" In: Pelling, Margret; Smith, Richard (Hrsg.): *Life, Death and the Elderly*. London, 194-221.

Thomson, David (1998): „Old Age in the New World: New Zealand's Colonial Welfare Experiment." In: Johnson, Paul; Thane, Pat (Hrsg.): *Old Age from Antiquity to Post-Modernity*. New York, 146-179.

Thuiller, Guy (1994): *Les Pensions de Retraite des Fonctionnaires au XIXeme Siecle*. Paris.

Troyansky, David G. (1989): *Old Age in the Old Regime. Image and Experience in Eighteenth-Century France*. Ithaca.

Troyansky, David G. (1993): „Old Age, Retirement and the Social Contract in 18th and 19th Century France." In: Conrad, Christoph; von Kondratowitz, Hans-Joachim (Hrsg.): *Zur Kulturgeschichte des Alterns*. Berlin, 77-95.

Troyansky, David G. (1998): „Balancing Social and Cultural Approaches to the History of old Age and Ageing in Europe: a Review and an Example from Post Revolutionary France." In: Johnson; Paul, Thane, Pat (Hrsg.): *Old Age from Antiquity to Post-Modernity*. New York, 96-109.

Turner, Adair (2004): *Pensions. Challenges and Choices. The First Report of the Pensions Commission*. London.

Vincent, John (2007): „Science and Imagery in the ‚War on Old Age'." In: *Ageing and Society* 27, Part 6, 941-961.

Walker, Alan (2004): Special Issue: „Understanding Quality of Life in Old Age." In: *Ageing and Society* 24, Part 5.

World Bank (1994): *Averting the Old Age Crisis*. Washington.

Wrigley, Edward; Davies R.S; Oeppen, J.E.; Schofield, Roger (1997): *English Population History from Family Reconstitution. 1580-1837*. Cambridge.

Wrigley, Edward; Schofield, Roger (1981): *The Population History of England. 1541-1871: A Reconstruction*. London.

Klaus Bergdolt

Menschenwürde und Sterben zu Pestzeiten

Die „schreckliche" Pest, die seit 1347 Süd- und Mitteleuropa überrollte, war für die Zeitgenossen ein „unerhörtes" Ereignis.[1] Der Tod wurde, glauben wir den zahlreichen Augenzeugenberichten, nicht nur zur Alltagserfahrung (das war er im Mittelalter auch schon zuvor), sondern zu einer die gesamte Gesellschaft, das öffentliche wie private Leben bedrohenden Realität. Freilich starb nicht jeder. Die mortalitas magna bedeutete – ungeachtet zahlreicher apokalyptischer Assoziationen, die aus mittelalterlicher Sicht geradezu zwangsläufig waren[2] – nicht den Weltuntergang. Die Pest wütete niemals – und das ist für die historische Analyse entscheidend – so gründlich, dass sie „das Bewusstsein des Untergangs vernichtet hätte" (Herlihy 1997: 69). Im Gegenteil: Die Mehrheit überlebte, wenn auch in Angst und Schrecken, und die Katastrophe wurde, auch was ihre psychologischen und mentalen Folgen anging, vom ersten Moment an, vor allem in Italien, vorzüglich dokumentiert. Mentalitätsgeschichtliche Aspekte des 14. Jahrhunderts waren in der Seuchengeschichte schon vor 1900 Forschungsgegenstand,[3] d. h. lange bevor der Begriff im 20. Jahrhundert in Mode kam (Dinzelbacher 1993)! Dies verdankte man vor allem dem Umstand, dass führende Intellektuelle des 14. Jahrhunderts, allen voran Petrarca und Boccaccio, Zeitzeugen waren, deren Schriften zum Kanon der abendländischen Literatur gehören.[4] In Deutschland wäre hier, ungeachtet des literari-

---

[1] Petrarcas Brief an den Rhetor Pietro da Bologna (um 1374), vgl. Bergdolt 1989: 135 f.

[2] Vgl. hierzu Petrarcas Konzept der „vergreisten Welt", Bergdolt 2003: 153.

[3] Hecker 1832; Hoeniger 1882; Lechner 1984.

[4] Boccaccio 1998: 11-20. Zu Petrarcas Briefen und Gedichten über die Pest: Bergdolt 2003: 98-107.

schen Niveauunterschieds, vor allem der Regensburger Domscholas-
tiker Konrad von Megenberg zu nennen, unter den Chroniken etwa
diejenige Fritsche Closeners in Straßburg (Krüger 1972: 839-883).

Die subjektive Erfahrung der Pest war einschneidend. Sie schür-
te, wie zahlreiche Dokumente der Zeit unterstreichen – man denke
nur an Petrarcas Gedicht „Ad se ipsum" –, Zweifel an Gottes Schöp-
fungsplan. Pessimismus und Ratlosigkeit waren die Folge. Dass
sinnliche Erfahrungen, die Erforschung der Natur und vor allem das
hierfür für unabdingbar gehaltene Studium des Aristoteles zur metaphysischen Gewissheit führen könnten, wie es führende Scholastiker
des 13. Jahrhunderts angenommen hatten, war von dem Franziskaner
Duns Scotus bereits zu Beginn des Jahrhunderts bezweifelt worden
(Flasch 1987: 436). Angesichts des Massensterbens schwanden in
unterschiedlicher Weise Lebensfreude, Hoffnung und persönliche
Freiheit, aber auch das religiöse Urvertrauen. Die Folgen waren be-
achtlich. Die soziale Ordnung wankte. Man vermisste Gottes Barmherzigkeit und zweifelte an seiner Gerechtigkeit. Die folgenden Zeilen Petrarcas sind unmittelbar nach 1348 entstanden. Sie bezeugen
die Entwurzelung des christlichen Intellektuellen, der den Eindruck
gewonnen hat, dass Philosophie, Poesie oder Kunst angesichts der
tödlichen Herausforderung keine wirklichen Lebenshilfen darstellen
können und das Schicksal mit Gebeten und Prozessionen nicht mehr
zu beeinflussen ist.

> Wehe mir, was muß ich erdulden?
> Welch heftige Qual steht
> durch das Schicksal mir bevor?
> Ich seh' eine Zeit, wo die Welt
> sich rasend ihrem Ende nähert,
> um mich herum in Scharen,
> Jung und Alt dahinsterben.
> Kein sicherer Ort bleibt mehr,
> kein Hafen tut sich
> auf der ganzen Welt mir auf.
> Es gibt, wie es scheint, keine Hoffnung
> auf die ersehnte Rettung.
> Unzählige Leichenzüge seh' ich nur,
> wohin ich angstvoll die Augen wende,

und sie verwirren meinen Blick.
Die Kirchen hallen vom Klagen wider
und sind gefüllt mit Bahren.
Ehrlos liegen die Vornehmen
tot neben dem gemeinen Volk.
An die letzte Stunde denkt die Seele.
Auch ich muß mit meinem Ende rechnen.
Ach, verstorben sind die lieben Freunde,
vorbei die angenehmen Gespräche,
plötzlich verblichen die lieben Gesichter.
Schon wird die geweihte Erde knapp für Gräber.
So klagt die Bevölkerung in Italien,
nicht mehr gewachsen so vielen Toten.
So weint auch Gallien,
erschöpft und entvölkert,
so trauern auch andere Völker,
wo immer sie leben unter der Sonne.
War dies der Zorn Gottes?
Unsere Taten hätten es sicher verdient,
wie ich glaube. Oder nur verdorbene Luft,
weil die Natur sich änderte?
Pestbringend kam das Jahr über die Menschen,
drohte einen tränenreichen Untergang an,
und Dünstung der Luft begünstigte das Sterben.
Grimmig blickt Jupiter vom Himmel der Krankheit,
schickt Seuchen und traurigen Tod
wie Regen auf die Erde.
Ohne Gnade versuchen die Parzen,
die Lebensfäden schnell zu zerreißen,
alle zugleich, wär's ihnen möglich.
Ich fürchte der Himmel gibt ihnen
vielleicht doch, was sie wünschen.
Unzählige seh' ich erbleichen,
so viele hineilen zum finsteren Tartarus.
Ich muß daran denken, ich gesteh's,
gerate selbst in Verwirrung und ahne
den Zugriff des nahen Todes.
Wo könnte ich nur das Haupt verstecken?
Weder das Meer noch das Land noch
mit schattiger Höhle der Fels
bieten dem Flüchtling Sicherheit.
Denn alles besiegt der Tod.
Er kommt mit Schrecken,

und kein Versteck ist sicher genug.
(Petrarca 1951: 750 f.; Bergdolt 1989: 146-148.)

Das dramatische Poem, ein Aufschrei aus existentieller Not, zeigte
das Dilemma des „ersten modernen Menschen" (Renan 1852: 260),
der auf sich selbst zurückgeworfen wurde. Kein Wunder, dass damals Autobiographien in Mode kamen. Petrarca, aber auch Karl IV.
(dessen Residenz Prag samt der im Pestjahr gegründeten Universität
zunächst von der Seuche verschont blieb) und der Baumeister Peter
Parler boten erste Beispiele (Strothmann 2005: 183). Selbst philosophische Beschlagenheit und jahrelange Übungen in der ars moriendi
(die im christlichen Mittelalter einen selbstverständlichen Teil der
ars vivendi darstellte) boten, wie sich täglich beobachten ließ, keinen
Schutz. Wer, wie Petrarca im Brief an Gherardo, vor dem Einbruch
der Pest „eiserne Duldsamkeit und gänzliche Härte gegen alle Fallen
des Schicksals" gepredigt hatte (Bergdolt 1989: 137 f.), musste ebenso verzweifeln wie jene, die in den Tag hinein lebten. Die depressive
Stimmung, der Zweifel an Gott und der Welt schlug sich in Briefen,
Chroniken, in der Poesie, in der Gesetzgebung und auch (allerdings
weitaus geringer als man lange vermutet hat) in der Bildenden Kunst
nieder (Bergdolt 2005: 319). Das Motiv des Totentanzes wie des
Triumphs des Todes, das nun für Jahrhunderte vor allem in der italienischen, deutschen und französischen Malerei Akzente setzte und
als memento mori die Besucher von Kirchen und Friedhöfen nach-
haltig ängstigte, war für die neue Mentalität durchaus charakteristisch.[5] Selbst wenn die Pest abgeklungen war (um dann allerdings,
wie sich bald zeigte, in gewissen Zeitabständen wiederzukehren,
wenn nämlich genug junge Menschen herangewachsen und die Älteren, die während der letzten Seuche Resistenzen erworben hatten,
gestorben waren!), blieb der Tod selbst im seuchenfreien Intervall als
Reiter, als Spielmann, als Schnitter, als Rattenfänger, als verführeri-
scher Musikant, vor allem aber als furchterregendes Skelett präsent,
das sich, so die klare Botschaft, in absehbarer Zeit diesen oder jenen,
vielleicht aber auch Unzählige gleichzeitig, aus der Schar der Leben-

---

[5]   Wunderlich 2001; Schuster 1992; Frey 2000.

den holen würde. Die zahlreichen Pestchroniken stellten in der Regel Mischungen von Alltagserfahrungen und tradierten Katastrophen-Topoi dar, die letztlich auf den Athener Thukydides und byzantinische Autoren wie Prokop und Evagrios (Bergdolt 2003: 14-17) zurückgingen, welche die Pest des Justinian beschrieben hatten, die im frühen sechsten Jahrhundert die Levante, aber auch Rom und weite Teile Italiens verwüstet hatte (Leven 1987: 137-161).

Thema dieses Beitrags sind der Umgang mit Tod und Sterben zur Zeit der Pest sowie die alltäglich gewordene Missachtung der Menschenwürde derer, die eine Gefahr für die Gesellschaft darstellten. Die Umwelt reagierte hart, nämlich mit Ausschluss und strikter Isolierung. Die psychologische Situation war schwierig. Der vanitas des Irdischen stand – jedermann konnte sich im Alltag davon überzeugen – die Gewissheit täglicher Todesgefahr gegenüber. Die ars moriendi, die Kunst des guten Sterbens, erhielt eine neue Aktualität und wurde für sensible Gemüter lebensnotwendig. Dass, wie Petrarca in „Ad se ipsum" moniert hatte, Vornehme wie Vertreter der niederen Stände im Tod ein gemeinsames Schicksal ereilte, dass sie, ohne dass sich jemand darüber empörte, leblos nebeneinander lagen, erschien nicht nur den Eliten als bedrohliche Tatsache, als Beweis einer zerstörten sozialen Ordnung. Noch beunruhigender war allerdings, von der Verletzung der äußeren Würde abgesehen, ein anderes Begleitphänomen des Schwarzen Todes. „Die Leute starben nicht nur, ohne viele Klagefrauen um sich zu haben. Es gab sogar genug, die ohne Augenzeugen aus dem Leben schieden", schrieb Boccaccio, der in der Einführung des *Decamerone* den bekanntesten Zeugenbericht der Pest von 1348 verfasst hat (Bergdolt 1989: 47). Ein solch einsames Sterben war im Mittelalter ganz und gar ungewöhnlich. Es implizierte für Gläubige und Ungläubige existentielle Ängste, so dass die letzten Tage zum Alptraum gerieten. Da sich die Umwelt zurückzog, um nicht infiziert zu werden, starb man zunehmend allein, isoliert, auf sich selbst zurückgeworfen, im wahrsten Sinn des Wortes verlassen. Die Situation ähnelte derjenigen des unvorbereiteten Todes, der mors improvisa, die sehr gefürchtet war. In der Erlebniswelt des mittelalterlichen Gläubigen bedeutete sie einen seelisch qualvollen Sterbeprozess ohne den sakramentalen Beistand eines

Priesters und die Pflege und Tröstung durch Angehörige. Langdau-
ernde Qualen im Fegefeuer, ja ewige Höllenpein drohten, und nur in
Ausnahmesituation, etwa auf dem Höhepunkt einer Pestwelle, ge-
stand die Kirche den Verzicht auf die Beichte, Kommunion und letzte Ölung zu. Manche Geistliche schleppten sich, wie Simon de Cou-
vin aus Avignon berichtet, todkrank zu Schwerkranken und
Sterbenden, um dann selbst am Bett irgendeines Todgeweihten zu-
sammenzubrechen: „Und unversehens starben sie, bisweilen schneller als diese, allein durch den Körperkontakt und wegen des Pest-
hauchs" (Haeser 1865: 34 f.). Andere Kleriker hatten die Flucht
ergriffen, was natürlich ihrem Nimbus schadete, da „die seelische
und körperliche Verletzlichkeit derjenigen offenbar wurde, die sak-
ramentale Gewalt über den Menschen besaßen" (Ziegler 1972: 26).
Die drohende Verdammnis war auch das Thema von Bußpredigern
wie Jacopo Passavanti, dem Autor des *Speculum verae penitentiae*,
der in Florenz zur Einkehr mahnte und dabei Maler wie Andrea da
Firenze beeinflusste, der zwischen 1366 und 1368 die Spanische Kapelle im Konvent von Santa Maria Novella ausschmückte (Meiss
1978: 94-104).

Nicht der ruhige Rückblick auf ein erfülltes Leben, sondern offene Fragen und ein unruhiges Gewissen bestimmten die letzten
Stunden des vereinsamten Kranken. Das Jenseits erschien unsicher
und düster. Wünschte er sein Testament zu machen oder die Sterbe-
sakramente zu empfangen, war dies schwierig, da sich Geistliche
und Notare verständlicherweise häufig ihrer Verpflichtung entzogen
(Bergdolt 2004: 97-102). Aus mittelalterlicher Sicht empfand man
dies als Verstoß gegen die Würde, die stark an das Formale, an Riten
und Traditionen gebunden schien. Mit dem Kranken, der, wie alle
Menschen, als Ebenbild Gottes eine besondere Würde beanspruchen
durfte, ließ man, folgte man dem christlichen Ethos der Hospitalor-
den, Christus selbst im Stich (Bergdolt 2004: 64). Der Bericht des
Michele da Piazza aus Sizilien wäre auf viele Kommunen Italiens zu
übertragen gewesen:

> Die Priester und Notare weigerten sich, in die Häuser zu gehen. Betrat einer
> von ihnen dennoch ein Haus, um ein Testament oder dergleichen aufzuset-

zen, konnte auch er dem baldigen Tod nicht entkommen. Die Minderbrüder, Dominikaner und anderen Ordensleute, die in die Wohnungen solcher Kranker gingen, damit diese ihnen ihre Sünden beichten und durch Reue der göttlichen Gerechtigkeit teilhaftig werden konnten, raffte selbst ein brüsker Tod hinweg, so dass einige gleich in den Sterbezimmern zurückblieben. Als die Leichen verlassen in den Wohnungen lagen, wagte es kein Priester, Sohn, Vater oder Verwandter hineinzugehen. Man bezahlte vielmehr Dienstleuten einen nicht geringen Lohn, damit diese die Toten zum Begräbnis brachten (Bergdolt 1989: 34).

Solche Beobachtungen häufen sich nach 1348. Soziale Kälte griff um sich. Gesellschaftliche Strukturen wie die Familie, die Verwandtschaft, die Nachbarschaft, die Orden und Klerikergemeinschaften, aber auch die staatlichen Exekutivorgane erwiesen sich als labil und brüchig. Anklagen und Vorwürfe wurden laut. Aus Piacenza berichtete der Jurist Gabriele de Mussis: ·

Ein Kranker lag verlassen in seinem Haus. Kein Angehöriger wagte sich in seine Nähe. Diejenigen, welche ihm nahestanden, weinten, doch sie hielten sich in einem [entfernten] Winkel des Hauses auf. Kein Arzt kam. Der Priester war voller Angst und reichte die kirchlichen Sakramente nur furchtsam. Ach, und dann erklang die weinerliche Stimme des Kranken. Erbarmt euch, erbarmt euch doch, hörte man die Stimme meines Freundes, wo mich doch die Hand des Herrn berührt hat. Ein anderer rief: O mein Vater, warum hast du mich verlassen? Denk' doch daran, dass du mich gezeugt hast. Ein anderer: O Mutter, wo bist du? Warum bist du jetzt so grausam zu mir, wo du noch gestern so liebevoll zu mir warst, wo du mich mit der Milch deiner Brüste genährt und mich neun Monate getragen hast. Ein weiterer: O ihr meine Söhne, die ich unter Schweiß und Mühen erzogen habe, warum flieht ihr? Und gegenseitig klagten sich Mann und Frau an: Weh uns, die wir uns friedlich unserer Ehe erfreuten und jetzt, o Schmerz, in Trauer geschieden und getrennt werden! Und während ein Kranker auf diese Weise furchtbar litt, stieß er Klagerufe aus: Kommt meine Verwandten und Nachbarn, reicht mir einen Tropfen Wasser, ich habe Durst. Ich lebe doch noch! Habt keine Angst! Vielleicht kann ich weiterleben. Fasst mich an, berührt doch meinen elenden Körper! Ihr müsst mich jetzt anfassen! (Bergdolt 1989: 28 f.)

Im Spätmittelalter starben nicht einmal Verbrecher einsam. Exekutionen waren, ungeachtet, ja gerade dank ihrer Grausamkeit, ein öffentliches Ereignis. Auch Gefängnisinsassen wurden von Geistlichen begleitet. Sie hatten immerhin Anspruch auf sakramentalen Trost. Zu

„normalen" Zeiten beendete man sein Leben im Kreis der Familie
(auch das Gesinde, etwa Mägde und alleinstehende Knechte wurden
hier aufgefangen!) oder Nachbarn, und selbst Bettler genossen nicht
selten das Privileg kostenloser Betreuung bzw. „Begleitung" in Hos-
pitälern, die in der Umsetzung christlicher Barmherzigkeit ihre eigentliche Existenzberechtigung sahen.[6] Die Pflege und Tröstung,
aber auch die Begleitung der Sterbenden sowie eine würdevolle Bestattung nach dem Tod, die Benedikt von Nursia (6. Jh.) in seiner
Ordensregel den im Neuen Testament (Matthäus 25, 41-45) kanoni-
sierten „Taten der Barmherzigkeit" zugeordnet hatte (Benedikt 1992:
89), waren Ausdruck der christlichen Kultur. Das Leichenbegängnis,
ein zentrales Ritual, das die Gemeinschaft stets aufs Neue zusam-
menschmiedete, verlor angesichts der horrenden Gefahr seine Bedeutung. Die Totenwürde, die Achtung vor dem Leichnam, die Aura
des Mysteriums, die das Sterben umgab, spielten keine Rolle mehr.
Aus Angst vor der Ansteckung gingen, wie Boccaccio bemerkte, selten „mehr als zehn oder zwölf Nachbarn zur Kirche mit". Zu „normalen" Zeiten war dies unvorstellbar, ebenso dass Totengräber ihren
Dienst ohne jede Würde verrichteten. Immerhin gab es hier und dort
Geistliche, die den Leichnam begleiteten. Sie ließen ihn allerdings
„durch die Leichenträger in das erstbeste Grab legen, das offen
stand, ohne sich mit einem langen oder feierlichen Gottesdienst ab-
zumühen" (Bergdolt 1989: 47). Da die „geweihte Erde" bald belegt
war, wurden „große Gräben ausgehoben und die Neuverstorbenen zu
Hunderten hineingelegt, schichtweise, wie im Schiffsraum die Waren" (Bergdolt 1989: 49). Der Verfall der Tradition, der Verlust der
Rituale und die Unsicherheit, die sie implizierten, verstärkten nicht
nur die Furcht vor der Ansteckung, sondern führten zu einer existen-
tiellen Angst. Die Infektiosität – jedermann wusste dies – war enorm.
Die Lungenpest, die, da die Atmungsorgane betroffen waren, durch
die Ausatmung und durch Sprechen, d. h. durch Tröpfcheninfektion
übertragen wurde, hatte, ohne dass man natürlich die pathophysiolo-
gischen Zusammenhänge begriff, zur Folge, dass die auf diese Weise
Infizierten meist innerhalb eines Tages starben. „Wie viele tatkräf-

---

[6]   Zum europäischen Hospitalgedanken vgl. Helas, Wolf 2006.

tige Männer, wie viele schöne Frauen, wie viele anmutige Jünglinge, denen, von anderen zu schweigen, Galen, Hippokrates und Äskulap eine blühende Gesundheit bescheinigt hätten, speisten am Morgen mit ihren Verwandten, Gesellen und Freunden, um am folgenden Abend in der anderen Welt mit ihren Vorfahren zu tafeln", schrieb wiederum Boccaccio (Bergdolt 1989: 51). Das war kein literarischer Topos, sondern beruhte auf alltäglicher Beobachtung. Die Angst vor ewiger Verdammnis ging einher mit der Realangst, in jedem Moment sterben zu müssen. Es war nur ein scheinbares Paradoxon, dass zur Zeit des Massensterbens gerade das Individuum vor besonderen Herausforderungen stand.

Natürlich gab es auch Menschen, die sich in einen reaktiven Hedonismus flüchteten. Sie überließen die Kranken ihrem Schicksal und verdrängten die Bedrohung. Wieder andere beuteten die vereinsamten Kranken aus, suchten Wertgegenstände oder Geld und verschwanden. Manche nahmen das Risiko der Infektion in Kauf, um Sterbende zu überfallen oder Häuser von Toten auszurauben. Das Bandenwesen, aber auch die öffentliche Unsicherheit nahm zu. Es war auch unausweichlich, dass in der täglichen Pflege die Schamgrenzen fielen. Die Privatsphäre der ehrbaren Frau schwand. Kaum eine hatte, wie Boccaccio monierte, noch Hemmungen, „sich von einem Mann, war er nun jung oder alt, bedienen zu lassen und ihm gegenüber, wenn es nur die Notlage der Krankheit erforderte, ohne Bedenken jeden Teil ihres Körpers zu entblößen" (Bergdolt 1989: 46). Auch hier wurde natürlich die Menschenwürde verletzt, denn die Kranken hatten keine andere Wahl. Einigen Zeitgenossen gelang es sogar, durch die Pest reich zu werden. So eskalierte angesichts des großen Bedarfs an Totenkerzen der Wachspreis, der in Florenz staatlich reguliert werden musste. Niemand durfte mehr als zwei Kerzen kaufen – und das selbstverständlich nur bei einem Trauerfall innerhalb der eigenen Familie! Apotheker priesen Wunderpillen an, und Totengräber versetzten zu Höchstpreisen gebrauchte Bahren, Decken und Kissen. Die ungebrauchte Leichenbekleidung einer Frau kostete vor 1348 etwa drei Florin. Während der Pest schnellte der Preis, wie der Chronist Marchionne di Coppo ausführt, auf 30 Florin hoch „und wäre noch weiter auf hundert Florin gestiegen, hätte man nicht aufgehört, die Toten überhaupt zu bekleiden" (Carducci, Fiorini 1903: 231). Reich wurden in Florenz, wie überliefert wird, auch einige gewissenlose Priester und Bettelbrüder, die sich ihren Beistand hoch bezahlen ließen. Um die Einwohnerschaft nicht zu sehr zu deprimieren, verbot die Regierung schließlich das Läuten der Sterbeglocken, „weil die Erkrankten die Glocken hören konnten und Gesunde wie Kranke darüber in Bestürzung gerieten". Der Verdrängungsprozess wurde so von höchster Stelle unterstützt.

Vor allem vor dem Tod der Pestkranken, als diese noch litten, hofften, zweifelten und verzweifelten, aber eben auch eine akute Gefahr für jede Kontaktperson darstellten, wurde die Solidarität der Gesellschaft auf eine harte Probe gestellt. Der toskanische Dichter Antonio Pucci mahnte 1348 seine Mitbürger, sich in christlicher Nächstenliebe, ungeachtet der tödlichen Gefahr, um die Kranken und Sterbenden zu kümmern, und zwar unabhängig von ihrem Stand und ihrer Religion:

> Heute verlässt [einer] seinen leiblichen Bruder,
> der Vater sein Kind, wenn er es in Gefahr sieht,
> damit ihn selbst nicht die Krankheit befalle.
> So sterben viele, von Hilfe und Rat verlassen,
> auch Sarazenen, Juden und Abtrünnige.
> Sie dürfen überhaupt nicht im Stich gelassen werden!
> Oh ihr Ärzte, um Gottes Willen! Und ihr Priester
> und Bettelbrüder, besucht aus Nächstenliebe
> diejenigen, welche nach euch verlangen.
> Zeigt an ihnen eure Güte.
> Denkt an eure eigenen Seelen
> und schaut jetzt nicht auf den Gewinn!
> Und ihr, Verwandte, Nachbarn und Freunde,
> wenn ihr seht, dass einer zu euch klagt,
> bei Gott, zögert nicht!
> Seid hochherzig und tröstet ihn.
> (Bergdolt 1989: 148)

Der Verdacht kam auf, dass das Leiden und Sterben der Seuchenopfer von Gott gewollt war. Das entsprach einer alten christlichen Sichtweise, die letztlich alttestamentarische Wurzeln hatte. Origenes (185-254), der östliche Kirchenvater Basileios der Große (330-379), aber auch Gregor von Tours (540-594) und Bernhard von Clairvaux (gest. 1153) hatten aus diesem Grund sogar die Medizin verachtet (Bergdolt 2004: 64-68). Für die einen erschien es zu spät, für die anderen einfach unangebracht, Gott um Hilfe anzuflehen. Dennoch erschienen 1348 vielen Menschen Gebete als aussichtsreichste Option, der Katastrophe zu entkommen bzw. die Pest zu überleben. Nicht wenige, die infiziert waren, suchten dabei eine Sinngebung ihres Leidens. Andere machten sich Vorwürfe, wieder andere begannen Bußübungen und Selbstgeißelungen durchzuführen. Petrarca argwöhnte allerdings, Gott habe sich von der Welt abgewandt und stellte die Frage, ob und warum seine Zeitgenossen auch für die Sünden früherer Generationen büßen müssten, nicht ohne diesen „wahnsinnigen Gedanken" gleich zu bereuen (Bergdolt 1989: 144). Beunruhigend war, dass man täglich sehen konnte, wie „Gute" starben und „Böse" verschont wurden. Der venezianische Chronist Lorenzo de Monacis schrieb in Venedig (1428):

> Die Maßvollen, Zurückhaltenden, Keuschen und Nüchternen wurden ebenso hinweggerafft wie Betrunkene, Gefräßige, Säufer, Prasser, Sparsame und Verschwender, die Heiteren und Traurigen, Beherzten und Schüchternen, diejenigen, welche flohen ebenso wie jene, die zurückblieben, und zwar ohne Beichte und Sakramente der Kirche. Die Angst befiel auch ebenso die frommen Priester und Kleriker, und die Pest tötete auch sie. Was wäre noch zu bemerken? Die ganze Stadt [Venedig] war ein einziges Grab (Bergdolt 1989: 119).

Selbst wenn man eine Kirche aufsuchte, um Gott um Rettung anzuflehen, oder zum Friedhof ging, um am Grab eines Angehörigen zu beten, drohte der Tod. Der Kanoniker Johannes von Parma berichtete aus Trient:

> Als ich einmal frühmorgens – andere Geistliche waren noch nicht da – am Fenster der Sakristei von San Virgilio stand, sah ich eine Frau zum Grab ihres Mannes gehen, der tags zuvor gestorben war. Und ich sah, wie sie beim Beten selbst tot zusammenbrach und wie sie daraufhin neben ihrem Mann beerdigt und ins Grab gelegt wurde. Wie ein Schaf wurde sie ohne Bahre beigesetzt. Es gab auch keinen, der gesungen hätte. Und ich kann berichten, dass durch solche Ereignisse in der Bevölkerung eine solche Panik entstand, dass viele Wohlhabende mit ihren Familien auf die Dörfer flohen und die

Häuser, die ihnen gehörten, zurückließen. Und die Christen gingen einander aus dem Weg wie der Hase dem Löwen oder ein Gesunder dem Aussätzigen (Bergdolt 1989: 104 f.).

Der Trientiner Klerus setzte die Kommunion und das Krankenöl schließlich auf den Altären aus. Jeder konnte sich frei bedienen. „Kein Priester wollte nämlich mehr das Sakrament überbringen, außer denen, die auf eine Belohnung aus waren." Während viele starben, sah Johannes „alle diejenigen, die sich in Trient um die Seelsorge kümmerten oder die Kranken besuchten, überleben." Die Beobachtung, die sicher dem Wunschdenken des geistlichen Autors entsprach, änderte allerdings, wie er zugab, nichts an dem Massensterben, das die Einwohnerschaft in kurzer Zeit dezimierte. Wie in Florenz legte man fünf oder sechs Menschen gleichzeitig in ein Grab. Andere wurden mehrmals am Tag wieder geöffnet (Bergdolt 1989: 105).

1364 kamen auch die Brüder Cortusio angesichts einer neuen Pest in Padua zu dem Schluss, Gottes Geduld sei am Ende angekommen:

> Er breitet eine unbekannte Seuche über die Gegenden der Erde aus. Ach, ohne Heilung gehen die Unglücklichen einem furchtbaren Tod entgegen, von einem treffenden Pfeil durchbohrt. Entsetzt sehen sie alle, wie ein Begräbnis dem anderen folgt. Das Gebet zwingt sie, Gott nicht mehr mit Absicht zu versuchen. War er zuvor freilich versöhnlich bereit, alles nachzusehen, vernimmt er jetzt, unerbittlich geworden, kein Jammern mehr (Bergdolt 1989: 111).

Im Verlauf der Epidemie zeigte sich, dass die Trauer, die von Familienangehörigen, Freunden und Nachbarn beim Tod eines Nahestehenden bekundet wurde, immer mehr zur Ausnahme wurde. Statt Mitleid und Klagen griffen Rücksichtslosigkeit und gegenseitige Entfremdung um sich. Man versuchte die Angst zu überspielen. Übersprunghandlungen waren an der Tagesordnung. „Lachen, Scherze und gesellige Feiern" waren für Florentiner Leichenfeiern, bevor sie verboten wurden, durchaus charakteristisch. Boccaccio stellte fest, dass sich auch Frauen „diesem Brauch auf das beste angepasst" hatten (Bergdolt 1989: 47). Die soziale Atmosphäre wurde belastet, weil selbst „das weibliche Mitleid" nachließ (was den Dichter besonders entsetzte). Hörte man von einem neuen Todesfall, flüchtete man sich nicht selten in Spott und Sarkasmus. Andere schirmten sich bewusst von der Realität ab und weigerten sich, das Unglück der Mitmenschen wahrzunehmen. Man verdrängte Emotionen und damit das Mitleid. Doch setzte die Pest zuweilen auch ungeahnte Kräfte frei, und viele Menschen wuchsen über sich hinaus. Jedenfalls verzweifelte ein Mann wie Agnolo di Tura, Autor des Chronicon Senense, angesichts des Todes seiner fünf Kinder nicht, sondern begrub sie „mit eigenen Händen in einer Grube" (Bergdolt 1989: 84). Nicht zu vergessen sind allerdings auch jene Zeitgenossen, die, wie der Chronist Matteo Villani bezeugt, der – wie zuvor sein Bruder Giovanni – 1363 selbst der Pest erlag, sich allen Gefahren zum Trotz mutig um Kranke und Sterbende kümmerten:

> Viele setzten sich der Todesgefahr aus, indem sie ihre Freunde und Verwandten pflegten, die erkrankt waren, und lebten so mit der Pest. Sie setzten ihren Pflegedienst auch dann fort, nachdem sie sich selbst infiziert hatten. Jeder sah sich dabei vor, und man begann einander ohne Vorurteil zu helfen und zu dienen. Dadurch wurden viele wieder gesund (Bergdolt 1989: 61).

Es ist schwer zu sagen, inwieweit es sich hier um Ausnahmen handelte. Viele Klöster wurden dezimiert, weil die Mönche und Nonnen gerade nicht die Flucht ergriffen. In zahllosen Pesthospitälern übernahmen Mitglieder von Pflegeorden aus christlicher Nächstenliebe todesbereit die Krankenfürsorge. Die Scuola della Carità in Venedig beklagte so unter ihren Mitgliedern über 300 Opfer (Bergdolt 1989: 123). Im Dominikanerkonvent von Santa Maria Novella, wo Boccaccio die Rahmenhandlung des *Decamerone* beginnen lässt, kamen von 130 Brüdern 80 um. Konsterniert stellte der für die Eintragungen ins Totenbuch zuständige Fra Paolo Bilenchi fest: „Möge der Nachwelt dieses Ereignis nicht wie eine Sage aus dem Volk erscheinen. Vielmehr sollen die Überlebenden von der Unerbittlichkeit der göttlichen Gerechtigkeit erzählen, als deren Folge die ganze Welt vom Tode beherrscht wurde" (Falsini 1971: 434 f.).

Marchionne di Coppo Stefani, der schon erwähnte Autor einer besonders eindrucksvollen Chronik, die unmittelbar nach 1348 entstanden sein muss, berichtet, wie in Florenz die ärztliche Versorgung in kurzer Zeit zusammenbrach. Die hippokratische Gesinnung wich offenbar kaltem Geschäftssinn: „Ärzte fanden sich nicht mehr, da sie wie die anderen Menschen dahinstarben. Und traf man noch einige, so forderten sie im voraus eine unverschämte Geldsumme auf die Hand, sobald sie ein Pesthaus betraten. Waren sie aber eingetreten, tasteten sie den Puls nur mit abgewandtem Gesicht [...]" (Bergdolt 1989: 66f). Die Bevölkerung bemerkte allerdings bald, dass die Mediziner, selbst wenn sie kamen, kein Mittel kannten, die Infektion zu bekämpfen. Viele führten allerdings, wie etwa Gentile da Foligno, der sich dabei selbst tödlich infizierte (Bergdolt 1989: 172), mutig Aderlässe durch, um mit dem Blut jenen der vier Körpersäfte zu reduzieren, dem man die gefährlichen, pestfördernden Qualitäten heiß und feucht zuordnete. Das Blut stand im Verdacht, die Fäulnis des Organismus zu begünstigen, die man seit der Antike mit der Pest gleichsetzte (Bergdolt 2003: 21-26). Andere Ärzte flohen (Bergdolt 2003: 173), zumal ein vom französischen König in Auftrag gegebenes Pestgutachten genau diesen Schritt empfahl (den übrigens auch schon Galen, die für das Spätmittelalter entscheidende medizinische Autorität der Antike, vollzogen hatte).[7] Für den Schwerkranken bedeutete dies, dass er keine wirkliche und effektive Hilfe zu erwarten hatte, weder wenn ein Arzt kam noch wenn er ausblieb.

Von der Verunsicherung der Mitmenschen und vom Verfall des menschlichen Mitleids zeugt auch folgende Passage Marchionnes:

> Viele kamen um, ohne dass es von jemand bemerkt wurde, und eine große Zahl verhungerte. Wenn nämlich jemand aufs Krankenbett geworfen wurde, sagten die Mitbewohner im Haus voller Angst: „Ich gehe einen Arzt holen", verschlossen leise die Tür zur Straße und kehrten nie mehr zurück. So wurde der Kranke zuerst von seinen Mitmenschen und dann von der Nahrung abgeschnitten. Wenn das Fieber dazukam, ging es ihm noch schlechter. Abends bestürmten viele [Patienten] ihre Verwandten, sie nicht zu verlassen. Diese erwiderten ihnen dann: „Nimm doch selbst etwas Gebäck, Wein und Wasser zu dir, damit du nachts nicht bei jeder Gelegenheit denjenigen, der dich pflegt, wecken musst und dessen Dienst nicht Tag und Nacht andauert. Ich lege dir [diese Dinge] ans Kopfende deines Bettes auf einen Stuhl. Du kannst

---

[7] Zum Pariser Pestgutachten vgl. Bergdolt 2005: 1124.

dich dann bedienen." War der Kranke dann eingeschlafen, ging man weg und kam nicht wieder. Konnte der Patient dann, wenn das Glück ihm hold war, sich nachts an dieser Nahrung erfreuen und morgens gestärkt ans Fenster treten, so wartete er, wenn es sich nicht um eine Hauptstraße handelte, erst einmal eine halbe Stunde, bis jemand vorbeikam. Und wenn einer kam und er rufen musste, damit er überhaupt gehört wurde, und er schrie dann, so wurde ihm einmal geantwortet, einmal nicht. Und auch wenn er eine Antwort erhielt, wurde ihm noch lange nicht geholfen. Denn keiner oder nur wenige waren bereit, in ein Haus zu gehen, wo sich ein Erkrankter befand (Carducci, Fiorini 1903: 230 f.).

Wie manche Regierungen noch lebende Pestkranke „aus Sicherheitsgründen" zu den Massengräbern transportieren ließen, schlossen Angehörige nicht selten Todgeweihte in ihren Häusern ein, um sie verhungern zu lassen. Die Bestattung der Leichen geriet zur „Versorgung", ja „Entsorgung". Frühutilitaristische Prinzipien setzten sich durch: Es galt, die große Mehrheit der Bevölkerung vor der Minderheit der Erkrankten, aber auch vor den infektiösen Leichen zu schützen. Man legte Notfriedhöfe an, die nicht mehr um Kirchen gruppiert waren, sondern außerhalb der Städte lagen. Schichtweise wurden die Leichen, wie Marchionne und Boccaccio berichten, übereinandergelegt. In Venedig wurde eine Art Notstandsgesetzgebung verabschiedet. Exekutive und Rechtssprechung wurden ausgesetzt, da die zuständigen Behörden derart dezimiert wurden, dass sie funktionsunfähig waren (Bergdolt 2003: 53). In Paris brachte man 1348 vorübergehend täglich 500 Leichen vom Hôtel-de-Dieu zum Begräbnis auf den Friedhof SS. Innocents. Jean de Venette berichtet, wie sich Ordensleute in der Pflege verausgabten und ihre Zahl, obgleich heftig dezimiert, nach Abklingen der Pest sofort durch Freiwillige ergänzt wurde. Besonders die Schwestern des Hôtel-de-Dieu sollen großen Mut gezeigt haben. „Die heiligen Schwestern hatten keine Furcht, pflegten die Kranken mit aller Zuneigung und vergaßen all ihre Angst" (Bergdolt 2003: 66). Dies änderte nichts an der Relativierung der Werte, die jeder spürte, und dem Einbruch der alten Ordnung. Die Pestkranken litten auch und vor allem seelische Qualen.

Die Pest von 1348, der in Europa etwa ein Drittel der Einwohner zum Opfer gefallen sein dürften, war, rechnet man die prozentualen

Verluste hoch, die größte Katastrophe, die den Kontinent je heimgesucht hat (Bergdolt 2003: 10). Hinsichtlich des menschlichen Umgangs mit dem eigenen Leiden und Sterben, aber auch dem Schicksal
anderer stellte sie eine Umbruchszeit dar, in der das Weltbild des
mittelalterlichen Ordo seine Gültigkeit verlor. Zeitgenössische Dokumente unterstreichen, dass die Befindlichkeit und Stimmung der
vom Tode bedrohten Menschen ganz wesentlich davon abhing, ob
und inwieweit ihre Würde geachtet wurde. Zwar begegnete auch im
Mittelalter jeder „seinem eigenen Tod", doch spielte das Verhalten
der Mitmenschen eine wichtige Rolle. Beispiele selbstloser Kran-
kenpflege (bis hin zur Selbstaufopferung!) waren vor allem in Or-
denskreisen nicht selten, doch scheint die Mehrheit der Zeitgenossen
Überlebensstrategien entwickelt zu haben, die mit Mitleid und Nächstenliebe inkompatibel waren. Kein Zweifel, dass 1348 (und in vielen Folgeepidemien, die hier nicht besprochen wurden) Sterbende
meist hart und unbarmherzig behandelt wurden, da die Überlebensin-
teressen der Mehrheit höher gewertet wurden als die Würde des Einzelnen (auch wenn moderne Definitionen dieser Würde noch fehl-
ten). Selbst Kriegsszenen waren hier kaum vergleichbar, weil die
Größe der Heere im 14. Jahrhundert noch relativ beschränkt war. Insofern war „das gewaltigste, schrecklichste und furchtbarste Sterben,
von dem je berichtet wurde" (Agnolo di Tura; vgl. Bergdolt 1989:
83 f.) ein einzigartiger Einschnitt, der die Integrität der Infizierten
auf vielfache Weise gefährdete. Keine Frage aber auch, dass es den
meisten Zeitzeugen und Chronisten bedenklich erschien, dass man,
um die Mehrheit der Gesellschaft zu retten, das in der christlichen
Tradition gewachsene Bild des Menschen als Abbild Gottes außer
Kraft setzte.

   Es spricht allerdings wenig dafür, dass die aufgeklärte Gesellschaft des 21. Jahrhunderts in einer vergleichbaren Situation huma-
ner reagieren würde.

Literatur

Benedikt von Nursia (1992): *Regula Benedicti. Die Benediktusregel.* Beuron.

Bergdolt, Klaus (1989): *Die Pest 1348 in Italien. Fünfzig zeitgenössische Quellen.* Heidelberg.

Bergdolt, Klaus (2003): *Der Schwarze Tod in Europa. Die Große Pest und das Ende des Mittelalters.* München.

Bergdolt, Klaus (2004): *Das Gewissen der Medizin. Ärztliche Moral von der Antike bis heute.* München.

Bergdolt, Klaus (2005): „Das Pestmotiv in der Bildenden Kunst." In: Meier, Mischa (Hrsg.): *Die Pest. Die Geschichte eines Menschheitstraumas.* Stuttgart, 317-327.

Bergdolt, Klaus (2005): „Pest." In: Gerabek, Werner E.; Haage, Bernhard D.; Keil, Gundolf; Wegner, Wolfgang (Hrsg.): *Enzyklopädie Medizingeschichte.* Berlin, New York, 1122-1127.

Boccaccio, Giovanni (1998): *Decameron.* 4. Auflage Mailand.

Carducci, Giosuè; Fiorini, Vittorio (1903): „Cronaca Fiorentina di Marchionne di Coppo Stefani." In: *Rerum Italicarum Scriptores. Raccolta degli Storici Italiani dal Cinquecento al Millecinquecento* Bd. XXX. Città di Castello, 230-232.

Dinzelbacher, Peter (1993): *Europäische Mentalitätsgeschichte.* Stuttgart.

Falsini, Aliberto Benigno (1971): „Firenze dopo il 1348. Le conseguenze della peste nera." In: *Archivio Storico Italiano* 129, 425-503.

Flasch, Kurt (1987): *Das philosophische Denken im Mittelalter. Von Augustinus zu Machiavelli.* Stuttgart.

Frey, Winfried (2000): *„Ihr müsst alle nach meiner Pfeife tanzen." Totentänze vom 15. bis 20. Jahrhundert aus den Beständen der Herzog-August-Bibliothek Wolfenbüttel und der Bibliothek Otto Schäfer Schweinfurt.* Wiesbaden.

Haeser, Heinrich (1865): *Geschichte der epidemischen Krankheiten.* (Lehrbuch der Geschichte der Medizin und der epidemischen Krankheiten II). Jena.

Hecker, Justus Friedrich Carl (1832): *Der Schwarze Tod im vierzehnten Jahrhundert. Nach den Quellen für Ärzte und gebildete Nichtärzte bearbeitet.* Berlin.

Helas, Philine; Wolf, Gerhard (2006): *Armut und Armenfürsorge in der italienischen Stadtkultur zwischen 13. und 16. Jahrhundert. Bilder, Texte und soziale Praktiken.* Wiesbaden.

Herlihy, David (1997): *Der Schwarze Tod und die Verwandlung Europas.* Berlin.

Hoeniger, Robert (1882): *Der Schwarze Tod in Deutschland. Ein Beitrag zur Geschichte des vierzehnten Jahrhunderts.* Berlin.

Krüger, Sabine (1972): „Krise der Zeit als Ursache der Pest? Der Traktat De mortalitate in Alemannia des Konrad von Megenberg." In: Mitarbeiter des Max-Planck-Instituts für Geschichte (Hrsg.): *Festschrift für Hermann Heimpel zum 70. Geburtstag am 19. September 1971.* Göttingen, 839-883.

Lechner, Karl (1984): *Das große Sterben in Deutschland in den Jahren 1348 bis 1351 und die folgenden Epidemien bis zum Schlusse des 14. Jahrhunderts.* Innsbruck.

Leven, Karl Heinz (1987): „Die ‚Justinianische' Pest." In: Kümmel, Werner Friedrich (Hrsg.): *Jahrbuch des Instituts für Geschichte der Medizin der Robert-Bosch-Stiftung*. Stuttgart, 137-161

Meiss, Millard (1978): *Painting in Florence and Siena after the Black Death. The Arts, Religion and Society in the Mid-Fourteenth Century*. Princeton.

Petrarca, Francesco (1951): „Epistulae metricae VII (ad se ipsum)". In: Neri, Francesco; Martellotti, Guido; Bianchi, Enrico; Sapegno, Natalino (Hrsg.): *Francesco Petrarca, Rime, Trionfi e Poesie Italiane*. (La letteratura Italiana, Storia e Testi VI.) Mailand, Neapel, 750-751.

Petrarca, Francesco (1859): „Epistula De Fam. 8, VII." In: Fracassetti, Giuseppe (Hrsg.): *Francisci Petrarcae Epistulae de rebus familiaribus et variae. Bd. 1.* Florenz, 437-442.

Renan, Ernest (1852): *Averroes et l' Averroisme*. Paris.

Schuster, Eva (1992): *Das Bild vom Tod*. Recklinghausen.

Strothmann, Jürgen (2005): „Der ‚Schwarze Tod'. Politische Folgen und die ‚Krise' des Spätmittelalters." In: Meier, Mischa (Hrsg.): *Die Pest. Die Geschichte eines Menschheitstraumas*. Stuttgart, 179-198.

Wunderlich, Uli (2001): *Der Tanz in den Tod. Totentänze vom Mittelalter bis zur Gegenwart*. Freiburg.

Ziegler, Philip (1972): *The Black Death*. London.

Wolfgang U. Eckart

Der Tod des Arlequin
Zur politischen Moral des Seuchensterbens in Heines Cholerabericht 1832

„Ein Paris-Bummler mehr", so zumindest sieht ihn Ludwig Marcuse
in seiner kleinen bei Rowohlt erschienenen Bildmonographie – auf
den ersten Blick freilich nur. Heinrich Heine: „Einer von den vielen
tausend Deutschen, die sich seit je an der Pariser Luft betranken".
Aber da ist auch der andere Heine, der sich vom Beginn seines Französischen Exils im Jahre 1831 bis zum Tod im Februar 1856 in Paris
aufhalten sollte, und „dieser Paris-Bummler Heine", so fährt Marcuse fort, „kreuzte nicht nur mit leichtem Sinn auf den Wogen der
Großstadt, dort wo sie sich amüsiert; er lebte mitten im Strudel der
Begebenheiten, der Tageswellen, der brausenden Revolution. Und
dieser Paris-Bummler wurde nicht nur angenehm gefüllt von leichten
amourösen Abenteuern".

Es soll in meinem Beitrag, wie bereits der Titel erkennen lässt,
nur um ein kleines, bislang allerdings sowohl von der Literaturge-
schichte als auch von der Medizingeschichte eher gering geachtetes
Stück Heines gehen, um seinen Bericht über den Cholera-Ausbruch
im März 1832, den er als Teilstück VI der „Französischen Zustände"
am 19. April 1832 für die Augsburger *Allgemeine Zeitung* verfasst
hat (Heine 1980: 129 ff.). Dieser Bericht ist in vieler Hinsicht bemerkenswert, denn er ist eine der wenigen Textpassagen im Werk
Heines, die sich mit einem seuchenhistorischen Ereignis beschäfti-
gen, und mehr noch einige der wenigen Passagen, die überhaupt die
Krankheit Anderer, und nicht nur die eigene, Heines Krankheit, thematisiert. Über sie ist in der Vergangenheit viel spekuliert und geschrieben worden. Die m. E. müßigen Mutmaßungen reichen von der

spätparalytischen Syphilis bis hin zur Multiplen Sklerose. Aber was nützt uns das Wissen um die Identität der Krankheit, wo wir doch ihre Auswirkungen kennen und immer wieder erfahren, wie Heine unter ihr gelitten hat, „krank wie ein Hund", kämpfend „gegen Schmerz und Tod wie eine Katze" im Oktober 1855. Friedrich Engels schreibt nach einem Besuch bei ihm an Marx: „Der arme Teufel ist scheußlich auf dem Hund [...] Es macht einen höchst fatalen Eindruck, so einen famosen Kerl so Stück für Stück absterben zu sehen." Darüber allerdings, welche allgemeine Auffassungen vom Krankheitsgeschehen, von der Pathogenese Heine zur Zeit seines Choleraberichtes – selbst noch gesund, aber in ständiger Furcht vor der Krankheit – hatte, darüber wissen wir wenig. Hierzu im Folgenden mehr. Mein Plan ist, zunächst allgemein das Cholerasterben um 1832 zu skizzieren, sodann den Cholera-Bericht Heines nach Form und Inhalt knapp vorzustellen und dabei den folgenden Fragen nachzugehen: Wie nimmt Heine das Cholerasterben ursächlich wahr, welches sind die Metaphern und Zeichen des Todes, welche die sozialen Folgen vor dem Hintergrund des politischen Paris? Schließlich möchte ich dem Zusammenhang von Politik, Moral und Seuchensterben nachgehen.

I.   Der Cholera-Schock

Anders als die in Europa seit Langem bekannten Gallenruhr (Cholera nostras), ein durch verschiedene Keime ausgelöster Brechdurchfall, meist der Kinder (Cholera infantum), war die (echte) Cholera asiatica bis zum Beginn des 19. Jahrhunderts in Europa unbekannt. Die Krankheit wird durch das Bakterium Vibrio cholerae ausgelöst, dessen Toxin (Choleratoxin) zu starkem Durchfall mit Wasserverlust führt. Erst 1854 wurde der Erreger von Filippo Pacini (1812-1883) als „gekrümmtes, kommaförmiges und hochbewegliches Bakterium" beschrieben. Beim Auftreten der Krankheit in Ägypten 1883 bemühten sich eine französische und eine deutsche Expedition um die Aufklärung der Krankheitsentstehung. Robert Koch (1843-1910), der Leiter der deutschen Expedition, isolierte den Erreger aus dem Darm verstorbener Patienten und züchtete ihn in Reinkultur.

Die echte Cholera (asiatica) ist in Südasien seit dem vierten Jahrhundert vor Christus bekannt, wurde zuerst in Sanskrittexten beschrieben und war vor allem im Gangesdelta beheimatet. Seit dem 19. Jahrhundert breitete sich die Krankheit infolge der Entwicklung und Beschleunigung des Verkehrs weltweit aus. Choleraepidemien in Indien sind bereits für die Jahrzehnte zwischen 1770 und 1790 dokumentiert. Ein großer Ausbruch fand 1817 statt. Mit ihm verbreitete sich die Krankheit weit über ihr Ursprungsgebiet hinaus. Hierfür waren vor allem drei Voraussetzungen ausschlaggebend: Der europäische Kolonialismus in Südasien, die deutliche Zunahme von Waren- und Menschenströmen in Richtung Europa und die Entstehung großer urbaner Metropolen im Gefolge der europäischen und nordamerikanischen Industrialisierung, die aufgrund mangelhafter sanitärer Bedingungen, städtischer Überbevölkerung und Armut der Krankheit ideale Nährböden lieferten. Zunächst hatte das Bekanntwerden der großen indischen Epidemie in Europa wenig Anlass zur Sorge gegeben. Indien war weit, und die Krankheit wurde den miasmatischen Sumpffiebern zugerechnet, demnach nicht als neue Pest gedeutet. Zudem hatten die britischen Kolonialärzte James Boyle und James Annesly eine scheinbar wirksame Therapie entwickelt, die sich als „englische" Methode auf Aderlass und die Gabe von Opium und Calomel (Quecksilberchlorid) stützte. Beunruhigte Sorge und schließlich panikartige Angst entstanden erst, als die Seuche unerwartet zunächst 1823 (Astrachan) und dann wieder 1830 einige östliche Städte (Orenburg) des russischen Reichs erreichte und sich dann – trotz der schnellen Errichtung militärischer Sanitärkordons – von dort über Moskau (1830), St. Petersburg und Warschau (2.600 Tote) nach Westen ausbreitete. Vorschub leistete der Westausbreitung der Krankheit besonders der im Februar 1831 ausgebrochene russisch-polnische Krieg, den die demoralisierende Wirkung der Seuche sogar teilweise zum Erliegen brachte. Trotz der schnellen Errichtung von Sperrkordons und Kontumazanstalten, in denen Reisende sich einer zehn- bis zwanzigtägigen Quarantäne zu unterziehen hatten, sowie einer systematischen Gepäck-, Kleidungs- und sogar Briefräucherung mit Essig-, Schwefel-, Salpeter und Chlordämpfen erreichte die Cholera 1831 Preußen zuerst in Danzig und Königsberg. Erfolglos

blieben Versuche, Berlin durch die Einrichtung von 60 „Schutzbe-
zirken gegen die Cholera", besondere Quarantänemaßnahmen sowie
durch die Etablierung einer besonderen Schutzkommission nach Außen und Innen abzusichern. Besonders betroffen waren die Armen-
viertel im Norden und Osten der Stadt und städtische Quartiere in der
Nähe von stehenden oder kaum bewegten Gewässern. Allein in Berlin forderte die Cholera 1.462 Menschenleben, unter ihnen vermutlich auch das des Philosophen Georg Wilhelm Friedrich Hegel, der
am 14. November 1831 in seiner Wohnung (Kupfergraben) starb.
Exemplarisch für den Ausbruch der Seuche in anderen europäischen
Metropolen ist London, das im Februar 1832, vermutlich auf dem
Seeweg aus Hamburg, erreicht wurde. Es gab dort, anders als in
Kontinentaleuropa, bereits ein gut ausgebautes Wasserleitungssys-
tem, an das etwa 180.000 Haushalte angeschlossen waren. Andererseits führte die steigende Ausstattung der Haushalte mit Wasserklo-
setts zu einer immensen Vermehrung des Schmutzwassers in der
Themse. Im Versorgungsgebiet derjenigen Wasserversorgungsge-
sellschaften, die bereits mit Filter- und Sedimentierungsanlagen aus-
gerüstet waren, blieb die Anzahl der Cholerakranken und -toten nied-
rig. Im Versorgungsgebiet der „Southwark Water Works" allerdings,
die ungefiltertes Themsewasser mit den Dejekten der Erkrankten
unmittelbar gegenüber eines Hauptausflusses der Londoner Kanalisation absaugte und ins „Frischwasser-Leitungsnetz" pumpte, stieg
sie dramatisch. Insgesamt lag aber wegen der fortschrittlichen Was-
serversorgung Londons die Cholera-Gesamtmortalität bei nur 0,34 %
(Berlin: 0,6 %) gegenüber Paris mit mehr als 2 % und 18.402 Toten.
Global lassen sich Seuchenhistorisch vor 1850 drei Pandemien unterscheiden: 1817-1825 (Osteuropa), 1826-1837 (Russland, Mitteleuropa und Amerika) und 1846-1862 (Russland, Mitteleuropa und
Amerika). Insgesamt war die Bilanz der Cholera überaus bedrü-
ckend. Sie überraschte die europäische Bevölkerung in der Hochpha-
se der ersten Industrialisierung vollkommen unvorbereitet. Es gab in
der vorbakteriellen Epoche keine rationellen Erklärungs- oder gar
Therapievorschläge. Als Vorbeugemittel nennt der Brockhaus von
1837 allenfalls: „Furchtlosigkeit, eine nüchterne Lebensweise, Ver-
meidung von Erkältungen, Schwelgereien, Ausschweifungen, über-

mäßigen geistigen und körperlichen Anstrengungen." Tatsächlich allerdings existierten Hunderte von Mittelchen und Seuchenpräservativen, wirksam war keine dieser Maßnahmen.

II. Heines Cholerabericht

In seiner literarischen Reportage an die Augsburger *Allgemeine Zeitung* berichtet Heinrich Heine am 19. April 1832 aus Paris über das Eintreffen der Cholera in der Seine-Metropole. Eine Episode aus diesem Bericht sei an den Anfang gestellt – diese erläutert zugleich den Titel dieses Beitrags:

> Ihre Ankunft war den 29. März offiziell bekannt gemacht worden, und da dieses der Tag des Mi-carême und das Wetter sonnig und lieblich war, so tummelten sich die Pariser um so lustiger auf den Boulevards, wo man sogar Masken erblickte, die in karikirter Mißfarbigkeit und Ungestalt die Furcht vor der Cholera und die Krankheit selbst verspotteten. Desselben Abends waren die Redouten besuchter als jemals; übermüthiges Gelächter überjauchzte fast die lauteste Musik, man erhitzte sich beim Chahût, einem nicht sehr zweydeutigen Tanze, man schluckte dabei allerley Eis und sonstig kaltes Getrinke: als plötzlich der lustigste der Arlequine eine allzu große Kühle in den Beinen verspürte und die Maske abnahm und zu aller Welt Verwunderung ein veilchenblaues Gesicht zum Vorscheine kam. Man merkte bald, daß solches kein Spaß sey, und das Gelächter verstummte, und mehrere Wagen voll Menschen fuhr man von der Redoute gleich nach dem Hôtel-Dieu, dem Centralhospitale, wo sie, in ihren abentheuerlichen Maskenkleidern anlangend, gleich verschieden. Da man in der ersten Bestürzung an Ansteckung glaubte und die ältern Gäste des Hôtel-Dieu ein gräßliches Angstgeschrey erhoben, so sind jene Todten, wie man sagt, so schnell beerdigt worden, daß man ihnen nicht einmal die buntscheckigen Narrenkleider auszog, und lustig, wie sie gelebt haben, liegen sie auch lustig im Grabe (Heine 1980: 133 f.).

Die beeindruckende Szene, die Heine hier schildert, ist in mancher Hinsicht typisch für seinen gesamten Bericht, Teilstück VI der „Französischen Zustände", mit dem wir zweifellos über das brillanteste literarische Stück zum Ausbruch der Asiatischen Cholera in einer westeuropäischen Metropole des Jahres 1832 verfügen. Der Leser wird unmittelbar eingefangen durch das bunte Bild vom ausge-

lassenen Pariser Straßenleben in der Mitte der vorösterlichen Fasten-
zeit. Wer überhaupt gefastet hatte, unterbrach die katholische Kas-
teiung für heitere Stunden, zog in die Fresstempel des Volkes.
Christliches Fastenbrechen als Ritual des Übermuts und moralische
Ausnahmesituation. Übermütiges Gelächter, Musik, kalte Getränke
und Eis an einem warmen Frühlingstag; fast vergessen die Julirevolution von 1830, die den endgültigen Sturz der Bourbonen in Frankreich und die erneute Machtergreifung des Bürgertums in einem libe-
ralen Königreich zur Folge gehabt hatte. Karl X. war verjagt und mit
ihm seine reaktionäre Restaurationspolitik, Louis Philippe an der
Macht und die Idee der allmählichen Verwandlung seines Herrscher-
portraits in eine Birne noch nicht geboren in den Köpfen der Karika-
turisten. Man befand sich dem allgemeinen Empfinden entsprechend
in einer Schwellenzeit, im politischen und wirtschaftlichen Auf-
bruch, der allerdings auch seinen Tribut forderte. Industriestädte
schossen aus dem Boden, ein Proletariat frühmoderner Prägung ent-
stand, während das Kapital der Fabrikbesitzer anschwoll und die
staatliche Finanzbürokratie unter dem konservativen Premier Casimir Pèrier (1777-1832) blühte. Enrichissez-vous, war das zynische
Motto der Zeit, „Bereichert Euch!" Aber am Demi-carême dachte
man daran nicht. Man tanzt den Chahût, den späteren Cancan, einen
um 1830 in Paris eingeführten, vermutlich aus Algier stammenden
Tanz, der sich schnell „in den Tanzlokalen der niedrigsten Klassen"
verbreitete und wegen seiner „unzüchtigen Stellungen" bei Moralis-
ten bald „verrufen, deshalb von der Polizei [zumindest diesseits des
Rheines] oft verboten, aber doch getanzt" wurde, jenseits ohnehin
und auch diesseits des Rheins. Sie erinnern sich vielleicht an das
wunderschöne Gemälde *Le Chahût* (1889/90) des Neo-Impressionis-
ten Georges-Pierre Seurat (1859-1891).

Abb. 1: Georges-Pierre Seurat, *Le Chahût* (1889/90)

Authentischer allerdings ist der Chahût als Illustration zu Eugène Sues (1804-1857) *Les Mystères de Paris* (1843). Der Chahût allerdings war nicht nur ein lustiger hocherotischer Tanz, er war auch Agitation bruyante (Aufruhr, Lärm), stand für Rabatz und Unfug. Er unterbrach die Politik für einen entspannten Moment des Vergessens und der Lust.

In diese Situation bricht abrupt die Katastrophe, die „vermaledeite Cholera" und mit ihr verbunden panischer Schrecken der Bevölkerung, wie Heine rückblickend Mitte Mai 1832 an Karl August Varnhagen von Ense schreibt. Heine bleibt in Paris, anders als Ludwig Börne. „Es war [allerdings] nicht eigentlicher Muth, daß ich nicht ebenfalls von Paris entfloh, als der panische Schrecken einriß", heißt es im gleichen Brief an Varnhagen, „ehrlich gesagt, ich war zu faul." Aber auch Börne wird sogleich exkulpiert: „Börne hatte längst abreisen wollen, u(nd) man thut ihm Unrecht, wenn man seine Abreise der Furcht" beimisst.[1] „Faulheit" als Argument für Heines Verweilen

---

[1] An Karl August Varnhagen von Ense in Berlin (Poststempel 21. Mai 1832). Heine 2005: 168.

in Paris war allerdings eines der für ihn typischen understatements: Johann Friedrich von Cotta nämlich hatte Heine im April bereits geschrieben:

> Ich würde auch fortgehen, wenn nicht bei der durch die Cholera eintretenden Volksstimmung die wichtigsten Dinge vorfallen könnten. [...] Macht die Cholera Ravagen, so kann es hier sehr toll zugehen. [...] Wir leben hier wahrlich in einer sehr traurigen Zeit [...]. Man ißt jetzt sein Brod im Angstschweiße seines Angesichts. Dabei ist schönes Frühlingswetter. Die Bäume werden grün und die Menschen blau (21, 34; Nolte 2006: 82).

III.   Räsonnement über die Ursachen

In der vorbakteriologischen Ära ging man noch bis weit über die Jahrhundertmitte überwiegend davon aus, dass sich die Krankheit nicht durch Ansteckung, auf welchem Wege auch immer, von Mensch zu Mensch verbreite, sondern sich durch besondere miasmatische Ausdünstungen des Bodens verbreite, man spekulierte über ein Choleramiasma. Noch in *Pierer's Universal-Lexikon* (1858) heißt es hierzu:

> Die von Naturforschern u. Ärzten vertheidigte Annahme eines eigenthümlichen, in der Atmosphäre befindlichen u. von Cholerakranken nicht ausgehenden Stoffs (Choleramiasma), welcher, im menschlichen Körper auf irgend eine Weise durch Athmen, Einsaugung etc. aufgenommen, durch eine giftartige Einwirkung auf denselben die Ch. hervorrufen vermöge, beruht zwar auf einer [...] Hypothese, schließt aber freilich das Bekenntniß der gänzlichen Unkenntniß dieses materiell nicht erkennbaren Stoffes in sich.

Vereinzelt dachte man auch an „Luftthierchen" oder „Luftpilze". Mikroskopisch, wie auch immer, sei nichts erkennbar. Von all diesen Theorien, von Miasmen oder natürlichen Giften des Bodens oder der Luft, findet sich in Heines Cholerabericht aus dem Jahre 1832 nichts. Interessant ist allerdings seine Ursachenvermutung gleichwohl. Sie lautet:

> Bei dem großen Elende, das hier herrscht, bei der kolossalen Unsauberkeit, die nicht bloß bei den ärmern Klassen zu finden ist, bei der Reizbarkeit des

Volks überhaupt, bei seinem grenzenlosen Leichtsinne, bei dem gänzlichen Mangel an Vorkehrungen und Vorsichtsmaßregeln, mußte die Cholera hier rascher und furchtbarer als anderswo um sich greifen.

Heines Stichworte also sind: Elend, Unsauberkeit, Reizbarkeit, Leichtsinn, Vorkehrungs- und Vorsichtsmangel. Es handelt sich hier um eine interessante Mischung aus sozialer, hygienischer, erregungstheoretischer und moralischer Argumentation.

Heine kennt die miasmatische Theorie der Krankheitsentstehung selbstverständlich. Er weiß um die Vorstellung, dass mit den „schädlichen Ausdünstungen eines kranken Körpers", so etwa in Krünitzens *Ökonomischer Enzyklopädie* 1803, „ein Gesunder mit gleichem Uebel angestecket werden kann" (Krünitz 1803: 846). Belegstellen hierfür finden sich in seinen Gedichten, etwa in dem wohl nach 1845 entstandenen Gedicht „Ganz entsetzlich ungesund":

Sind es alten Wahns Phantasmen,
Die dem Boden als Miasmen
Stumm entsteigen und die Lüfte
Schwängern mit dem argen Gifte?
(Heine 1992: 354)

oder auch bereits in „Deutschland ein Wintermärchen" (1844), wo die Göttin Hammonia den in ihrem Nachtgeschirr nach Orakeln der Zukunft Deutschlands forschenden Besucher eindringlich warnt: „‚Doch schaudre nicht, wenn aus dem Wust Aufsteigen die Miasmen!' Sie sprach's und lachte sonderbar." (Heine 1985: 152). In beiden Textstellen wird der Begriff des Miasmas zwar korrekt dem medizinischen Kontext entlehnt, zugleich aber politisiert. Ist es in „Ganz entsetzlich ungesund" die kulturelle Decadence der deutschen Heimat, die Heine beklagt, so wird in „Deutschland ein Wintermärchen" der politische Zustand der 36 deutschen Staaten angeprangert, denn dem klugen Kopf in Hammoniens Nachtgeschirr ist, „als fegte man den Mist / Aus sechs und dreyzig Gruben." So „entsetzlich waren die Düfte", die kränkenden Miasmen. Medizinische Remedia waren hier wohl nicht angesagt, sondern politisch-radikale. „Man heile die große Krankheit nicht mit Rosenöhl und Moschus" (Heine 1985: 153), zitiert Heine wenige Verse später Antoine de Saint-Just aus ei-

ner Rede vor dem Wohlfahrtsausschuss, vielleicht gar aus der gleichen Rede, aus der die ängstigende Bemerkung des Revolutionärs
stammt: „Nicht die Gefängnisse haben überfüllt zu sein, sondern die
Friedhöfe!" – Saint-Justs Medizin war die Guillotine in Permanenz,
mit der er schließlich selbst nach der erfolglosen Parteinahme für
Robespierre seine letzte Bekanntschaft machen musste.

Aber es ist zweifellos nicht nur die Miasmentheorie, die in Heines Räsonnement über die Entstehung der Cholera eine Rolle spielt.
Es ist wohl auch der damals in ganz Europa überaus allamodische
Brownianismus. Das Stichwort hier, wir erinnern uns, ist die „Reizbarkeit des Volkes überhaupt", womit Heine zwar auf den ersten
Blick auf die politische Situation nach der erfolgreichen Julirevolution anspielt. Dahinter steckt allerdings die Vorstellung von sthe-
nischen und asthenischen Krankheiten, von Krankheiten geringster und
äußerster Erregung. Beide führen zum Tode. Erregung und Erre-
gungsmangel wiederum korrespondieren auf der Erregbarkeitsskala
der Jünger des Schottischen Arztes John Brown, der das populäre
System ersann, umgekehrt proportional mit äußerster und geringster
Erregbarkeit. Die Bewohner der Seine-Metropole sind auf höchste
reizbar, erregbar, also äußerst asthenisch. Und richtig, unter den
Krankheiten, die mit solchen Zuständen korrespondieren, findet sich
neben Tetanus, Typhus, Pest und Ruhr, eben auch die Cholera. Heine
kannte das System des Brownianismus und spöttelt darüber in seinen
Memoiren des Herrn von Schnabelewopski, die er 1833 für seinen
Verleger Campe in einem Augenblick „zusammenkneten" muss, wo
es in Paris in höchster Erregbarkeit um ihn „her tost und stürmt",
weil er just in dieser Situation wegen seiner kritischen Reportagen
aus Paris das liberalkonservative „Juste Milieu" der Anhänger des
Bürgerkönigs Louis Philippe, „die heuchlerisch katholische Kar-
listenparthey und die preussischen Spione [zugleich] auf dem Hals
hat", wie er Heinrich Laube am 10. Juli 1833 schreibt (Heine 2005:
171). „Das Jüstemilieu hat die Cholera", hatte er bereits gut ein Jahr
zuvor, am 21. April 1832 Johann Friedrich von Cotta mitgeteilt.[2]

---

[2]   Vgl. Briese 1993: 9-25; ders. 1998: 120-138; ders. 2003: 225.

IV.   Cholera und die politische Moral

Heinrich Heines Cholera-Bericht aus Paris ist allerdings keine medi-
zinisch-epidemiologische Reportage, sondern ein durch und durch
politischer Bericht. Heine „bewältigt das Desaster Seuche" einerseits
für sich selbst „im politischen Diskurs" – worauf jüngst Olaf Briese
hingewiesen hat – und bleibt deshalb in der Stadt, andererseits ist
ihm „die Seuche Indikator und Auslöser einer gesellschaftlichen Kri-
sensituation" (Briese 2003: 225). Hatte man schon die Juli-Revolu-
tion nur aus der Ferne miterlebt, also doch eigentlich verpasst, so galt
es nun nachgerade „sehnsüchtig revolutionäre[r] Ausbrüche" vor Ort
zu harren. Und Heine sollte auf seine Kosten kommen, allerdings
nicht so sehr im Sinne einer auf Veränderung gerichteten politischen,
sondern einer eher auf den inneren Feind gewendeten sozialen Revolte, wie sie sich in den Tagen nach dem Ausbruch der Cholera auf
den Strassen von Paris abspielte. Zwei Episoden sind hierfür typisch,
zum einen die Revolte der Chiffoniers und der Revendeuses, zum
anderen die der vermeintlichen Choleragiftmischer.

Bei den „sogenannten Chiffonniers" handelte es sich um Lumpensammler, die – so Heine –

> von dem Kehricht, der sich des Tags über vor den Häusern in den Kothwin-
> keln aufhäuft, ihren Lebensunterhalt ziehen. Mit großen Spitzkörben auf dem
> Rücken und einem Hakenstock in der Hand schlendern diese Menschen,
> bleiche Schmutzgestalten, durch die Straßen und wissen mancherley, was
> noch brauchbar ist, aus dem Kehricht aufzugabeln und zu verkaufen (Heine
> 1980: 134).

Als die Polizei nun beginnt, Lumpen und Kehricht als hygienische
Maßnahme in den Straßen zusammenkehren, auf Karren zu laden
und aus der Stadt fortschaffen zu lassen, ist das Lumpenproletariat
der Chiffoniers existenziell bedroht, schließt sich mit den Revendeuses zusammen, „alten Weibern", die das Lumpenzeug ihrerseits von
den Chiffoniers beziehen und an den Kais weiterverkaufen, und re-
voltiert gewalttätig gegen die Hygienemaßnahmen der Stadt. Casimir
Pèrier, Président du Conseil seit dem 13. März 1832, lässt die Revolte brutal niederschlagen und schafft sich so eine neue Gruppe politi-

scher Gegner, „Lumpensammler und Trödelweiber", die „natürlichsten Alliierten" der erzkatholischen Karlisten. Beide, so Heine, kümmern sich im Strassenkot und in der Politik im Grunde um das Gleiche, um „Erbkehrichtsinteressen" und „Verfaultheiten aller Art" (Heine 1980: 135).

Die zweite Episode, die Heine in seinen Bericht einbettet, beruht auf Gerüchten, dass viele der Choleraopfer gar nicht durch die Krankheit, sondern durch Giftmischer, vermutlich Karlisten, umgekommen seien. Heine unterstellt hier, dass solche Gerüchte wohl auch gezielt von politischen Provokateuren gestreut worden sein könnten, denen das Cholerasterben noch nicht lodernd genug sei, um damit eine Revolution zu entfachen. Es können also nur konterrevolutionäre Karlisten gemeint sein. Nachdem die Polizei das Gerücht aufgenommen und durch den Hinweis, man sei den Giftmischern auf der Spur, gar bestätigt hatte, gerät, so Heine, „ganz Paris [...] in die grauenhafteste Todesbestürzung" (Heine 1980: 135). Die Bestürzung durch den drohenden Gifttod aber verkriecht sich nicht in depressive Angst, sondern entlädt sich explosiv als Wut der in ihrer politischen Ehre und Moral Gekränkten:

> „Das ist unerhört", schrien die ältesten Leute, die selbst in den grimmigsten Revolutionszeiten keine solche Frevel erfahren hatten. „Franzosen, wir sind entehrt!" riefen die Männer und schlugen sich vor die Stirne. Die Weiber mit ihren kleinen Kindern, die sie angstvoll an ihr Herz drückten, weinten bitterlich und jammerten: daß die unschuldigen Würmchen in ihren Armen stürben. Die armen Leute wagten weder zu essen noch zu trinken und rangen die Hände vor Schmerz und Wut. Es war, als ob die Welt unterginge (Heine 1980: 135 f.).

Und nun entlädt sich der Volkszorn in wilder blutrünstiger Aktion. Heine erlebt seine verpasste Julirevolution nach, endlich, ohne dass es allerdings zu wirklicher politischer Aktion kommt, sondern allenfalls zu Blutopfern des entehrten Mobs. Es sind die gelebten und geschrienen Metaphern der Revolution, aber es ist nicht mehr die Revolution selbst, sondern ihre bedrohliche, ja mörderische Karikatur:

> Besonders an den Straßenecken, wo die rothangestrichenen Weinläden stehen, sammelten und beriethen sich die Gruppen, und dort war es meistens,

wo man die Menschen, die verdächtig aussahen, durchsuchte, und wehe ihnen, wenn man irgend etwas Verdächtiges in ihren Taschen fand! Wie wilde Tiere, wie Rasende, fiel dann das Volk über sie her. Sehr viele retteten sich durch Geistesgegenwart; viele wurden durch die Entschlossenheit der Kommunalgarden, die an jenem Tage überall herumpatrouillierten, der Gefahr entrissen; andere wurden schwer verwundet und verstümmelt; sechs Menschen wurden aufs unbarmherzigste ermordet. Es gibt keinen gräßlicheren Anblick als solchen Volkszorn, wenn er nach Blut lechzt und seine wehrlosen Opfer hinwürgt. Dann wälzt sich durch die Straßen ein dunkles Menschenmeer, worin hie und da die Ouvriers in Hemdsärmeln, wie weiße Sturzwellen hervorschäumen, und das heult und braust, gnadenlos, heidnisch, dämonisch. An der Straße St. Denis hörte ich den altberühmten Ruf „A la lanterne!", und mit Wuth erzählten mir einige Stimmen, man hänge einen Giftmischer. Die einen sagten, er sey ein Karlist, man habe ein brevet du lis [einen Bourbonischen Gnadenbrief also] in seiner Tasche gefunden; die Andern sagten, es sey ein Priester, ein solcher sei alles fähig (Heine 1980: 136).

Wie stark Heine hier die Rage des gegen die Giftmischer gerichteten Volkszorns mit der politischen Revolution identifiziert, wird auch daran deutlich, dass selbst Marianne, Metonym für die Freiheit, für die Revolution und für die französische Nation selbst, höchstpersönlich inmitten des Cholera-Mobs erscheint wie eine Dea ex machina, oder wie direkt aus dem berühmten Gemälde des Eugène Delacroix über die Julirevolution 1830 gesprungen:

Auf der Straße Vaugirard, wo man zwey Menschen, die ein weißes Pulver bey sich gehabt, ermordete, sah ich einen dieser Unglücklichen, als er noch etwas röchelte, und eben die alten Weiber ihre Holzschuhe von den Füßen zogen und ihn damit so lange auf den Kopf schlugen, bis er todt war. Er war ganz nackt, und blutrünstig zerschlagen und zerquetscht; nicht bloß die Kleider, sondern auch die Haare, die Scham, die Lippen und die Nase waren ihm abgerissen, und ein wüster Mensch band dem Leichname einen Strick um die Füße und schleifte ihn damit durch die Straße, während er beständig schrie: „Voilà le Choléra-morbus!" Ein wunderschönes, wuthblasses Weibsbild mit entblößten Brüsten und blutbedeckten Händen stand dabey und gab dem Leichname, als er ihr nahe kam, noch einen Tritt mit dem Fuße. Sie lachte, und bat mich, ihrem zärtlichen Handwerke einige Franks zu zollen, damit sie sich dafür ein schwarzes Trauerkleid kaufe; denn ihre Mutter sey vor einigen Stunden gestorben, an Gift (Heine 1980: 138).

Abb. 2: Eugène Delacroix, *La liberté guidant le peuple* (1830)

Es ist darüber gemutmaßt worden, woher Heine die starken Bilder der Cholerarevolution wohl bezogen haben mag. Gelegentlich wird sein Text sogar mit der einleitenden Pestschilderung Giovanni Boccaccios zu seinem *Decamerone* verglichen. Es ist meines Erachtens viel naheliegender, anzunehmen, dass Heine das typische Revolutions-Genre Eugène Delacroix's *La liberté guidant le peuple* (1830) entlehnt hat. Das Bild wurde seit 1831 öffentlich im Salon ausgestellt und ähnlich frequentiert wie heute *Mona Lisa* im Louvre.

Will man den literarischen Vergleich, dann ist es wohl am naheliegendsten, auf Alessandro Manzonis nach ausgiebigen Studien der Geschichte Mailands im 17. Jahrhundert und besonders der großen Pest von 1630 entstandenen Roman *I Promessi Sposi* (*Die Verlobten*, in einer neueren Übersetzung durch Burkhart Kroeber auch unter dem Titel *Die Brautleute*) zu verweisen. Die erste Fassung hatte

Manzoni im September 1823 noch unter dem Titel „Fermo e Lucia"
vollendet, aber sofort einer gründlichen Revision unterzogen. Diese
zweite Fassung erschien 1827 und beförderte den literarischen Ruhm
Manzonis unmittelbar. Nach begeisterter Fürsprache Goethes wurden
in Berlin und Leipzig gleich zwei deutsche Übersetzungen parallel in
Auftrag gegeben. Es ist sehr wahrscheinlich, dass Heine entweder
das italienische Original auf seiner Reise von München nach Genua
in den späten 1820er Jahren oder eine Übersetzung ins Deutsche
kennen gelernt hat. Beeindruckend ist die Pestszene Manzonis in
Mailand, in der die Bevölkerung panisch auf Gerüchte reagiert, dass
Giftmischer mit vergifteten Salben die Pest in die Stadt getragen hätten. Hierauf kann ich allerdings nicht weiter eingehen; indes, die
Lektüre lohnt.

Markant ist der siegreiche Lustschrei des Pariser Mobs „Voilà le
Choléra-morbus!", nachdem der vermeintliche Giftmischer erschlagen und aufs grässlichste verstümmelt am Boden liegt. Hier werden
magische Vorstellungen einer *deletio morbi* fassbar. Es handelt sich
aber im Kontext nicht wie bei der magischen Zerstörung der Krankheit um ein einfaches, sondern um ein dreifaches Vernichtungs-
Substitut. Mit dem als Täter vermeintlich identifizierten Giftmischer
und Auslöser der scheinbaren Cholera wird zum einen die individuelle Unmoral des Einzeltäters stellvertretend für seine ganze Gruppe
tödlich gestraft, zum anderen steht die Massakrierung des Täters für
die namentliche Nennung („Voilà le Choléra-morbus!") und Vernichtung der Krankheit, und mit dieser schließlich wird symbolhaft
zugleich die moralische Verruchtheit der karlistischen, also der politischen Konterrevolution angeklagt und vernichtend geschlagen.
Damit wird die Cholera selbst zur Metapher einer politischen Situation, die die Errungenschaften der Julirevolution des Jahres 1830 gefährdet. Es wäre schön, wenn die Dinge wirklich so einfach lägen,
was sie indes nicht tun. Denn auch das liberalkonservative Juste Milieu des Bürgerkönigs Louis Philippe, verkörpert durch Casimir
Pèrier, steht auf Heines literarischer Anklagebank der politischen
Amoralität.

In den Kontext der höheren politischen Moral – im Sinne einer
doch recht sarkastisch geschilderten und auch so gemeinten Iatro-

theologie – schließlich gehört auch noch der Hinweis Heines auf die Cholera als göttliches Strafgericht:

> Da ich mal im Zuge bin, will ich auch den Erzbischof von Paris loben, welcher ebenfalls im Hôtel-Dieu, nachdem der Kronprinz und Périer dort ihren Besuch abgestattet, die Kranken zu trösten kam. Er hatte längst prophezeyt, daß Gott die Cholera als Strafgericht schicken werde, um ein Volk zu züchtigen, „welches den allerchristlichsten König fortgejagt und das katholische Religionsprivilegium in der Charte abgeschafft hat." Jetzt, wo der Zorn Gottes die Sünder heimsucht, will Hr. v. Quelen sein Gebet zum Himmel schicken und Gnade erflehen, wenigstens für die Unschuldigen; denn es sterben auch viele Karlisten (Heine 1980: 139).

Im Mai 1832 klingt die Cholera in Paris ab, „entweicht allmählich", wie Heine am 12. Mai berichtet, und „hinterlässt viel Betrübung und Bekümmernis", aber „die Menschen gehen wieder lustig spatzieren und kosen und lächeln" (Heine 1980: 152). Sie lächeln, weil sie eine Seuche überstanden haben, die einige Tausend Opfer gefordert hatte. Man ist noch einmal davon gekommen. Der politische Impetus, den die Cholera für manche, sicher auch für Heine, mit sich gebracht hatte, ihr Anstoß, ihre Schwungkraft, ihr Ungestüm, waren ins Leere gegangen, ihr Strafgericht gegen die Unmoral der konterrevolutionären Karlisten, aber auch gegen die der konservativen Wirtschaftliberalisten des Juste Milieu war ausgeblieben. Und so macht sich neben dem Glück, überlebt zu haben, im Volk und in den politischen Fraktionen auch Depression breit:

> Eine krankhafte Wehmuth scheint jetzt im ganzen Volke zu herrschen, wie bey Leuten, die ein schweres Siechthum überstanden. Nicht bloß auf der Regierung, sondern auch auf der Opposizion liegt eine fast sentimentale Mattigkeit. Die Begeisterung des Hasses erlischt, die Herzen versumpfen, im Gehirne verblassen die Gedanken, man betrachtet einander guthmütig gähnend, man ist nicht mehr böse aufeinander, man wird sanftlebig, liebsam, vertröstet, christlich; deutsche Pietisten könnten jetzt hier gute Geschäfte machen (Heine 1980: 152).

Und selbst der Tod des Bankmagnaten und Politikers Casimir Pèrier, der noch am 16. Mai der Seuche erliegt (Heines Bericht datiert vom 12. Mai; hat er den Tod Pèriers vorausgesehen oder den Artikel zurückdatiert?), der „fällt" wie „durch ein Weltunglück, dem weder Kraft noch Klugheit widerstehen kann" (Heine 1980: 152), wird in Heines ironischem Sarkasmus vor dem Volk zum Heldentod. „Pèrier", nun endlich, „gewinnt dadurch die Sympathie der Menge, die plötzlich einsieht, dass er ein großer Mann war" (Heine 1980: 152). Das Erinnerungsvermögen der Überlebenden reicht offensichtlich nur über kurze Distanz. Dem wird auch Pèrier sehr bald schon zum Opfer fallen, wie wir bei Heine in seinem nächsten Bericht, nun vom 27. Mai 1832 über das Begräbnis des Staatsmannes, lesen:

> Die rothen Trompeter, auf weißen Rossen dahintrabend, bliesen lustig die Marseillaise; das Volk, bunt geputzt und lachend, tänzelte nach den Theatern; der Himmel, der lange umwölkt gewesen, war jetzt so lieblich blau, so sonnenduftig; die Bäume glänzten so grünvergnügt; die Cholera und Casimir Pèrier waren vergessen; und es war Frühling. Nun ist der Leib begraben, aber das System lebt noch (Heine 1980: 165).

In den Straßen von Paris tanzte man wohl wieder den Chahût, und sicher nicht minder ausgelassen wie am 29. März, als die Cholera ihr erstes Opfer gefordert hatte, den buntmaskierten Arlequin mit seinem veilchenblauen Gesicht.

Literatur

Briese, Olaf (1993) „,Schutzmittel für die Cholera' – Geschichtsphilosophische und politische Cholera-Kompensation bei Heine und seinen Zeitgenosse." In: *Heine-Jahrbuch* 32, 9-26.

Briese, Olaf (1998): „,Das Jüstemilieu hat die Cholera'. Metaphern und Mentalitäten im 19. Jahrhundert." In: *Zeitschrift für Geschichtswissenschaft* 46, 120-138.

Briese, Olaf (2003): *Angst in den Zeiten der Cholera*. 4. Bde. Berlin.

Heine, Heinrich (1980): *Historisch-kritische Gesamtausgabe der Werke*. Bd. 12: *Französische Maler. Französische Zustände. Über die französische Bühne*. Hamburg.

Heinrich Heine (1985): *Historisch-kritische Gesamtausgabe der Werke*. Bd. 4: *Atta Troll. Ein Sommernachtstraum. Deutschland. Ein Wintermärchen*. Hamburg.

Heine, Heinrich (1992): *Historisch-kritische Gesamtausgabe der Werke*. Bd. 3: *Romanzero. Gedichte 1853 und 1854. Lyrischer Nachlass*. Hamburg.

Heine, Heinrich (2005): *Leben sie wohl und hole sie der Teufel. Biographie in Briefen*. Berlin.

Krünitz, Johann G. (1803): *Oekonomische Encyklopädie. Bd. 90. Meth – Minderzwickel*. Berlin

Nolte, Andreas (2006): *„Ich bin krank wie ein Hund, arbeite wie ein Pferd, und bin arm wie eine Kirchenmaus" – Heinrich Heines sprichwörtliche Sprache*. Hildesheim, Zürich.

III. Sterbebegleitung und Sterbehilfe

Michael Murrmann-Kahl

„Logik des Zerfalls" (Adorno)
Naturbeherrschung und Personsein am Lebensende

Dem Theologen Ernst Troeltsch, der vor einem Jahrhundert in Heidelberg wirkte, wird angesichts der beängstigenden Verunsicherungen durch die historische Forschung und das historische Bewusstsein, also durch die Krise des Historismus, im letzten Drittel des 19. Jahrhunderts das Bonmot zugeschrieben: „Meine Herren, es wackelt alles."[1] Daran habe ich mich erinnert bei der Aufgabenstellung, einen Beitrag über die Menschenwürde am Ende des Lebens zu verfassen. Ich tue dies aus der Perspektive des systematischen Theologen, Gemeindepfarrers und Seelsorgers in Rehabilitationskliniken. Man kann sich in der Tat schwer dem Eindruck entziehen, dass angesichts der vielfältigen therapeutischen Möglichkeiten und Forschungen am Menschen „alles wackelt", zumal die selbstverständlichen Auffassungen über die Würde des Menschen und die Identität der Person. Ich möchte, ausgehend von einem typischen Seelsorgefall (I.), die Verunsicherungen schildern, die ich wahrscheinlich mit vielen teilen werde, die auf Intensiv- und anderen Krankenstationen arbeiten. Solche Erfahrungen werden mit dem Stichwort von einer „Logik des Zerfalls" (nach Theodor W. Adorno) zu fokussieren versucht (II.). Zugleich möchte ich plausibel machen, dass vielfältige Chancen darin liegen, auch in Zweifelsfällen im Gegensatz zu anderen möglichen Optionen (III.) die unbedingte Würde der Person wahrzunehmen und zu achten (IV.).

---

[1] Auf der Versammlung der „Freunde der Christlichen Welt" 1896 in Eisenach. Vgl. dazu Drescher 1991: 148 f.

I.   Wenn der Pfarrer kommt …

Zu Beginn möchte ich eine typische Szene schildern: Das Telefon
klingelt. Am Apparat ist eine Krankenschwester von der Intensivstation des nahegelegenen Krankenhauses. Eine Patientin liege im Sterben; ob der Pfarrer nicht kommen könne. Die Angehörige, es gibt
wohl eine Tochter, die allerdings nicht am Ort wohnt, wünsche sich
diesen Besuch. Im katholisch geprägten Oberbayern steckt den
Gläubigen die „letzte Ölung" durchaus noch in den Knochen, der Ritus mag genannt werden (heute: „Sakrament der Krankensalbung"),
wie er will. Nachdem geklärt war, dass die Tochter voraussichtlich in
nächster Zeit nicht kommen würde, entscheide ich mich, gleich auf
Station zu gehen.

   Am Sterbebett auf der Intensivstation befinden sich nur die
Schwester, die mich verständigte, und ich. An die näheren medizinischen Umstände wie etwa den Stand der Beatmung erinnere ich mich
nicht mehr. Aber die Patientin liegt mit geschlossenen Augen ruhig
da. Ich spreche sie vorsichtig an, weil ich davon ausgehe, dass sie
nach wie vor hören kann, was um sie herum vorgeht. Ich sage ihr,
dass sie jetzt eine andere und für sie fremde Stimme hört. Ich stelle
mich ihr vor, nenne meinen Namen und dass ich der evangelische
Ortspfarrer bin. Ich bin hier bei ihr, um für sie zu beten. Ich sage,
wer sich an ihrem Bett noch aufhält.

   Die Ordnung der Krankensegnung sieht vor, nach dem Friedens-
gruß eine kurze Lesung und ein Psalmgebet zu halten.[2] Ich wähle
den bekannten 23. Psalm „Der Herr ist mein Hirte". Ich gehe davon
aus, dass bei einer Patientin im hohen Alter ein solches Gebet bekannt und vertraut ist. Vertraute Worte zu hören, wo sonst alles un-
vertraut ist – die Umgebung, die Menschen, die Stimmen –, kann eine Brücke auch zwischen Fremden schlagen.

   Daran schließt sich eine kurze Auslegung, die Betrachtung der
Bilder des Psalms als Ausdruck typischer Lebenssituationen, und ein
Fürbittengebet. Zentral ist natürlich die eigentliche Handlung, der
Segen. Ich bereite die Sterbende darauf vor, indem ich ihr sage, dass

---

[2]   *Agende für evangelisch-lutherische Kirchen und Gemeinden* 1994.

ich jetzt meine Hand auf ihre Stirn legen werde. Berührung ist in einem solchen Moment immer ein intimes und darum heikles Geschehen, da die Patientin weder Zustimmung noch Ablehnung signalisieren kann. So kann sie leicht als Übergriff wirken. Darum ist diese sprachliche Vorbereitung unumgänglich. Ich lege die Hand auf und spreche langsam und deutlich den Valetsegen (den Sterbesegen):

> Es segne dich Gott, der Vater,
> der dich nach seinem Ebenbild geschaffen hat.
> Es segne dich Gott, der Sohn,
> der dich durch sein Leiden und Sterben erlöst hat.
> Es segne dich Gott, der Heilige Geist,
> der dich zu seinem Tempel bereitet hat.
> Der dreieinige Gott bewahre dich zum ewigen Leben. – Amen.

Zum letzten Satz dieses Segens zeichne ich behutsam das Kreuz auf die Stirn der Sterbenden. Den Abschluss bildet wiederum ein vertrautes Gebet, nämlich das Vaterunser, und der allgemeine Segen.

Eine solche Amtshandlung am Kranken- und erst recht am Sterbebett wirft natürlich viele Fragen auf. Darf man der spirituellen Intuition von Angehörigen und Pflegenden trauen, die davon überzeugt sind, dass jetzt der Pfarrer kommen muss? Ist das überhaupt im Sinne des/der Betroffenen? Welche Rolle übernehmen oder – in diesem Fall – übernehmen Angehörige nicht, die sich oft mit der Situation von Krankheit, Intensivbehandlung und Sterben überfordert finden? Darf man ein spirituelles Angebot und eine Amtshandlung bei jemandem vollziehen, der sich dazu nicht (mehr) äußern kann? Bringt das überhaupt etwas oder greift man mutwillig in den Sterbeprozess ein und stört ihn womöglich? Ja, noch weitergehend, ist hier überhaupt noch eine menschliche Person vorhanden, und falls nicht, was sonst?

Betritt man als Seelsorger den Raum der Intensivstation, wird man mit einer Fülle von Gegebenheiten konfrontiert, die bereits Strukturen schaffen.[3] Man bewegt sich in einem strukturierten Raum.

---

[3] Murrmann-Kahl 2006: 125-139. Der Sammelband *Traumland Intensivstation* versammelt die Tagungsbeiträge des ersten multiprofessionellen internationalen

Das kann man sich leicht dadurch vergegenwärtigen, dass man einmal die Augen schließt und den enormen Lärmpegel beachtet. Durch
die Fülle der medizinischen Kontrollapparate ist eine permanente
Geräuschkulisse gegeben, die auf einer „normalen" Station fehlt.
Dazu kommt bei der Betrachtung des Patienten die entsprechende
Menge an Kabeln, Zugängen und Schläuchen, um die Medikamente
zuführen und die Überwachung sicherstellen zu können. Der Bewe-
gungsspielraum des Patienten ist stark eingeschränkt. Nicht nur die
sprachlichen Möglichkeiten fehlen weitgehend, auch die Gestik unterliegt entsprechenden Begrenzungen. Erst recht ist bei Sterbenden
kaum mehr mit wahrnehmbaren Reaktionen zu rechnen, woraus man
allerdings nicht den vorschnellen Schluss ziehen darf, sie „bekämen
nichts mehr mit". Der seelsorgerlichen Erfahrung zufolge bleiben der
Hörkanal und der Tastsinn am längsten erhalten und können daher
auch zur Kommunikation genutzt werden.

Wenn man diese Situation auf der Intensivstation wahrnimmt,
zeigen sich viele ungewöhnliche Umstände, die bei einem sonstigen
Seelsorgebesuch nicht auftreten. Das Schockhafte der Atmosphäre
wird selbst durch die Routine allenfalls gemildert. Zwar gibt es auch
auf anderen Stationen im Krankenzimmer Störungen und Unterbre-
chungen. Aber der Raum der Intensivstation ist in einem ganz anderen Umfang durch die medizinischen Erfordernisse besetzt, so dass
sich der Seelsorgebesuch in einem Kontext ereignet, der von Dauer-
geräuschen und vielerlei Besonderheiten (wie künstlicher Beatmung)
von Anfang bis Ende begleitet wird. Der Seelsorger muss sich in dieser vielfältigen Geräuschwelt, die der Patient wahrnimmt und irgendwie zuordnen wird, als eine eigene unverwechselbare Stimme
erst zu Gehör bringen. Im Wirrwarr von Geräuschen und Stimmen
taucht zusätzlich eine besondere Stimme auf, die für den Patienten
irgendwie unterscheidbar sein muss und eingeordnet werden soll:
„Jemand, der mich besucht, aber doch fremd ist (kein Familienange-
höriger), aber auch kein Arzt oder Pflegender ist." Man weiß heute
immerhin so viel, dass solche Besucher vom Patienten in außerge-

Kongresses zum Thema, der im November 2005 am Klinikum der Ludwig-
Maximilians-Universität München-Großhadern stattfand.

wöhnlichen Bewusstseinszuständen sehr wohl wahrgenommen und oft ganz archaisch in ein einfaches Kontrastschema eingeordnet werden: Freund oder Feind, Helfer oder Gegner (Schröter-Kunhardt 2006: 171-229). Daraus resultiert die seelsorgerliche Aufgabe, die Patienten in ihren jeweiligen besonderen Prozessen zu begleiten und unterstützen, sei es zur Heilung, sei es zum Sterben hin.

II.   Wenn man sich selbst abhanden kommt

Die Herausforderungen der seelsorgerlichen Begleitung von Patienten auf Intensivstationen gleichen wirklich einer „Reise ins unbekannte Land" (Frör 2006: 11-17). Sie ist zu bestehen angesichts eines beeindruckenden medizinischen Fortschritts. Auf der Intensivstation ringen Menschen mit der Krankheit auf Leben und Tod. Die durch die Medizin eröffneten Chancen sind zugleich verschwistert mit problematischen Entwicklungen, die bisherige Selbstverständlichkeiten in Frage stellen. Dazu gehören auch die Gewissheiten über uns selbst, über die Einheit der menschlichen Person. Dass sich gerade in diesem Bereich der Hochleistungsmedizin die Dialektik von Naturbeherrschung und krassem Zurückgeworfensein auf die Naturausstattung der Person, auf den Körper, zeigt, ist nicht überraschend: Vermag der Mensch doch nur zu überleben, indem er sich die äußere wie die eigene Natur unterwirft. Allerdings fordert dies seinen Preis. Das zeigt sich in den vielen ethischen Zweifelsfragen, die an diesen Stellen auftauchen.

Wenn man auf die letzten vierzig Jahre zurückblickt, tritt eine Tendenz für den interessierten Beobachter hervor: die Zerlegung der Einheit einer menschlichen Person in ihre vielen unterschiedlichen Vitalfunktionen. Der genannte Fortschritt ist genau an diese medizinische Fähigkeit geknüpft. Dazu ist auf zwei ursprünglich voneinander unabhängige Entwicklungen zu verweisen, die sich inzwischen miteinander verbunden haben: Zum einen hat es die Intensivmedizin ermöglicht, den physiologischen Konnex von Hirnstammtätigkeit (Atemzentrum), Herz-Kreislaufsystem und Atmung zu unterbrechen. Bei einem Herzstillstand kann durch die Reanimation und künstliche

Beatmung der sonst zwangsläufig eintretende Tod aufgehalten werden. Dabei darf sich der Ausfall der Sauerstoffversorgung allerdings nur auf wenige Minuten erstrecken, andernfalls irreversible Schädigungen des Gehirns eintreten. So kann eine Reanimation auch zur Folge haben, dass die Funktion von Herz-Kreislauf und Atmung wiederhergestellt wird, ohne dass das Gehirn seine Tätigkeit wieder aufnimmt. Aus diesem Grund hatte vor genau vierzig Jahren das berühmte „Ad-Hoc Committee" der Havard Schule (1968) die Empfehlung ausgesprochen, beim eingetretenen Tod des ganzen Gehirns die Intensivbehandlung abzubrechen. Diese Empfehlung ergab sich aus der Nötigung, eine Grenze der intensivmedizinischen Behandlung zu bestimmen. Diese Grenzbestimmung signalisiert allerdings auch das damit bestehende Problem: Es ist nicht mehr unmittelbar wahrnehmbar und selbstverständlich, ab wann eine menschliche Person überhaupt als tot zu gelten hat.

Von einer anderen Seite kam die Transplantationsmedizin: Das Gelingen dieser Therapiemöglichkeit hat zur Voraussetzung, dass die immunologischen Abstoßungsprozesse verstanden und beeinflussbar werden. Erst wenn sich die körpereigene Abwehr des eingepflanzten Organs, also die Abwehr des körperfremden Eiweißes, unterdrücken lässt, hat die Transplantation Erfolgschancen. In dem Maße, in dem dies gelang, stieg die Nachfrage nach transplantierbaren (durchbluteten, mit Sauerstoff versorgten) Organen. Jetzt verschiebt sich aber der Sinn des für die Intensivmedizin ad hoc formulierten Hirntodkriteriums: Ursprünglich dazu gedacht, den Zeitpunkt zum Abbruch der Behandlung festzulegen (und das impliziert: den Patienten sterben zu lassen!), wird es jetzt zur Todesfeststellung verwendet, um Organe zu gewinnen. Damit wird unter der Hand aus der Grenzbestimmung der Zeitpunkt, um die Explantation noch ungeschädigter Organe vorzunehmen. Die sich daran anschließende umfangreiche Kontroverse um die Todesdefinition und das Todesverständnis in den vergangenen gut zwanzig Jahren ist hier nicht zu thematisieren (Murrmann-Kahl 2000: 55-65).

Um keinen Zweifel aufkommen zu lassen: Ich meine nicht, dass man dieser Entwicklung der Hochleistungsmedizin hätte entgehen können. Angesichts der vielen beeindruckenden lebensrettenden Erfolge könnte man auch nicht einfach auf diese durch die Behandlung eröffneten Chancen verzichten. Dagegen möchte ich als Ergebnis dieser ursprünglich selbständigen, voneinander unabhängigen Linien des medizinischen Fortschritts festhalten, dass und in welchem Umfang die traditionellen Selbstverständlichkeiten im Umgang mit Sterben und Tod abhanden gekommen sind. Konnte man früher seinen Wahrnehmungen, dem Augenschein, trauen und sich darauf verlassen, dass ein atmender Mensch lebt und bei nicht mehr vorhandener Atmung und Herzstillstand verstorben ist, wird man auf der Intensivstation mit Patienten konfrontiert, bei denen bestimmte Funktionen noch wahrnehmbar sind bzw. künstlich aufrechterhalten werden, obwohl zum Beispiel der Hirntod eingetreten ist. Solche Phänomene sind selbst für die „Profis" auf Intensivstationen wie dem Pflegepersonal schwer zu bewältigen. Die Frage nach Leben und Tod kann nicht mehr von jedermann, sondern nur noch vom Experten beantwortet werden – wenn überhaupt. Aber solche Fragen sind von so allgemeiner Bedeutung, dass sie nicht einfach an Experten delegiert werden dürfen.

Für den Seelsorger und gewiss nicht nur für ihn stellt sich unweigerlich die Frage, wen oder „was" besucht er da eigentlich? Liegt eine einheitliche Person überhaupt vor, der man eine Identität zuschreiben kann? Das ist mit der von mir herangezogenen Formulierung Theodor W. Adornos von der „Logik des Zerfalls" gemeint.

Während im Durchschnittsfall des gesunden Erwachsenen klar zu sein scheint, was eine menschliche Person ist, verliert man diese Gewissheit am Anfang und Ende des Lebens. Da es der medizinische Fortschritt gestattet, am Anfang und bis zum Ende des Lebens weitreichende Eingriffe vorzunehmen, kann man sich nicht mehr auf ein „natürliches" Beginnen und Enden der menschlichen Person berufen. Es tritt eine Fülle von Grauzonen auf, die einen oft ratlos zurücklassen. Die Frage, was hier zu tun und angemessen sei, ist schwierig zu beantworten. In diesem Sinne gibt es nichts rein „Natürliches" mehr, sondern ist der Mensch ganz und gar zu einem, zu seinem eigenen Kulturprodukt geworden. Darum wird kaum zufällig um anenzephale Föten, Altersdemenz, Komapatienten, Hirntote, ihre angemessene Behandlung und um rechtliche Regelungen gestritten. In dem Maße,

in dem die medizinisch notwendige Zerlegung der Person in Vitalfunktionen gelungen ist, verliert man zugleich in bestimmten Fällen
die Gewissheit, ob man es (noch) mit „jemandem" oder vielleicht
doch nur noch mit „etwas" (einem „human vegetable") zu tun hat.

Die Einheit der Person mit den ihr zugeschriebenen Fähigkeiten
(wie Identität, Autonomie, Selbstachtung, Rationalität, Selbständig-
keit, Selbstbewusstsein, Intentionalität) und der ihr unbedingt gebüh-
renden Würde (Kant: „Selbstzwecklichkeit" der Person) ist zumindest an den Rändern des menschlichen Lebens verloren gegangen.[4]
Adorno benannte seine eigene „negative Dialektik" als eine „Logik
des Zerfalls", um den realen Widersprüchen gerecht werden zu können, die er in Hegels spekulativer Dialektik verraten sah. Ziele diese
letztlich auf Identität und unterliege sonach einem Identitäts- und Sy-
stemzwang, plädiert Adorno dagegen für die Umstellung auf Differenz (Adorno 1980: 148). So ist es nicht verwunderlich, dass Adorno
schon in den sechziger Jahren ausführlich Phänomene der Deperso-
nalisierung und Auflösung des (bürgerlichen) Subjekts beschrieb
(Adorno 1980: 272 ff.). Wenn er seinerseits ausdrücklich auf den
Zerfall des traditionellen Subjekt- und Personbegriffs und dessen
Logik setzt, dann aus dem Impuls, den ideologischen Schein der un-
mittelbaren Selbstbeherrschung, des „sese conservare", des Identi-
tätszwangs zu zerstören – gerade im Interesse individueller Freiheit
(Adorno 1980: 273). Freilich könnte es sein, dass inzwischen nicht
nur der Begriff, sondern längst reale Personen genau von dieser Zer-
fallslogik bedroht und ereilt werden. Ihre Identität erweist sich als
Schein, weil keine Referenz für die Vitalfunktionen mehr angegeben
werden kann – als allenfalls der bloße Name, der auf dem Kranken-
blatt verzeichnet ist.

Diese Dissoziation der Einheit der Person kann freilich im
schlimmsten Fall auch schon mitten im Leben eintreten. Thomas
Fuchs hat an den beiden psychischen Erkrankungen Depression und
Schizophrenie analoge Erfahrungen der Depersonalisation beschrieben. Zu Recht hält er fest, dass diese „experimenta naturae" zugleich

---

[4]   Ausführlich zum Personbegriff und dem neuzeitlichen Personverständnis: Murr-
      mann-Kahl 1997: 241-335.

den Prüfstein für philosophische und theologische Konzeptionen von Selbstbewusstsein und Person darstellen (Fuchs 2004: 175-185). Ein Patient charakterisiert zum Beispiel seinen depressiven Zustand explizit mit den Worten: „Ich empfinde mich gar nicht mehr als Person; ich bin wie tot" (Fuchs 2004: 175). Der Holländer P. C. Kuiper, ein Psychiater, der selber eine Form der Depression (Melancholie) durchlitt, wählt die Formulierung: „Ich war gestorben, aber Gott hatte dieses Geschehen meinem Bewusstsein entzogen" (Fuchs 2004: 176). Bei beiden Patienten äußert sich diese Störung des elementaren Selbstgefühls, der affektiven und leiblichen Selbstvertrautheit mit sich, interessanterweise in der Einbildung, eigentlich schon gestorben zu sein. Man kann sich selbst gar nicht mehr als lebendige Person wahrnehmen. Das gestörte Selbstgefühl wird mit einer Art „Hyperreflexion" zu kompensieren versucht, was freilich misslingt. Denn es fehlt eben gerade „die Basis des Sich-Erkennens, nämlich das elementare Selbstgefühl" (Fuchs 2004: 177).

Von einer ganz anderen Patientengruppe, an die man zunächst gar nicht denken würde, berichtet der Direktor des Instituts für Medizinische Psychologie an der Münchner Ludwig-Maximilians-Universität, Ernst Pöppel, ebenso Aufschlussreiches. Bei Schlaganfallpatienten können vergleichbare Störungen und dramatische Irritationen der personalen Identität auftreten:

> Eine Schädigung im neuronalen Netz verändert aufgrund der strukturellen Verflechtung der verschiedenen Areale das Gesamtgefüge der Informationsverarbeitung im Gehirn, und damit sind auch die Person in ihrer Gesamtheit und sogar das soziale Umfeld betroffen; etwa die Hälfte aller Ehen werden innerhalb eines Jahres geschieden, wenn ein Partner einen Schlaganfall erlitten hat. Es ist nicht genug, dass man die Informationsverarbeitung innerhalb eines betroffenen Bereichs verbessert. Die eigentliche Frage ist: Wie kann ein neues Gleichgewicht erzeugt werden, wenn die neuronalen Vorgänge aus den Fugen geraten sind? […] Wie wird die personale Identität gesichert? (Pöppel 2008: 33)

Das ist die Frage, die sich nicht erst, aber natürlich erst recht am Ende des Lebens stellt. Sie stellt sich in allen vier Dimensionen des Personseins, hinsichtlich des medizinischen Sachverhalts (was vor sich geht – die Diagnose), hinsichtlich des emotionalen Erlebens (wie es der Person damit ergeht) und der sozialen Beziehungen (wer sie begleitet) und schließlich der spirituellen Dimension (was sie trägt). Wer sich vor allem der beiden letzteren annimmt, hat immerhin die Chance, die jeweiligen Ressourcen eines Patienten zu mobilisieren.

III.   Bedingte oder unbedingte Würde?

So scheint es insgesamt, als ob der Personstatus zur Verhandlungssache geworden wäre: Einige beraten darüber, ob anderen wie Demenzkranken oder Komapatienten, denen bestimmte, insbesondere kognitive Fähigkeiten (zeitweise oder für immer) abhanden kommen, dieser Status noch zuzubilligen ist. Aber diese Verhandlungen führen ersichtlich nicht nur einige Personen über andere. Viel bedrängender ist es, wenn sich diese Frage intern für den Patienten selbst stellt, wie bei einer Depression, oder seine sozialen Beziehungen zutiefst tangiert, wie beim Schlaganfall.

Diese Debatte ist erst recht unumgänglich, wenn man die Würde der Person an bestimmte, empirisch nachweisbare Fähigkeiten und Eigenschaften wie Bewusstsein, Sprache, Intentionalität knüpft, die graduell mehr oder weniger vorhanden sein können. Denn alle empirisch nachweisbaren Eigenschaften, die die Person konstituieren sollen, ihre leibseelische Naturausstattung, können natürlich aktuell auch verloren gehen bzw. gegangen sein, wie sich am materiellen Substrat, den neuronalen Funktionen, oft nachweisen lässt. Aber entbindet ein solcher Ausfall bestimmter, empirisch bestimmbarer Eigenschaften von dem Respekt, die personale Würde anzuerkennen?[5]

Formulierungen wie „In Würde altern" (Aktionswoche des Deutschen Grünen Kreuzes 2004), „Würde am Lebensende" (Kongressthema) oder hohes Alter – „mehr Bürde als Würde" (Paul Baltes) gehören zwar zum gängigen Sprachgebrauch und Repertoire (Rüegger 2007: 138). Sie unterstellen aber ein solches graduelles Würdever-

---

[5]   Losgetreten hatte diese Debatte Peter Singer, vgl. Singer 1984; kritisch dazu: Wagner 1993: 49-59.

ständnis, das an bestimmte Fähigkeiten und Eigenschaften geknüpft ist, die man haben oder eben auch verloren haben kann. Deshalb scheint ihr Erhalt auch eine Herausforderung und eine Forderung darstellen zu können. Begriffstechnisch ist hier eine Umstellung auf andere Termini als „Würde" wie etwa zum Beispiel „Lebensqualität im Alter" empfehlenswert.

Demgegenüber vertritt das Konzept der unbedingten Menschenwürde, wie es zum Beispiel in der „Allgemeinen Erklärung der Menschenrechte" der Vereinten Nationen von 1948 impliziert ist, dass die der Person zukommende Würde und Achtung unverlierbar ist qua Menschenantlitz. Sie besteht unabhängig davon, „ob ich krank oder gesund, selbständig oder auf Hilfe angewiesen, Wohltäter oder Krimineller bin, ob ich über ein klares Selbstbewusstsein verfüge oder an einer schweren Demenz leide. Diese Würde ist mir eigen, einfach weil ich Mensch bin" (Rüegger 2007: 139). Demnach müsste man fordern, dass in den als Beispiel aufgezählten Fällen es darauf ankommt, „sicherzustellen, dass die grundsätzlich unverlierbare Würde jedes Menschen [...] auch [...] wahrgenommen und respektiert wird" (Rüegger 2007: 141). Demnach kommt die grundsätzliche Achtung auch in den Fällen der Person zu, die empirisch ersichtlich der aufgezeigten Logik des Zerfalls unterliegen. Dann käme es darauf an, sozusagen kontrafaktisch zum Augenschein daran festzuhalten, dass man einer Person begegnet.

Aus der Perspektive der christlichen Theologie geht es der Seelsorge um die unverlierbare Würde der leibhaften, individuellen Person. Mit dieser leibhaften Person hat es der Seelsorger zu tun, wenn auch auf der Intensivstation gewiss unter den genannten erschwerten Bedingungen. Damit bewegt man sich freilich oft in einem Grenzbereich, in dem es keine Gewissheit und Eindeutigkeiten gibt. Die christliche Theologie hat in ihrer systematischen Disziplin dafür unterschiedliche Begründungsfiguren herangezogen wie etwa die schöpfungsmäßige Gottebenbildlichkeit des Menschen oder die christologisch vermittelte Rechtfertigung des Sünders (Luthers „fides facit personam"). Die Reichweite und Vermittelbarkeit solcher theologischen Konzeptionen in einer säkularen Umwelt sind freilich meist begrenzt. Man kann aus der weitläufigen, auch philosophischen De-

batte um den Personbegriff immerhin lernen, dass man sich voraussichtlich niemals auf solche theoretischen, wenn man will „metaphysischen" Bestimmungen der Person einigen wird. Der Theologe wird
darauf setzen, dass Gott die Einheit der Person auch über das hinaus
bewahren kann, was Menschen empirisch an anderen Menschen
wahrnehmen können. Das ist heutzutage in einer funktional differen-
zierten Gesellschaft möglicherweise bereits eine Minderheitenpositi-
on.[6]

Umso mehr wird daraus deutlich, dass das Personsein oder besser: die Personwerdung einen lebenslangen, nicht fixierbaren Prozess
mit offenen Rändern darstellt. Aus diesem Grund ist man gut beraten, wenn man auf der praktischen, moralischen und rechtlichen
Ebene die Achtung gegenüber der Person aufrechterhält, auch wenn
man im Einzelfall daran zweifeln mag, mit wem oder was man es zu
tun hat. Die Würde der Person käme demnach dem sich in einem lebenslangen, am Anfang und Ende offenen Prozess befindlichen Wesen „Mensch" zu. Bei der Achtung der Person kann es nicht nur um
die Anerkennung von uns genehmen Eigenschaften gehen. Als
Handlungsmaxime könnte man durchaus den, ursprünglich aufs
Recht gemünzten, berühmten Paragraphen 36 aus Hegels Rechtsphi-
losophie zitieren: „sei eine Person und respektiere die anderen als
Personen."[7]

IV.   Wenn sich spirituelle Prozesse ereignen…

Um die Dynamik seelsorgerlicher Prozesse in solchen Zusammen-
hängen zu verdeutlichen, möchte ich abschließend von einem ande-

---

[6]   Zur verwickelten Geschichte des Begriffs „Menschenwürde" in und außerhalb
der Theologie vgl. Sparn 2000: 223-246. Die ungeklärte Identitätsfrage der Person begleitet freilich die gesamte neuzeitliche Theorieentwicklung zum Thema
seit der Auflösung des substantialistischen Seelenbegriffs der Tradition („anima
rationalis") im 18. Jahrhundert und Kants einschlägiger Kritik der „rationalen
Psychologie" im Paralogismuskapitel seiner *Kritik der reinen Vernunft*, vgl.
Sparn 2004: 29-48.

[7]   Hegel 1970: 95; vgl. Fischer 1999: 49-51; Gerstenkorn 2006: 312-328.

ren Sterbefall berichten. Diese Dame war mir von mehreren Kran-
kenhausaufenthalten schon bekannt, die immer wieder einmal notwendig wurden. Auch ihren Ehemann hatte ich bei meinen Besuchen
dort angetroffen. Es konnte schon eine Beziehung aufgebaut werden.
Eines Tages wurde deutlich, dass es diesmal dem Ende zugeht. So
wurde ich ans Krankenbett gerufen. Intensivmedizinische Maßnahmen waren nicht mehr angezeigt. Das Krankenzimmer auf einer Station der Inneren Medizin war zum Sterbezimmer geworden. Außer
der Sterbenden und dem Ehemann traf ich die drei erwachsenen
Töchter mit deren Angehörigen an. Das kleine Zimmer war voller
Menschen. Wir bildeten einen Kreis um die Sterbende, und ich voll-
zog die Krankensegnung in ähnlicher Weise wie schon (unter I.) beschrieben. Nach dem Schlusssegen trat Stille ein. Wir standen noch
im Kreis. Dann fassten sich plötzlich alle an den Händen mit der
sterbenden Ehefrau und Mutter in unserer Mitte. Es war ein Moment
von großer emotionaler Intensität. Diese Geste erfolgte spontan und
ohne jede Verabredung oder Zwang. Jeder spürte: Es musste einfach
so sein. Die Sterbende war geborgen im Kreis ihrer Angehörigen und
wir alle miteinander in Gottes Hand. Die Präsenz des göttlichen
Geistes in diesem Raum fand zu einem gestalteten Ausdruck. Niemand wäre auf den Einfall gekommen, die Sterbende in irgendeinem
Gesichtspunkt weniger als Person wahrzunehmen und zu achten als
uns selbst, die wir im Kreis um sie herum standen.[8]

Was mir unbekannt war und sich erst im Nachhinein herausstell-
te, war die innere Konstellation des Familiensystems: Aus vielen

---

[8] Man mag diesen Kreis als Indiz dafür nehmen, dass die einzelne Person grundsätzlich nicht allein dasteht. Das ist zwar trivial, weil niemand im luftleeren
Raum lebt. Aber gerade angesichts des individualistisch geprägten Protestantis-
mus, der vor allem auf die eigenen unvertretbaren Glaubensvollzüge abstellt, ist
doch in Erinnerung zu bringen: Jeder und jede ist eingebettet in die Abfolge der
Generationen, bildet einen Teil des Generationenzusammenhangs, der Herkunfts-
und der eigenen Familie. Jede Einzelperson ist aufgehoben in einem Familien-
kontext, insofern weitet sich die individuell-leibhafte Person zu einer „quasi-
kollektiven" gerade (aber nicht nur!) dort, wo die je eigenen, individuellen Fähigkeiten und Bewusstseinsprozesse ans Aufhören gelangen. Das Personsein geht
sozusagen nicht in der strikt individuellen Existenz auf.

Gründen und Begebenheiten waren die Töchter untereinander zerstritten. Nun waren sie ans Sterbebett der Mutter geeilt, eine Tochter kam sogar aus dem Ausland angereist. Man traf sich im Sterbezimmer. Die Atmosphäre war gespannt und durch die ungewöhnliche Situation belastet, da gab es noch viel Unausgesprochenes. Dann fand die Segnung der Sterbenden statt, und alle gaben sich die Hand. Wollte und konnte man diese intensive Geste der Versöhnung zurücknehmen und nun wieder im Streit weitermachen? Das schien ausgeschlossen. So begaben sich die Töchter auf den gewiss mühsamen und zugleich verheißungsvollen Weg, sich als dann schon Hinterbliebene endlich auszusprechen und miteinander auszusöhnen.

Meine Skrupel angesichts des eigenen spirituellen Handelns in solchen unklaren und letztlich oft auch unaufklärbaren Situationen auf der Intensivstation oder bei Sterbenden, die unterschiedlich eingeschätzt und bewertet werden können, habe ich darum im Laufe der Zeit getrost und auf Hoffnung hin abgelegt. Natürlich sind solche Fragen auch in der Supervision anlässlich der Seelsorgefortbildung im Universitätsklinikum München-Großhadern heiß diskutiert worden. Schließlich wollte ich wissen, mit welchem Recht wir in der Seelsorge das tun (können), was wir tun. Spirituelles Handeln in einer offenen Situation bleibt ein Wagnis, ein Schritt auf unbekanntes Terrain. Darf man also einem Komapatienten oder einem Sterbenden den Segen spenden? Das war eine meiner Fragen und zugleich das Fallbeispiel, von dem ich ausgegangen bin. Mein Supervisor antwortete mir und gab mir zu bedenken: „Müssen Sie jemanden, der in der Wüste verdurstet, extra fragen, ob er Wasser braucht?"

Literatur

Adorno, Theodor W. (1980): *Negative Dialektik*. 2. Auflage Frankfurt am Main.

Agende für evangelisch-lutherische Kirchen und Gemeinden (1994). Bd. III. Die Amtshandlungen. Teil 4: Dienst an Kranken. Hannover.

Drescher, Hans-Georg (1991): *Ernst Troeltsch*. Göttingen.

Fischer, Johannes (1999): „Mit Leib und Seele. Die praktische Evidenz der Personwürde." In: *EvKomm* 32, 49-51.

Frör, Peter (2006): „Reisen und Begegnungen im unbekannten Land. Bericht eines

Seelsorgers." In: Kammerer, Thomas (Hrsg.): *Traumland Intensivstation. Veränderte Bewusstseinszustände und Koma.* Norderstedt, 11-17.

Fuchs, Thomas (2004): „Das Andere in mir. Selbst und psychische Krankheit." In: Korsch, Dietrich; Dierken, Jörg (Hrsg.): *Subjektivität im Kontext.* Tübingen, 175-185.

Gerstenkorn, Uwe (2006): „Religiöse Kompetenz im Alltag der Sterbebegleitung." In: *Wege zum Menschen* 58. Göttingen, 312-328.

Hegel, Georg W. F. (1970): *Grundlinien der Philosophie des Rechts (1821).* Frankfurt am Main.

Murrmann-Kahl, Michael (1997): *„Mysterium trinitatis"? Fallstudien zur Trinitätslehre in der evangelischen Dogmatik des 20. Jahrhunderts.* Berlin, New York.

Murrmann-Kahl, Michael (2000): „Die Kunst, ein ethisches Urteil zu fällen. Ein Modell am Beispiel der Organtransplantation." In: Hildt, Elisabeth; Hepp, Barbara (Hrsg.): *Organtransplantationen. Heteronome Effekte in der Medizin.* Stuttgart, Leipzig, 55-65.

Murrmann-Kahl, Michael (2006): „Theologische Grundlegung einer Spiritualität im Raum der Intensivstation." In: Kammerer, Thomas (Hrsg.): *Traumland Intensivstation. Veränderte Bewusstseinszustände und Koma.* Norderstedt, 125-139.

Pöppel, Ernst (2008): „Auch Blinde träumen in schönen Bildern." In: *Frankfurter Allgemeine Zeitung* vom 7. Mai, 33.

Rüegger, Heinz (2007): „Würde im Alter. Eine kritische Besinnung auf das Verständnis menschlicher Würde." In: *Wege zum Menschen* 59, 137-151.

Schröter-Kunhardt, Michael (2006): „Oneiroidales Erleben Bewusstloser." In: Kammerer, Thomas (Hrsg.): *Traumland Intensivstation. Veränderte Bewusstseinszustände und Koma.* Norderstedt, 171-229.

Singer, Peter (1984): *Praktische Ethik.* Stuttgart.

Sparn, Walter (2000): „,Aufrechter Gang' versus ,krummes Holz'? Menschenwürde als Thema christlicher Aufklärung." In: *Jahrbuch für Biblische Theologie* 15, 223-246.

Sparn, Walter (2004): „Fromme Seele, wahre Empfindung und ihre Aufklärung." In: Korsch, Dietrich; Dierken, Jörg (Hrsg.): *Subjektivität im Kontext.* Tübingen, 29-48.

Wagner, Falk (1993): „Behinderte Neugeborene. Leben, das zu leben sich nicht lohnt?" In: *Theologia Practica* 28, 49-59.

Christoph Elsas

Interreligiöse Fragestellungen
zu Menschenbild und Menschenwürde
am Ende des Lebens[*]

I. Das allgemein Menschliche und doch gesellschaftlich
    Eingebettete: die Konfrontation mit dem absehbaren Tod

Wir „nehmen teil" am Nachlassen der Kräfte und am Sterben eines
lieben Menschen. Wir sind betroffen von seinem sich ankündigenden
Tod und teilen seine Vorstellungen davon oder auch nicht. Wir nehmen das Abschiednehmen beim Sterbeprozess auf mit ritualisierter
Trauer bis zur Festigung guter Erinnerung. Das sind in Grundzügen
weithin allgemein gültige, doch kulturell verschieden ausgestaltete
anthropologische Sachverhalte. Denn der Mensch ist das Lebewesen,
das den Tod der Anderen und den eigenen Abtrennungsprozess
wahrnimmt und emotional besetzt und weiß, dass es auch sterben
muss und bis dahin Zeit hat.

Menschenverachtender Ideologie verdächtig sind wohl alle Situationen zu nennen:

- wo Menschen nicht als gleich betrachtet werden, wie besonders beim Opfer
  von Menschen und gewissenlosen Töten von Kindern;
- wo Menschen abhängig statt eigenverantwortlich gemacht werden bei drasti-
  scher Ausmalung des Lebens in der Hölle;
- wo hierarchisch bestimmte Vorstellungen zu Verschwendungen führen;
- wo niederer gesellschaftlicher Rang mit entsprechender Wiedergeburt nach
  vorangegangenen Verfehlungen verbunden wird;
- wo Verstorbene durch Verbrennen oder andere Praktiken als ausgelöscht gelten;

---

[*] Vgl. die von mir herausgegebenen Bände: Elsas 2008, 2010.

- wo Habgier oder Machtgier den Gläubigen Sicherheiten versprechen lässt;
- wo eine medizinisch-administrative Ordnung des Sterbens keinen Platz lässt für menschenwürdige Formen des Umgangs mit dem Tod entsprechend Region und Religion;
- wo Selbstmordattentäter für sich einen Märtyrertod beanspruchen.

Die in unserer Gesellschaft auffallende radikal individualisierte und weitgehend isolierte Single-Existenz ist dabei eine vollständig neue Gegebenheit der Geschichte (Reinhard 2004: 266). Sie wirft Fragen nach der richtigen Wahl auf dem Markt der Möglichkeiten auf, die Religionen und Kulturen für den Umgang mit nachhaltiger Schwäche, Sterben, Tod und Trauer bereit halten. Neben Aktivitäten, dem menschlichen Dasein durch implizite Religion Sinn zu geben (Reinhard 2004: 588 f.; Thomas 2001), gehört es im Sinne eines im Fluss befindlichen biographischen Konzepts zur Single-Existenz, sich gleichzeitig oder nacheinander an verschiedene Lifestyle-Gruppen anzuschließen und entsprechend wechselnde Identitäten zu übernehmen (Reinhard 2009: 282). Eine bewusste Fixierung der Identität wäre demgegenüber der Weg des Fundamentalismus.

Doch gibt es in dieser Gesellschaft durchaus auch ein Bewahren des bei den Vorfahren Bewährten, das andere Möglichkeiten für andere Menschen oder auch für eigenes weiteres Verständnis der Tradition nicht ausschließt: Dann traut man ihr zu, sich in der neuen Situation zu bewähren, in der wir immer mehr erfahren von Mitmenschen in fernen Zeiten und fernen Räumen (Elsas 2004: 359-384).

Hier kann das – extreme – Beispiel der altägyptischen Kultur als Ausgangspunkt dienen, an der Jan Assmann die These erläutert, dass die Kultur die Welt ist, die sich der Mensch errichtet, um mit dem Wissen um seine Endlichkeit leben zu können: Denn Tiere und Pflanzen „treffen keine Vorsorge und kennen keinen Totenkult. Sie leben in den Tag hinein und reagieren nur auf aktuelle Reize und Gefahren, ohne sich um übergreifende Sinnperspektiven Sorgen zu machen" (Assmann 2001: 3; Assmann, Trauzettel 2002). „Aus dem Zuviel an Wissen und dem Zuwenig an Leben resultiert ein Ungleichgewicht, das wie die ‚Unruhe' einer Uhr den Menschen in innerer Bewegung hält". Der Kirchenvater Augustinus hat eine Möglichkeit klassisch formuliert, indem er sich in seinen Bekenntnissen an Gott wandte: „Unruhig ist unser Herz, bis es ruht in Dir" (Assmann 2001: 7; *Confessiones* I.1,1). Hier wird der – die individuelle Lebenszeit übergreifende – Sinnhorizont in eine jenseitige Welt eingebettet, in die der Tote eingeht, um dort – nach Bedingungen, die man sich nach Kulturen und Religionen und Situationen verschieden vorstellt – weiter zu leben. Assmann (2001: 11 f.) nennt daneben eine zweite Bewältigungsstrategie:

> Die andere Möglichkeit leugnet die Existenz einer jenseitigen Welt, die allenfalls als Schattenreich vorgestellt wird, in dem die Toten weniger weiterleben als vielmehr ihr Totsein verbringen und das in keiner Weise als Sinn- oder Erfüllungsort des diesseitigen Lebens fungiert. [...] Hier ist es die Geschichte, die Generationenfolge, die Nachwelt, in die hinein sich der Sinnhorizont des diesseitigen Lebens erstreckt.

Daran lassen sich „Grundfragen der Begründung von menschlicher Würde in der Religionsgeschichte" ausschließen (Feldtkeller 2005).

II. Eine Palette von Selbstbildern und Selbstentwürfen im Kontext unterschiedlich religiös geprägter Umwelt

„Hinduismus" als eine einzige „Religion" ist eine Konstruktion des 19. Jahrhunderts. Im Blick auf Vorstellungen von Leben und Tod findet sich in hinduistischen Religionsformen eine Koexistenz von Traditionen in der Gewissheit, dass sich das Göttliche in verschiedenen Formen offenbaren kann, die Materie von gestaltender Kraft durchdrungen und göttliche Präsenz wahrzunehmen ist. In diesem kosmischen Gesamtzusammenhang (Dharma) sind spezifische Aufgaben zu erfüllen, der Tod ist nur Zäsur in einer Kette von Wiedergeburten. Eigenes Handeln (Karma) hinterlässt seelische Prägungen mit automatischer Einwirkung auf neues Leben, von der in der Bhakti-Frömmigkeit aus göttlicher Gnade befreit werden kann. Vedische Vorstellungen sprechen von einer erfreulichen Totenwelt auf dem Mond. Doch Zweifel, ob nicht auch jenes Leben ein Ende hat, lässt in Aufnahme buddhistischer und jainistischer Vorstellungen eine Wiederkehr des ständigen Sterbenmüssens als leidvoll ansehen. In

hinduistisch-monistischer Tradition wird es Lebensziel, alles Biolo-
gische zugunsten nicht mehr individueller Geistigkeit durch Meditation und Werke zu entfernen, um die Einheit mit dem Absoluten
wiederherzustellen. In hinduistisch-theistischer Tradition wird die
ständige gegenseitige Schau von Gottheit und Mensch zum Lebensziel. Das Ziel, nicht mehr wiedergeboren zu werden, ist bei Asketen
erreicht, in denen keine Lebenskraft mehr ist. Im Jainismus hat Erlösung durch Todesfasten Tradition.

Wie man auf das Ende des Lebens zugeht, wird davon bestimmt,
dass in der Hindu-Tradition der Tote selbst als Opfer betrachtet wird,
dessen Leben durch die Verbrennung schöpferisch erneuert wird, indem der Lebensatem durch die Hitze des besonders geschichteten
Scheiterhaufens befreit wird und in den Kosmos aufsteigt. Als Begründung heißt es im Mythos des heiligen Textes Satapatha Brahma-
na vom Selbstopfer von Prajapati, dem ersten Menschen, dass er den
Kosmos durch opferndes Zerlegen des eigenen Körpers erschuf. Wie
im Mythos seine Wiederherstellung durch Rituale erreicht wird, die
die Götter vollziehen, so rekonstruiert im Ritus der Sohn durch Ge-
treideballen, die vor der Verbrennung mit in den Sarg gelegt werden,
eine körperliche Substanz für die Seele des Verstorbenen. Sie soll ihr
zur Geburt in der neuen und höheren Dimension der Ahnen mit der
Identität des zuvor noch Lebenden verhelfen, von wo sie ihrerseits zu
Fruchtbarkeit und materiellen Gütern verhilft. Damit verband sich in
der Entwicklung des Hinduismus die Vorstellung, dass das Karma
als eine Art Tatsubstanz am feinstofflichen Körper haftet, der den
Tod überdauert und für Kontinuität zwischen verschiedenen Verkör-
perungen sorgt. Individuelle Persönlichkeit gilt nicht als zum wahren
Selbst des Menschen gehörig, sondern als bloße äußere Form, die
den veränderlichen Gestalten der Materie zugehört.

Alle Formen von Buddhismus sind davon bestimmt, dass mit den
vier Wahrheiten von Dukkha erkannt wird, dass alle Gefühle mit
Schwierigkeiten angesichts der Unbeständigkeit des Lebens verbunden sind. In der Perspektive vom Kreislauf wiederholten Sterbens ist
es Ziel, frei zu werden von Geburt, Alter und Tod. Hinter den fünf
Aggregaten des Individuums, die alle nur Prozesse sind, wird keine
Seele im Sinne einer unveränderlichen Identität angenommen, nur

die Qualifizierung der Prozesse durch Karma als willentliche Entscheidung. Es gilt zu erkennen, dass einschließlich der von Buddha in Indien übernommenen Götterwelt alles Leben als ständige Veränderung mit zugehörigem Tod Teil dieses Kreislaufs ist.

Nach buddhistischer Überzeugung ist Unterstützung vor dem Sterben besonders wichtig, da mit einer dem mentalen Zustand entsprechenden Wiedergeburt gerechnet wird, die sofort bzw. nach einer Zeit in anderer Existenzform erfolgt. Angst vor Veränderung soll z. B. durch Meditation genommen werden, in Achtsamkeitsübungen durch Leichenbetrachtung oder im Erfahren des Prozesshaften. Dazu dient Konzentration auf Ein- und Ausatmen, um Loslassen im Sinne von innerem Abstand gegenüber dem einzuüben, was sowieso nicht festzuhalten ist. Erkenntnis lässt Angst vor einer Gottheit des Todes und des Gerichts schwinden und im Blick auf die Gesetzmäßigkeiten des Todes und die eigenen Taten als den einzig mitzunehmenden Besitz moralisch handeln. Mönche und Nonnen werden für Belehrung über das Loslassen angesichts der Vergänglichkeit geehrt und rituell gespeist. Statt um Vergebung vergangener Schuld geht es um Schaffung eines bestmöglichen aktiven Gegengewichts und Gelassenheit zum bewussten Umgang mit Emotionen.

Zu Praxis und Begründung ritueller Suizide im ostasiatischen Buddhismus[1] kennt man als Motive den Protest gegen Maßnahmen zum Schaden des buddhistischen Ordens, Körperhass und Lebensüberdruss, Jenseitssehnsucht, Angst vor ungünstigen Todesumständen, Entsagung im Streben nach Buddhaschaft im gegenwärtigen Körper, dazu das Verständnis des Körpers als Opfergabe an Buddhas und Bodhisattvas sowie als Opfergabe an hungernde Lebewesen. Im Loben der Leibentsagung als des höchsten Aktes selbstlosen Gebens und Erduldens auf dem Hintergrund des Bodhisattva-Ideals des Mahayana-Buddhismus ging man hier über die Regeln des Theravada-Buddhismus hinaus, der in Konzentration auf die gleichmütige Erleuchtung die mutwillige Schädigung eines Anderen und auch des eigenen Körpers verbot.

---

[1] So der Untertitel von Kleine 2003: 3-43.

Welche Verhältnisbestimmungen von Tod und Lebensziel finden
sich in der chinesischen Tradition? In China bezeichnet man mit po
eine Beseelung wie sonst in der Natur, ein dem Menschen schon
vorgeburtlich zugehöriges schattenhaftes Leben, das sich nach dem
Tod in der Erde auflöst. Der Tod gilt als Trennung von der Hauch-
seele hun. In den theoretischen Schriften des 1. Jahrhunderts n. Chr.
von der Yin-Yang-Polarität werden dem die Erd- und Himmelsseele
zugeordnet, wobei der Mensch als Zusammenballung der beiden
Komponenten mit dem feinstofflichen Qi gilt, das er von den Eltern
erhielt und das eine stoffliche Beziehung zu ihnen behält.

Konfuzianer sollen den Körper bis zum Tod als Pfand betrachten,
wo kein Glied zu verlieren ist; ideal sind Unversehrtheit – auch als
Mumie – und Unsterblichkeit im Nachruhm. Im Daoismus philosophischer Art heißt es, den Tod in zuversichtlicher Gelassenheit hinzunehmen im Gedanken, dass wir in einem Größeren aufgehoben sind.

In der Religionsgeschichte Israels entstanden mit dem Gedanken
der Einzigkeit dieses Gottes Fragen nach seinem Einfluss in Zorn
und Gnade für alle Welt einschließlich der Unterwelt. Ab dem
8./7. Jahrhundert ist solche Kompetenzausweitung in biblischen Büchern wie Hiob und Psalmen belegt. Es gibt die Vorstellung, dass er
Fromme ohne Tod und nach dem Tod zum Leben bei ihm entrückt.
Im 2. Jahrhundert v. Chr. entsteht die Vorstellung, dass mindestens
die Märtyrer auferweckt werden (Daniel 12) und dass auf Grund der
Gerechtigkeit Gottes gegenüber denen, die zu Unrecht leiden, eine
doppelte Auferstehung zum Strafgericht bzw. zur Erhöhung stattfin-
den wird; schließlich findet sich auch die Vorstellung vom „Abwi-
schen aller Tränen" in Gottes Endzeitherrschaft. Im 20. Jahrhundert
sprachen Schriften des Reformjudentums dann von einer ständigen
Wiedergeburt des Menschen an den Zäsuren seines Lebens und so
auch im Tod desjenigen, dessen Leben mit dem Ewigen verbunden
ist.[2]

Jüdische Vorstellungen von Tod und Lebensziel sind davon geprägt, dass der menschliche Leib ein Werkzeug im Dienst Gottes und

---

[2]   Baeck 1933; Zusammenfassung neuerer Literatur: Necker, Goldberg 2005: 431-
      433.

darum bei guter Gesundheit zu halten ist, dass in hohem Alter der Gerechte den Tod durch den Kuss Gottes stirbt und dass der Todesengel über den keine Macht hat, der sich mit der Israel von Gott anvertrauten Tora beschäftigt. Diese Orientierung wird dadurch unterstrichen, dass die Hinterbliebenen elf Monate lang im Synagogengottesdienst das Kaddisch „Es werde groß und geheiligt sein großer Name in der Welt" beten, das charakteristischerweise den Verstorbenen nicht erwähnt, vielmehr Gottes Ruhm preist. Suizid gilt als verboten bzw. als Zeichen von Geistesverwirrung, da das Leben von Gott gegeben ist, andererseits gilt Martyrium als besser gegenüber Unterwerfung unter Götzendienst. Zum Sterben spricht man Psalmen und bittet Gott um Sündenvergebung und Reinigung, wobei der Sterbende möglichst einstimmt in das Glaubensbekenntnis „Höre Israel, der Ewige, unser Gott, der Ewige ist einzig."

Das arabische Wort „Islam" bedeutet „Hingabe" an die letztlich entscheidende Macht des einen Gottes, der Schöpfer, Erhalter und Richter von allen Menschen ist – weshalb sie von einem unpersönlichen Schicksal befreit und aufgerufen sind, mit dem Koran zu bekennen: „Mein Leben und mein Sterben gehören Gott, dem Herrn der Welten" (Sure 6,162), dem „Lebendigen, der nicht stirbt" (Sure 25,58). Im Grundgebet des Islam (Sure 1) wird Gott als „Herr der Welten, der Barmherzige, der Erbarmer" und als „König des Tages des Gerichtes" gepriesen. Das erinnert die Muslime in jedem Pflichtgebet daran, dass alles Leben der Menschen Gabe Gottes ist, um in seinem Dienst gebraucht zu werden, und auf den Tag der Belohnung für die guten und bösen Taten hinzielt. Dementsprechend heißt es in der Liste der sechs Glaubensinhalte des Islam: „Ich glaube an Gott, an seine Engel, seine Bücher und seine Gesandten" sowie „Ich glaube an das Jüngste Gericht und an die Vorherbestimmung des Guten und Bösen von Gott her."[3]

---

[3]   Waardenburg 2001: 505-511; Campo 2001: 263-265; Lemmen 1999; Lutherisches Kirchenamt der VELKD und Kirchenamt der EKD 2000: Kap. VII: Tod und Ewiges Leben, Sterben und Bestatten. Koranzitate nach: Khoury 1987. Eine Sammlung und Interpretation von Überlieferungen zu Jenseits und Endzeit findet sich bei Imam al-Qadi 1981.

Der Tod ist im Islam nichts Negatives, keine Strafe, keine Sühne, sondern der Übergang von der Prüfung im irdischen Leben als der „Stätte der Vergänglichkeit" zur „Stätte des Bleibens", wobei Todesort und -stunde als schon von Gott vor der Geburt vorherbestimmt gelten. Nach islamischen Traditionen hat die Seele noch im Grab vier Fragen zu beantworten: 1. Wer ist dein Gott? Allah; 2. Wer ist dein Prophet? Mohammed; 3. Was ist deine Religion? Der Islam; 4. Wohin geht deine Gebetsrichtung? Nach Mekka. Sind die Antworten richtig, verheißen Engel der Seele die Zeugentätigkeit ihres Propheten Mohammed und das Paradies, nachdem sie in einem Feuer von Sünden geläutert werde; sonst drohen Peinigungsengel und Hölle, Andersgläubigen wie Juden und Christen wird eine Zeugentätigkeit von Moses und Jesus eingeräumt.

Entsprechend einem dem Propheten Mohammed zugeschriebenen Wort „Sterbet, noch bevor der Tod euch ereilt!" soll die mystische Gottesliebe dazu anleiten, das Leben ganz an Gottes Willen statt am Eigenwillen zu orientieren (Balić 1987: 1052 f.). Zugleich betont die islamische Tradition: Auch wenn der Körper wieder zu Staub wird, braucht man ihn zur Ausführung der rituellen Pflichten und Werke auf dem Wege Gottes, von dem her der ganze Körper Segen (baraka) in sich trägt und am Jüngsten Tag neu zusammengefügt wird; deshalb sind alte Menschen zu ehren, auch die Körper nicht zu vernachlässigen und nicht zu verbrennen (Schimmel 1995: 227-232).

Der ganze Mensch wird mit dem Pflichtgebet Richtung Mekka täglich durch die von Körperhaltungen begleitete arabische Rezitation von Teilen der Suren des Koran, die im Islam als das authentische Wort Gottes gelten, sichtbar und hörbar auf diesen Gott bezogen. Entsprechend ist es für Muslime das eigene Wort Gottes, mit dem sie ihm einen Menschen nach seinem Tod anvertrauen, wenn sie nach festem islamischem Brauch die Sure 36 (Yasin) rezitieren, die aufgrund ihrer zentralen Lehre von Offenbarung und zukünftigem Leben als das „Herz des Koran" bezeichnet wird.[4] Hier heißt es in den Versen 58 f.: „Friede!', als Anrede von einem barmherzigen

---

[4]   Vgl. dazu den wissenschaftlichen Kommentar von Khoury 1999: 559-589; von Denffer 1996: 2123-2154.

Herrn. ‚Scheidet euch heute (von den Gottesfürchtigen), ihr Übeltäter'." Abschließend 79: „Sprich: wieder lebendig macht sie der, der sie das erste Mal hat entstehen lassen. Und er weiß über alle Geschöpfe Bescheid." und dann 83: „Preis sei dem, in dessen Hand die Herrschaft über alle Dinge ist und zu dem ihr zurückgebracht werdet!"

Während an Altersgebrechen zu sterben weniger beängstigend erscheint, da von Gott vorbestimmt, sorgt man sich darum, etwas ungeregelt zu hinterlassen, wenn man etwa schwer krank ist. Dazu gehört nach traditioneller Frömmigkeit, möglichst die Gott als Zeichen der Dankbarkeit geschuldeten Pflichtgebete nachzuholen, die man bisher versäumt hat in der Hoffnung auf mehr Zeit am Lebensabend. Bettlägerige dürfen sie ausnahmsweise sitzend oder liegend ausführen, auch ohne sich vorher rituell zu reinigen. Ggf. sollte von einer Person gleichen Geschlechts dabei geholfen werden, vorher Hände, Gesicht, Füße und u. U. Intimbereich mit frischem Wasser zu spülen, um sich innerlich und äußerlich rein zu fühlen. Gerade im Angesicht des Todes erinnern sich die Betenden ihrer früheren Fehler und möchten „rein" werden.

Dazu gehört weiter, Menschen gegenüber eine „Schuld" zu begleichen, in der Migration auch einen Ausgleich mit der Erwartung zu finden, sozial anerkannt ins Herkunftsland zurückzukehren. Dazu dient die Zeremonie des Helal-Gewährens, in der mögliche wechselseitige Ansprüche rechtmäßig erlassen werden (Tan 1999: 7-19). Beiderlei Sterbebegleitung ist primär Sache der Angehörigen. Sie haben damit die Möglichkeit Abschied zu nehmen. Für die Sterbenden ist ihre Anwesenheit eine wichtige Voraussetzung, einen „guten" Tod zu sterben und friedlich hinüber zu gehen (Jonker 1999; Weber, Jonker 1998). Es gilt als selbstverständliche Pflicht und als gutes Werk, einen Sterbenden in den letzten Stunden nicht allein zu lassen. Dabei erinnern ihn Freunde und Verwandte an alles Gute, das Gott ihn erleben ließ. Er soll diese Welt dankbar verlassen. Die Anwesenden bitten Gott auch um Vergebung für alle Verfehlungen, in die er verstrickt war, in der Gewissheit, dass alles Gute, was über ihn gesprochen wird, angesichts Gottes Erbarmen eine große Verheißung hat. Gerne unterstützt man den Sterbenden mit einem Schluck Wasser, das möglichst aus der Zemzem-Quelle bei Mekka mitgebracht sein soll.[5]

Im Sterbemoment möchten praktizierende Gläubige aufrecht in die Kissen gesetzt oder sonst auf die rechte Seite gelegt werden, das Gesicht Richtung Mekka und mit dem islamischen Glaubensbekenntnis „Es gibt keinen Gott außer dem Gott, und Mohammed ist der Gesandte Gottes", der im arabischen Original zu sprechenden Schahada, auf den Lippen sterben. Sind sie zu schwach, kann es jemand vorsprechen, wozu sie als Bestätigung den rechten Zeigefinger heben.

III.   Unterschiede in Beziehung bringen: interreligiös-christliche Sterbebegleitung

Wer mit jüdisch-christlichem Hintergrund bemüht ist, für muslimische Sterbende und Angehörige da zu sein, kann an die Verwandtschaft der Bibeltradition und der Korantradition vom Leiden des Hiob/Ijob (s. o. Sure 21,83 f.) anknüpfen. So soll der Prophet Mohammed eine seiner Töchter beim Tode ihres Sohnes getröstet haben: „Gott hat genommen, was Ihm gehört, so wie Er gegeben hat, was Sein war; alles geschehe so, wie Er es bestimmt hat." Das erinnert an das Bekenntnis Hiobs nach dem Empfang der sog. Hiobsbotschaften im biblischen Buch Hiob 1,12: „Der Herr hat's gegeben, der Herr hat's genommen; der Name des Herrn sei gelobt!" – ein Satz, der auch bei christlichen Todesanzeigen und Grabsteinen begegnet (Brandt 2003: 417-423).

Durch religionsgeschichtliche Forschung und Anteilnahme aneinander ist deshalb daran zu arbeiten, Vorurteile sowohl der anderen als auch der eigenen Tradition gegenüber abzubauen:

> Besonders der christlich-jüdische Dialog kann gemeinsame Ansatzpunkte finden, und im christlich-islamischen Dialog kann man vor historische Differenzpunkte zurückgehen, von wo aus sich Chancen zeigen, die nur in den

---

[5]   Lutherisches Kirchenamt der VELKD und Kirchenamt der EKD 2000: 63; Lemmen 1999: 14 f.; Blach 1996: 26 f.

faktischen historischen Verläufen noch nicht wahrgenommen wurden (Colpe 1990: 247).

Einen persönlichen Versuch, Chancen zu interreligiös-christlicher Sterbebegleitung zu nutzen, möchte ich – über die deskriptiv-analytische Auseinandersetzung hinaus – im Blick auf deontische Überlegungen zur Diskussion stellen:

Meine Frau und ich teilten uns eine Pfarrstelle. Bis zur Wahl eines neuen Kollegen stand dessen Pfarrhaus vorübergehend leer, inmitten des geräumigen, ruhigen, grünen Kirchengeländes. In unserem entfernteren Bekanntenkreis hatten wir einen jungen Muslim aus Bangladesh, dessen Krebserkrankung nur noch einige Wochen Lebenserwartung zuließ. Im Islam war er nur der elterlichen Familie in der Heimat verbunden. Partnerin, Freundinnen und Freunde waren alle aus Deutschland und kirchenfern sozialisiert.

Unsere Kirchengemeinde stimmte zu, die Pfarrhaus-Oase ihm und denen, die sein Lebensende begleiteten, anstelle der Wohnung im Mietblock zur Verfügung zu stellen. Der Beweggrund war Gottes- und Nächstenliebe aus christlicher Motivation. Interreligiös wurde die Sterbebegleitung durch ein sehr großes Poster vom islamischen Zentralheiligtum, der Ka'ba in Mekka, das ich früher von einem begeisterten Muslim geschenkt bekommen hatte und nun für die Einrichtung im Sterbezimmer zur Verfügung stellte. Das sollte Beheimatung auch in dieser Hinsicht vermitteln: als Zeichen der Anerkennung, dass Gottes- und Nächstenliebe auch islamischer Motivation zugehören.

Der Kranke wollte nicht, dass offizielle Vertreter einer Moschee sein Sterben und das Begräbnis begleiteten. Man trug die Aufgabe der Bestattungsfeier an mich heran – nicht als Pfarrer, sondern als Bekannter, der das angesichts des Leidens verbindende Hiob-Thema zugrundelegte.

Im Klinikalltag gibt es Chancen dieser Art nicht. Hier geht es primär um Aufmerksamkeit: Fachleute für die jeweiligen Hintergründe einzubeziehen hilft den Pflegenden (Schäffler, Menche, Bazlen, Kommerell 1997: Kap. 15), eigene Grenzen zu akzeptieren und die Selbstbestimmung des Sterbenden zu fördern; das dadurch gesteigerte Selbstwertgefühl vermag der unkontrollierbaren Angst entgegen zu wirken, die aus Ohnmachtsgefühl erwächst. Sie können die Bezüge zu „Gott" (hier ganz allgemein gemeint als „Endziel") und Gemeinschaft bestärken, auch von daher eine relecture der Lebensgeschichte ermöglichen, die von wunderbaren Erfahrungen erzählt, die dankbar tiefen Sinn im bisherigen Lebensweg findet und für dessen Abschluss erhoffen lässt. Auch wenn sich dann Unruhe, Ableugnen des Ablaufens der Frist und Aggression in den Vordergrund schieben, können die im Erzählen ausgedrückten Gefühle zu einer Entscheidung gegen das Leugnen der Glaubenstraditionen führen. Schwer bleibt das Verabschieden, weil sich in ihm Verzweiflung – als Abwesenheit greifbarer Hoffnung – und das Gefühl der Verlassenheit verbinden. Umso wichtiger ist hier die Zusicherung vertrauter Atmosphäre: nicht vergessen zu werden, die Würde nicht zu verlieren, getragen zu werden von lieben Menschen und von „Gott", um sich innerlich auf das Eintreten des Todes einzulassen, und damit indirekt auf die automatischen Abläufe davor und danach.

Literatur

Abdullah, Salim (1997): „Islamische Bestattungsriten und Friedhofskultur." In: Der Beauftragte für Islam- und Ausländerfragen im Amt für Gemeindedienst (AfG) der Ev.-luth. Landeskirche Hannovers (Hrsg.): *Nach Mekka gewandt. Zum Umgang türkischer Muslime mit ihren Verstorbenen in der Türkei und in Deutschland.* Hannover, 20-26.

Assmann, Jan (2001): *Tod und Jenseits im alten Ägypten.* München.

Assmann, Jan; Trauzettel, Rolf (2002): *Tod, Jenseits und Identität. Perspektiven einer kulturwissenschaftlichen Thanatologie.* Freiburg, München.

Baeck, Leo (1933): *Wege im Judentum. Aufsätze und Reden.* Berlin.

Balić, Smail (1987): „Tod. Islamisch." In: Khoury, Adel Theodor (Hrsg.): *Lexikon religiöser Grundbegriffe. Judentum, Christentum, Islam.* Graz, 1052-1053.

Blach, Thorsten (1996): *Nach Mekka gewandt. Vom Umgang türkischer Muslime mit ihren Verstorbenen in der Türkei und in Deutschland (Eine Ausstellung im Museum für Sepulkralkultur.)* Kassel, 26-27.

Brandt, Hermann (2003): „Vom Umgang der Religionen mit Sterben und Tod." In: *Materialdienst der Evangelischen Zentralstelle für Weltanschauungsfragen* 11, 417-423.

Campo, Juan Eduardo (2001): *Burial.* Leiden.

Colpe, Carsten (1990): *Das Siegel der Propheten. Historische Beziehungen zwischen Judentum, Judenchristentum, Heidentum und frühem Islam.* Berlin.

von Denffer, Ahmad (1996): *Die Bedeutung des Korans.* München, 2123-2154.

Elsas, Christoph (2004): „Symbolische Repräsentation und religiöse Identität in Traditionsabbruch und Religionsbegegnung." In: Maaßen, Thorsten; Schönemann, Friederike (Hrsg.): *Prüfet alles und das Gute behaltet. Festschrift für Hans-Martin Barth.* Frankfurt am Main, 359-384.

Elsas, Christoph (2008): *Sterben, Tod und Trauer in den Religionen und Kulturen der Welt. Band I: Gemeinsamkeiten und Besonderheiten in Theorie und Praxis.* 2. Auflage Hamburg-Schenefeld.

Elsas, Christoph (2010): *Sterben, Tod und Trauer in den Religionen und Kulturen der Welt. Band II: Menschenwürde am Lebensende. Berlin.*

Feldtkeller, Andreas (2005): „Grundfragen der Begründung von menschlicher Würde in der Religionsgeschichte." In: *Marburger Jahrbuch Theologie* XVII. Marburg, 25-47.

Imam al-Qadi, Abdas Rahim ibn Achmad (1981): *Das Totenbuch des Islam.* München, Bern.

Jonker, Gerdien (1999): „‚Wie gut sind die Tränen, wie süß die Klagen'. Tod und Begraben in der Migration: Griechen und Türken in Berlin." In: Becker, Ulrich u. a. (Hrsg.): *Sterben und Tod in Europa.* Neukirchen-Vluyn, 135-145.

Khoury, Adel Theodor (1987): *Der Koran. Arabisch-deutsch.* Gütersloh.

Khoury, Adel Theodor (1999): *Der Koran. Arabisch-deutsch. Übersetzung und wissenschaftlicher Kommentar.* Bd. 10. Gütersloh.

Kleine, Christoph (2003): „Sterben für den Buddha, Sterben wie der Buddha. Zur Praxis und Begründung ritueller Suizide im ostasiatischen Buddhismus." In: *Zeitschrift für Religionswissenschaft* 11, 3-43.

Lemmen, Thomas (1999): *Islamische Bestattungen in Deutschland. Eine Handreichung.* 2. Auflage Altenberge.

Lutherisches Kirchenamt der VELKD und Kirchenamt der EKD (2000): *Was jeder vom Islam wissen muß.* 6. Auflage Gütersloh.

Necker, Gerold; Goldberg, Sylvie-Anne (2005): „Tod III. Judentum." In: Galling, Kurt u.a. (Hrsg.): *Die Religion in Geschichte und Gegenwart.* Tübingen, 431-433.

Reinhard, Wolfgang (2004): *Lebensformen Europas. Eine historische Kulturanthropologie.* München.

Schäffler, Arne; Menche, Nicole; Bazlen, Ulrike; Kommerell, Tilman (1997): *Pflege heute.* Stuttgart.

Schimmel, Annemarie (1995): *Die Zeichen Gottes.* München.

Tan, Dursun (1997): „Das Fremde Sterben." In: Der Beauftragte für Islam- und Ausländerfragen im Amt für Gemeindedienst (AfG) der Ev.-luth. Landeskirche Hannovers (Hrsg.): *Nach Mekka gewandt. Zum Umgang türkischer Muslime mit ihren Verstorbenen in der Türkei und in Deutschland.* Hannover, 7-19.

Thomas, Günter (2001): *Implizite Religion. Theoriegeschichtliche und theoretische Untersuchungen zum Problem ihrer Identifikation*. Würzburg.

Waardenburg, Jacques (2001): „Death and the Dead." In: McAuliffe, Jane Dammen (Hrsg.): *Encyclopaedia of the Qur'ān*. Leiden, 505-511.

Weber, Edith; Jonker, Gerdien (1998): *„Du, oh beruhigte Seele..." Zum Umgang mit Tod und Trauer bei Muslimen in Krankenhäusern*. Berlin.

Brigitte Tag

Sterbehilfe – betrachtet im Lichte des Strafrechts
Vom Recht auf einen menschenwürdigen Tod oder: darf ich sterben, wann ich will?[*]

I. Einführung

Das Warten auf den natürlichen Tod kann, z. B. für Sterbenskranke, unerträglich sein. Die Alternative, das Warten zu beenden und freiverantwortlich aus dem Leben zu scheiden, hat gravierende Folgen, ihre Umsetzung ist irreversibel. Handle ich selbst, bin ich selbst verantwortlich. Handeln andere, tragen sie Mitverantwortung. Der Diskurs über Zulässigkeit und Grenzen von Sterbehilfe bzw. der Beihilfe zum Suizid ist ein gesellschaftspolitisches Thema, die Bewertung zumindest auch eine Rechtsfrage. Es braucht Mut, schwere Wege verantwortungsvoll zu gehen. Werden dabei Grenzen überschritten, ist zu bedenken: Eine Pflicht zu leben gibt es nicht, aber es gibt ein Recht auf Leben und einen menschenwürdigen Tod.

II. Tod als Tabuthema?

Sterben und Tod werden oft aus dem allgemeinen Leben verdrängt, beide Bereiche gelten vielfach als schambesetzt und tabuisiert (Gorer 1965). In den Geisteswissenschaften wird die Tabuisierung des Todes sogar als ein zentrales und konstitutives Merkmal der modernen Gesellschaft verstanden (Nassehi, Weber 1989). Doch zunehmend

---

[*] Aktualisierte Fassung des gleichnamigen, auf der Tagung „Ganz Mensch bis zum Tod", Reformierte Landeskirche Aargau, gehaltenen Vortrages.

werden auch andere Stimmen laut: Papst Johannes Paul II. tadelte die Moderne, weil sie eine „Kultur des Todes" lebe. Zuweilen wird überdies ein „revival of death" (Walter 1994) und damit die Enttabuisierung des Todes in der Öffentlichkeit festgestellt (Knoblauch 2001: 123 ff.). Die Zeichen einer geänderten Wahrnehmung mehren sich. Die Diskussionen um die ethische und rechtliche Zulässigkeit der Sterbehilfe werden offen und kontrovers geführt, die Europäischen Länder bewerten Sterbehilfe sehr unterschiedlich,[1] Talksendungen, Fernsehfilme,[2] Romane und Sachbücher (Bardola 2007) ringen ebenso um Antworten zu den vielfältigen Fragen um Sterben und Tod wie Expertengremien.[3] Diese Entwicklung, sollte sie sich tatsächlich als langfristiger Bedeutungswandel herausstellen, kann große Wirkung entfalten. Denn sie betrifft das Sterben und den Tod in den Handlungen und im Bewusstsein der Menschen. Es ist durchaus im Bereich des Möglichen, dass dies Auswirkungen auch auf die kulturelle und normative Ordnung entfalten kann. Unmittelbar daran geknüpft ist die Frage, welchen Einfluss diese Entwicklung auf das Strafrecht, das schärfste Schwert der Gesellschaft gegen gravierenden Rechtsbruch, hat.

III.   Sieben Thesen zum gesellschaftlichen Umgang mit Sterben und Tod

Bevor darauf im Einzelnen der Fokus gelegt wird, sollen in aller Kürze Thesen erläutert werden, die sich auf den gesellschaftlichen Umgang mit dem Sterben und den Tod beziehen:

These 1: Sterben und Tod sind Gegenstand einer umfassenden Rationalisierung.

---

[1]   In den Niederlanden, Belgien und Luxemburg ist die aktive Sterbehilfe – unter den jeweiligen gesetzlichen Voraussetzungen – zulässig.

[2]   *Zeit zu leben* (TV-Produktion Deutschland 2008, Regie: Matti Geschonneck, Buch: Hannah Hollinger).

[3]   Vgl. zum Beispiel Nationale Ethikkommission im Bereich Humanmedizin 9/2005, letzte Änderung 15.11.2007.

Dies zeigt sich in der naturwissenschaftlich geprägten Medizin. Mit den fortschreitenden Erkenntnissen über die Biologie des Menschen werden in der Endphase des Lebens vermehrt technische Geräte und Arzneimittel eingesetzt. Dies wird auch als Technisierung und Medikalisierung des Sterbens und des Todes bezeichnet.[4]

These 2: Der Umgang mit Sterben und Tod wird zunehmend ausdifferenziert und aus dem Privatbereich ausgelagert.

Mit der Medikalisierung und Technisierung des Sterbens kam es zu einer zunehmenden Ausdifferenzierung des Umgangs mit Sterbenden und Toten. Beispiele sind die Palliativmedizin, die Sterbehospize und die Thanatologie. Vergessen werden darf zudem nicht das aufgrund der einflussreichen und sich rasant ausdehnenden Humanforschung große Interesse der Transplantationsmedizin, Pathologie und Anatomie an der Leiche. Mit dem Einbezug sachverständiger Personen in den Bereich des Sterbens und des Todes steigt die Tendenz der schrittweisen Auslagerung von Tod und Sterben aus dem Privatbereich. Immer mehr Menschen sterben außerhalb einer bzw. der eigenen Familie und ihres Zuhauses, und immer weniger Menschen kommen in Kontakt mit Sterbenden und Leichen. Letzteres gilt selbst für Medizinstudierende.[5] Die Konsequenz ist, dass Sterben und Tod mehr und mehr als Fiktion den Alltag der Menschen berührt und damit zu Tabuthemen werden (Walter 1991: 293 ff.).

These 3: Die Neigung, Sterben und Tod zu säkularisieren, nimmt zu.

Dieser Umstand führt dazu, dass die Neigung entsteht, den Tod zu säkularisieren und Jenseitsvorstellungen durch diesseitsbezogene Erklärungen zu ersetzen (Ebertz 1993: 92 ff.).

These 4: Die Enttabuisierung des Todes nimmt zu.

---

[4] Ein Indiz dafür sind die Krankheitskosten. Nach Angaben des Statistischen Bundesamtes in Deutschland wurden im Jahre 2002 mehr als ein Drittel der Krankheitskosten von den 65- bis unter 85-Jährigen verursacht, obgleich diese Altersgruppe nur 15,5 Prozent der Gesamtbevölkerung ausmacht, vgl. http://www.bpb. de/files/ EV8R3B.pdf (alle elektronischen Fundstellen wurden zuletzt aufgerufen am 15.8.2008). In der Schweiz dürften die Zahlen vergleichbar sein.

[5] Ein Beispiel ist die Virtopsie, die die Autopsie schrittweise ergänzt und zum Teil verdrängt.

Die kulturelle Verdrängung und Tabuisierung von Sterben und Tod sind jedoch nicht unbestritten und haben gegenläufige Entwicklungen hervorgebracht. Seit einigen Jahrzehnten sind Bewegungen entstanden, die sich um „Standards guten Sterbens" bemühen, sei es im Rahmen von Palliativmedizin und Hospizbewegungen, sei es durch Sterbehilfeorganisationen. Zudem ist eine Veränderung des Umgangs mit der Leiche zu beobachten. Beispielhaft erwähnt seien Ausstellungen mit plastinierten Körpern (Wetz, Tag 2001), öffentliche Sektionen, Berichterstattung über Gerichtsmedizin bzw. über spektakuläre oder ungeklärte Todesfälle. Auch die Bestattungskultur hat einen Wandel erfahren, von dem traditionellen anerkannten Umgang der Leiche durch die üblichen Bestattungsformen hin zu einem höchst individualisierten Umgang mit dem toten Körper.

These 5: Die Gesellschaft kennt zumindest drei Perspektiven auf den Tod.

Die Auffassungen zu den hier notwendigerweise sehr vereinfacht dargestellten Thesen weisen auf ein Spannungsfeld, das zu einem Bruch im bisherigen Umgang mit dem Sterben und dem Tod führen kann. Um dieses näher zu beschreiben, können einige Klärungen hilfreich sein. Unabhängig davon, ob Sterben und Tod tabuisiert und verrechtlicht sind oder sich diese Entwicklung bereits umkehrt, sind drei Perspektiven auf das Thema zu unterscheiden: Oft geht es um den „Diskurs über den Tod", der sich in der Regel außerhalb des eigenen Erfahrungsbereiches bewegt und hauptsächlich den Tod der Anderen betrifft. Dies wird von der Philosophie als Tod in der „dritten Person" bezeichnet.[6] Individuelle Erfahrungen mit Sterben und dem Tod sowie solche im Nahbereich werden hiervon unterschieden. Diese Perspektiven der persönlichen Betroffenheit werden als „Tod in der ersten und zweiten Person" bezeichnet. Da der Tod in der ersten, zweiten und dritten Person nicht losgelöst von dem anderen besteht, kann man sie als drei Kreise verstehen, die eine gewisse Schnittmenge aufweisen. Zudem können die drei Perspektiven auf einem gemeinsamen Verständnis vom Sterben und Tod beruhen, aber auch in einer unauflösbaren Spannung zueinander stehen. Im

---

[6]   Jankélevitch 2005; Schumacher 2004; Tugendhat 2001.

letzteren Fall können die Perspektiven gegenseitig als Störfaktor wahrgenommen werden, der entweder zugunsten der eigenen Position vernachlässigt oder so harmonisierend interpretiert wird, dass er zumindest insoweit seine Eigenschaft als Störfaktor verliert.

Die erste und zweite Perspektive kommen schnell in Gefahr, als von Ängsten und Emotionen geleitet und damit unsachlich zu sein. Zwar sind Emotionen nicht verhandelbar, sondern als gegeben hinzunehmen. Dennoch kann der emotionale Bezug für die Lösung von Sachfragen hinderlich sein – zumindest, wenn aus Sicht der dritten Perspektive Distanz, Versachlichung und Objektivität gefordert wird.

These 6: Die drei Perspektiven betreffen auch Rechtsfragen.

Der Umgang mit dem Sterben und dem Tod betrifft gerade auch Rechtsfragen – wie die aktuelle Diskussion um eine allfällige Strafbarkeit im Rahmen der Sterbehilfe zeigt. Daher und vor dem Hintergrund der entfalteten Thesen soll im Folgenden die Sterbehilfedebatte im Strafrecht näher beleuchtet werden. Der derzeitige Dialog ist gekennzeichnet von einer Situation, die nicht neu, aber ggf. in einigen Punkten festgefahren ist. Ein kurzer Rückblick: Die Diskussion um die strafrechtlichen Grenzen der Sterbehilfe wurde bereits Mitte der achtziger Jahre des 20. Jahrhunderts intensiv geführt (Hirsch 1987: 597 ff.; Roxin 1984: 410 ff.). Der umstrittene Arzt Julius Hackethal engagierte sich in der Sterbehilfe, setzte sich für aktive Sterbehilfe ein und bekannte, dass er seiner Mutter eine tödliche Spritze gegeben habe. Ein von ihm gedrehter Film, in welchem er einer an Gesichtskrebs schwer erkrankten Frau Zyankali gab, führte zu einem strafrechtlichen Verfahren, aber nicht zur Verurteilung, da die Frau die Kapsel selbstständig geschluckt hatte.[7]

In der Schweiz (Venetz 2008: 16 ff.) wurde 1982 der Verein „Exit" gegründet,[8] im Jahr 1998 „Dignitas"[9], im Jahre 2005 folgte der deutsche Ableger Dignitate[10]. Im Jahr 2006 wurde in Deutsch-

---

[7] OLG München, Beschluss vom 31.7.1987 im Fall „Hackethal", NJW 1987: 2940, 2941; Herzberg 1986: 1635 f.

[8] http://www.exit.ch/, Mitglieder können nur Schweizer oder Nichtschweizer mit Wohnsitz in der Schweiz sein, vgl. Art. 3 der Statuten.

[9] http://www.dignitas.ch

[10] http:// www.dignitas.ch/WeitereTexte/DIGNITATE_D_Aufnahme.pdf

land von den Bundesländern Hessen, Saarland und Thüringen der
Entwurf eines Gesetzes zum Verbot der geschäftsmäßigen Vermittlung von Gelegenheiten zur Selbsttötung eingebracht.[11] In der
Schweiz hat die Nationale Ethikkommission (2005: 63, 70) darauf
hingewiesen, dass im Bereich der Sterbehilfeorganisationen eine effektive staatliche Aufsicht erforderlich ist. Der vom Bundesamt für
Justiz erarbeitete Bericht *Sterbehilfe und Palliativmedizin – Handlungsbedarf für den Bund?* wurde vom Bundesrat zunächst mit dem
Hinweis zur Kenntnis genommen, auf eine Revision des Strafgesetz-
buches und ein Gesetz über die Zulassung und Beaufsichtigung von
Suizidhilfeorganisationen zu verzichten. Nach dem Ausweichen auf
die Helium-Methode und der damit verbundenen Tendenz, die orga-
nisierte Sterbehilfe der ärztlichen Kontrolle über die Verschreibungspflicht für das bis dahin eingesetzte tödliche Medikament, Nat-
rium-Pentobarbital (NAP), zu entziehen (BG v. 24.06.2008, 2C_191/
2008/ aka), wird erneut ein gesetzgeberischer Handlungsbedarf geprüft.[12]

Kommt man zu der rechtlichen Seite der Auseinandersetzung, ist
festzuhalten, dass eine verwirrende Vielfalt an Begrifflichkeiten
herrscht. Begriffe wie aktive Sterbehilfe, passive Sterbehilfe, indirekte Sterbehilfe, direkte Sterbehilfe, Tötung auf Verlangen, Beihilfe
zum Suizid und vieles andere mehr beherrschen die kontroversen
Debatten. Diese Begriffe überschneiden sich zum Teil, oft ist deren
Inhalt schwierig voneinander abzugrenzen. Recht und Unrecht,
Strafbarkeit und Straffreiheit liegen häufig nahe beieinander. Wenn-
gleich bei Heranziehen der allgemeinen rechtsdogmatischen Grundsätze der scheinbar Gordische Knoten gelöst und die Begriffsinhalte

---

[11] BR-Drs. 230/06 v. 27.3.06. In einem neuen § 217 StGB, soll ein Straftatbestand
      geschaffen werden, der wie folgt lautet: „Wer in der Absicht, die Selbsttötung ei-
      nes anderen zu fördern, diesem hierzu geschäftsmäßig die Gelegenheit vermittelt
      oder verschafft, wird mit Freiheitsstrafe bis zu fünf Jahren oder mit Geldstrafe
      bestraft." Die indirekte Sterbehilfe sowie die individuelle Hilfeleistung sollen den
      bisherigen Regelungen unterfallen, d. h. grundsätzlich straffrei bleiben.
[12] Medienmitteilungen EJPD 02.07.2008.
      http://www.bj.admin.ch/bj/de/home/dokumentation/medieninformationen/2008/
      ref_2008-07-020.html.

herausgeschält werden können, sieht die Situation für den juristischen Laien vielfach verwirrender aus. Sie verstehen die Feinheiten der rechtlichen Zuordnung kaum mehr, die Antwort darauf, ob im Einzelfall Straffreiheit oder Strafbarkeit gegeben ist, erscheint vielfach willkürlich. Dies ist symptomatisch für den gesamten Bereich der Sterbehilfe. Die nach und nach gewachsene Begriffsvielfalt bewirkt, dass oft das wahre Dilemma verdeckt wird. Während die einen darum bitten, das qualvolle Ende ihrer Krankheit nicht erleben zu müssen und sich dabei insbesondere auch auf ihr Selbstbestimmungsrecht über ihren Körper berufen, Angehörige sich fassungslos inmitten menschlicher Dramen wiederfinden und zugleich verunsichert fragen, wie sie sich verhalten müssen bzw. dürfen, distanzieren das Recht und die Gesellschaft sich vom Einzelfall. Wer nicht die Palliativmedizin in Anspruch nehmen möchte und weder den Mut noch die Kraft hat, durch herkömmliche, i.d.R. gewaltsame Suizidmethoden dem Leben ein Ende zu setzen, hofft auf die Unterstützung von Sterbehilfeorganisationen.[13]

Im Nachfolgenden soll daher der Versuch unternommen werden, die von vielen Menschen als „Graubereich" wahrgenommene Sterbehilfe näher zu beleuchten.

IV.   Kurzer Abriss der Rechtslage zur Sterbehilfe

Um eine solide Basis für die Sterbehilfedebatte zu legen, sollen im Folgenden die zentralen Begriffe geklärt werden: Was ist Sterbehilfe im Rechtssinne?[14] Worin liegt der rechtliche Unterschied zwischen aktiver und passiver Sterbehilfe? Was bedeutet Hilfe zum Sterben und Hilfe beim Sterben? Inwieweit hat ein Mensch das Recht über seinen Tod zu bestimmen?

---

[13]   Zum Begriff und dem ev. Handlungsbedarf vgl. EJPD 2006: Punkt 2.3, Punkt 5.
[14]   Eine Übersicht zum internationalen Rechtsvergleich findet sich bei Eser, Koch 1991; Faisst, Fischer, Bosshard, Zellweger, Bär, Gutzwiller 2003: 1676 ff.

Hilfe beim bzw. im Sterben

Im Rahmen der Sterbehilfedebatte werden grundsätzlich zwei Zeit-räume unterschieden: Der des biologischen Sterbens und die Zeit da-vor (Duttge 2006: 36, 52 ff.; Merkel 2006: 297 ff.). Ist der Gesamt-hirntod (noch) nicht eingetreten, überschreitet der Patient aber aufgrund eines tödlich verlaufenden Krankheitsprozesses die biolo-gische Schwelle zum Sterben, den sog. point of no return, kommen die Tötungsdelikte nur eingeschränkt zur Anwendung.[15] In dieser Si-tuation tritt an die Stelle der Lebenserhaltung die ärztliche Pflicht, dem Patienten einen Tod in Würde und Schmerzfreiheit zu ermög-lichen (Tag 2000: 327 f.). Der ärztliche Beistand in der Sterbephase (Härle: 477 ff.) wird als Hilfe beim bzw. im Sterben bezeichnet.[16] Der Arzt ist vorrangig zur Basisversorgung verpflichtet (Jonas 1987: 257),[17] es ist weder ihm noch dem Patienten zumutbar, eine Lebens-verlängerung um jeden Preis zu versuchen.[18] Diese Feststellung gilt sowohl für die Schweiz wie für Deutschland.

[15] Das Gesamthirntodkriterium wurde in Art. 9 Abs. 1 Transplantationsgesetz ver-ankert. Dennoch werden die klinischen Zeichen des Gesamthirntodes internatio-nal unterschiedlich gedeutet. In der Schweiz erlässt der Bundesrat Vorschriften über die Feststellung des Todes, insbesondere der Hirntodkriterien, Art. 9 Abs. 2 TPG. Die Verordnung über die Transplantation von menschlichen Organen, Ge-weben, Zellen verweist in § 7 auf Richtlinien, insbesondere die Medizinisch-ethischen Richtlinien der Schweizerischen Akademie der Medizinischen Wissen-schaften zur Feststellung des Todes mit Bezug auf Organtransplantationen in der Fassung vom 24.05.2005. In Deutschland regelt § 16 Abs. 1 Nr. 1 TPG, dass die Bundesärztekammer in einer Richtlinie den Stand der Erkenntnisse der medizini-schen Wissenschaft zur Feststellung des Todes nach § 3 Abs. 1 Nr. 2 TPG und die Verfahrensregeln zur Feststellung des endgültigen, nicht behebbaren Ausfalls der Gesamtfunktion des Großhirns, des Kleinhirns und des Hirnstamms nach § 3 Abs. 2 Nr. 2 TPG festlegt.

[16] Zur Abgrenzung der Hilfe zum und der Hilfe beim Sterben vgl. BGH 13.09.1994: 1 StR 357/94; BGHSt 1994: 40, 257, 260; NJW 1995: 204 ff. – „Kemptener Urteil."

[17] Vgl. SAMW-Richtlinien 2004: 8. Kommentar ad 1. Hier gilt die Feststellung des Philosophen Hans Jonas: „Von einem bestimmten Moment an hört der Arzt auf, Heiler zu sein, und wird zum Todeshelfer des Patienten."

[18] EJPD 2006: Punkt 2.3; http://www.ejpd.admin.ch/etc/medialib/data/gesellschaft/gesetzgebung/sterbehilfe.Par.0016.File.tmp/20060531_bersterbehilfe-d.pdf.

Hilfe zum Sterben. Aktive Sterbehilfe

Ist die Phase des Sterbens (noch) nicht erreicht, ist in den Details vieles strittig. In Deutschland und in der Schweiz besteht – wie in vielen anderen europäischen Ländern – das eindeutige Verbot der aktiven Tötung und damit auch der direkten aktiven Sterbehilfe.[19] Hierunter wird die gezielte oder zumindest wissentliche Verabreichung eines tödlichen Medikamentes oder die Anwendung einer anderen zum Tode führenden Methode verstanden (z. B. der Einsatz von Helium), und zwar im Sinne einer Fremdtötung.[20] Sie kann auf bzw. ohne ausdrückliches Verlangen des Patienten geschehen (Faisst u. a. 2003: 1676 ff.; Duttge 2006: 36, 52). Die strafbare aktive Sterbehilfe (Art. 111 schweizerisches StGB; § 212 deutsches StGB) kann ggf. Mordmerkmale erfüllen (Art. 112 schweizerisches StGB; § 211 deutsches StGB), z. B. bei Handeln aus Habgier, kann aber auch aus achtenswerten Beweggründen erfolgen (Art. 113 schweizerisches StGB; § 213 deutsches StGB), namentlich aus Mitleid[21] oder auf ernsthaftes und eindringliches Verlangen des Opfers. Im letzten Fall liegt eine Tötung auf Verlangen vor (Art. 114 schweizerisches StGB; § 216 deutsches StGB). Das Tötungsverbot richtet sich an jedermann, d. h. auch an den behandelnden Arzt oder das Pflegepersonal.

Demgegenüber wird die indirekte aktive Sterbehilfe von der Rechtspraxis als nicht strafbar gewertet.[22] Sie liegt vor, wenn z. B. schmerzlindernde Mittel, wie Morphine, verabreicht werden, um das Leiden erträglich zu machen, als mögliche oder sichere Nebenfolge der (Palliativ-)Behandlung jedoch die Lebensdauer verkürzt wird. Da der Tod durch das Medikament eintritt, läge nach allgemeinen Prin-

---

[19] Sowohl der Bundesrat als auch das schweizerische Parlament lehnten eine Lockerung des Tötungsverbots ab, vgl. Bericht des Bundesrates zum Postulat Ruffy Juli 2000: 94.3370; Stellungnahme zur Motion Zäch November 2001: 01.3523; Sterbehilfe, Behandlung der parlamentarischen Initiative Cavalli im Dezember 2001: 00.441; Neuregelung. A. A. z. B. Singer: 1994: 226 ff.

[20] In der Schweiz ist die Teilnahme über die Sonderregelung des Art. 115 StGB strafbar, in Deutschland besteht zur Zeit keine entsprechende Strafrechtsnorm.

[21] BGH 08.05.1991; 3 StR 467/90; NJW 1991: 2357.

[22] BGH NStZ 1997: 182 m.w.N; EJPD 2006: Punkt 2.1.2.

zipien eine aktive Fremdtötungshandlung vor. Dennoch gilt nach der Rechtspraxis Straflosigkeit, wobei über die rechtliche Konstruktion sehr gestritten wird.[23]

Passive Sterbehilfe

Die passive Hilfe zum Sterben, z. B. durch Nichtaufnahme oder Einstellung einer lebenserhaltenden ärztlichen Behandlung, ist unter engen Voraussetzungen zulässig (EJPD 2006: 4.2.1). Sie ist gekennzeichnet durch ein Unterlassen, das den Eintritt des konkreten Todes zur Folge hat.[24] Zugleich ist der Arzt jedoch infolge Behandlungsübernahme Garant für das Leben des Patienten.[25] Damit sind normalerweise bestimmte Pflichten verbunden, so z. B. die Pflicht zur Lebenserhaltung. Diese Pflichten können durch den Patienten beeinflusst werden. Dies zeigt sich daran, dass eine Behandlung gegen den Willen des urteilsfähigen Patienten eine strafbare Körperverletzung ist (Poledna, Kuhn 2007: 285 ff., 669-694 ff.), selbst wenn das Nichthandeln den Tod des Patienten zur Folge hat. Denn die Freiheit zur Krankheit (NJW 1998: 1774 f.), das Recht, menschenwürdig zu sterben und das Recht auf den eigenen Tod sind durch die Freiheitsrechte der schweizerischen Bundesverfassung, des deutschen Grundgesetzes und der EMRK, und hier insbesondere durch das allgemeine Persönlichkeitsrecht geschützt (BGE 133 I 58, 66; BGHSt 37, 376, 378). Hierzu zählt auch das Recht, über Art und Zeitpunkt der Beendigung des eigenen Lebens zu entscheiden – zumindest insoweit, als der Betroffene in der Lage ist, seinen Willen frei zu bilden und danach zu handeln (Auer u. a. 2006; Wildhaber, Breitenmoser 2004).

---

[23] Zum Teil wird das Berufsrecht der Ärzte als Legitimationsgrund herangezogen, vgl. Arbeitsgruppe „Sterbehilfe 1999:43 f.; http://www.bj.admin.ch/etc/medialib/ data/gesellschaft/gesetzgebung/sterbehilfe.Par.0001.File.tmp/b-bericht-d.pdf (str.).

[24] Diese Konstruktion ist umstritten, weil z. B. auch das Abstellen einer Beatmungsmaschine im Kontext der passiven Sterbehilfe normativ als „Unterlassen" bewertet wird, ontologisch in der Regel aber ein Tun vorliegt.

[25] Vgl. dazu Art. 11 schweizerisches StGB bzw. § 13 deutsches StGB, worin die Voraussetzungen des sogenannten Begehens durch Unterlassens in abstrakt genereller Weise für den Bereich des Strafrechts festgelegt sind.

Trifft der Patient die Entscheidung, sein Leben nicht zu verlängern, verändert dies die Garantenpflicht des Arztes von der Lebensverlängerung hin zur Sterbebegleitung. Denn der Patient ist auch in der Lebensphase, die sich dem Sterben zuneigt, auf den Arzt angewiesen, um in Würde und menschengerecht sterben zu können. Dazu gehören auch palliative Maßnahmen und menschliche Zuwendung. Infolge des selbstbestimmten Behandlungsverzichts des Patienten ist dem Arzt eine Hilfeleistung zur Lebensrettung rechtlich weder möglich noch zumutbar. Eine Strafbarkeit des Arztes wegen Tötung durch Unterlassen oder subsidiär wegen Unterlassung der Nothilfe entfällt. Führt er jedoch gegen den Willen des Patienten lebenserhaltende Maßnahmen durch, so ist dieser ärztliche Eingriff eigenmächtig und damit eine strafbare Körperverletzung.[26]

Große rechtliche Probleme stellen sich, wenn der Patient zum Zeitpunkt, zu dem lebenserhaltende Maßnahmen notwendig sind, endgültig nicht mehr urteils- und damit entscheidungsfähig ist.

In der Schweiz haben bei urteilsunfähigen Unmündigen und entmündigten Personen deren gesetzliche Vertreter (Eltern bzw. Vormund) über die Anwendung bzw. Weiterführung lebensverlängernder Maßnahmen zu befinden (z. B. Art. 298 Abs. 1, Art. 304, Art. 368 ZGB). In Deutschland entscheiden bei urteilsunfähigen Minderjährigen die gesetzlichen Vertreter (Tag 2000: 312 ff.), bei betreuten Personen entscheidet grundsätzlich der Betreuer nach dem Wohl des Betreuten (§§ 1896, 1901 f. BGB).[27] Strittig, aber wohl zu bejahen ist, ob bei passiver Sterbehilfe zuvor die Genehmigung des Vormundschaftsgerichtes einzuholen ist.[28]

Um diesen Unwägbarkeiten auszuweichen, verfasst eine zunehmende Zahl von Menschen Patientenverfügungen, deren Verbindlichkeit in Deutschland seit dem 1. September 2009 durch das Gesetz

---

[26] Kunz 2002: 613, 620 f.; vgl. auch SAMW-Richtlinien 2004: Ziff. 2.1. Ggf. kann sich der Arzt im Irrtum über die Rechtswidrigkeit befinden, der nach Art. 21 schweizerisches StGB bzw. § 17 deutsches StGB zu beurteilen ist.

[27] Der Betreuer hat die Stellung eines gesetzlichen Vertreters, vgl. Diederichsen 2007: § 1902 Rn. 2.

[28] So z. B. BGH, NJW 1995: 204 ff.; OLG Frankfurt am Main, NJW 1998: 2747 (Analogie); BGHZ 154, 205, 219 ff. (richterliche Rechtsfortbildung).

zur Patientenverfügung geregelt wurde. In der Schweiz ist die Verbindlichkeit der Patientenverfügung noch nicht geregelt.[29] Als Patientenverfügung werden Willensbekundungen einer Person verstanden, die für einen bestimmten Zustand der Urteilsunfähigkeit
Weisungen für ihre medizinische Behandlung beinhaltet (Fellmann
2007: 103 ff, 153). Der Behandlungsseite wird mitgeteilt, ob, und
wenn ja, welche Maßnahmen gewünscht und welche abgelehnt werden, für den Fall, dass eine bestimmte Krankheit oder bestimmte
Krankheitsfolgen eintreten. Die rechtliche Problematik solcher Patientenverfügungen ist vielfältig. Sie liegt im Formellen darin, dass sie
von den Betroffenen nicht immer selbst geschrieben werden. Wird
aber nur eine vorformulierte Erklärung unterzeichnet, besteht die Gefahr, dass der authentische Wille des Erklärenden nicht wirklich mitgeteilt wird. Zudem wird die Erklärung oft ohne zureichende ärztliche Information abgegeben und dies im Hinblick auf eine Situation,
die im Voraus schwer vorstellbar ist. Und der in der Erklärung geäu-
ßerte Wille kann von dem abweichen, den der Patient später hat,
wenn die in der Patientenverfügung bezeichnete Situation eintritt.

Ob diese Vorbehalte ausgeräumt werden können, darüber disku-
tierten zahlreiche Experten aus unterschiedlichen Disziplinen. Einige
schweizerische kantonale Patienten- bzw. Gesundheitsgesetze nehmen zu den aufgeworfenen Fragen in unterschiedlicher Weise Stellung und tragen den Vorbehalten teilweise Rechnung.[30] Um bundes-

---

[29] Zum Teil gilt sie als verbindliche Willensäußerung des Patienten, Beschluss des
      12. Zivilsenats des Bundesgerichtshofs vom 17.03.2003: 154, 205 ff.; BGH NJW
      2005: 2385 f.: „antizipative Willensbekundung".

[30] Vgl. Art. 54 Abs. 2 und 3 GesG (Gesundheitsgesetz des Kantons Aargau,
      301.100): „Abs. 2: Der Arzt kann die Behandlung beim tödlich erkrankten, nicht
      mehr urteilsfähigen Patienten einstellen, a) wenn ein Hinausschieben des Todes
      für den Sterbenden eine nicht zumutbare Verlängerung des Leidens bedeutet und
      b) wenn das Grundleiden mit aussichtsloser Prognose einen irreversiblen Verlauf
      angenommen hat und c) wenn der Verzicht auf eine Behandlung dem mutmaß-
      lichen Willen des Patienten entspricht. Abs. 3. Der gesetzliche Vertreter und die
      nächsten Angehörigen sind vom Arzt vor seinem Entscheid anzuhören. Ist der Pa-
      tient unmündig oder entmündigt, so darf die Behandlung nicht gegen den Willen
      der Eltern oder des Vormundes eingeschränkt oder abgebrochen werden." § 31
      Patientinnen- und Patientengesetz des Kantons Zürich (813.13) „Bei tödlich er-

einheitlich mehr Rechtssicherheit zu schaffen, wird derzeit das schweizerische Vormundschaftsrecht reformiert.[31] Es soll auch die Patientenverfügung gesetzlich regeln.[32] Auch Deutschland diskutierte lange Zeit vehement über die gesetzliche Verankerung von Patientenverfügungen und deren Wirkungen.[33]

Nach dem schweizerischen Gesetzesentwurf soll eine urteilsfähige Person in einer Patientenverfügung festlegen können, welchen medizinischen Maßnahmen sie im Fall ihrer Urteilsunfähigkeit zu-

krankten, nicht urteilsfähigen Patientinnen und Patienten können die Ärztinnen und Ärzte die kurative Behandlung einschränken oder einstellen, wenn a) das Grundleiden mit aussichtsloser Prognose einen irreversiblen Verlauf genommen hat und b) ein Hinausschieben des Todes für die Sterbenden eine nicht zumutbare Verlängerung des Leidens bedeutet und c) der Verzicht auf eine Weiterführung der Behandlung dem Mutmaßlichen Willen der Patientinnen und Patienten entspricht. Die Bezugspersonen oder die gesetzliche Vertretung sind von den behandelnden Ärztinnen und Ärzten für ihren Entscheid mit einzubeziehen. Bei unmündigen oder entmündigten Patientinnen und Patienten darf die Behandlung nicht gegen den Willen der gesetzlichen Vertretung eingeschränkt oder eingestellt werden. Eine von der Patientin oder vom Patienten früher verfasste Verfügung bezüglich lebensverlängernder Maßnahmen ist zu beachten. Sie ist unbeachtlich, wenn sie gegen die Rechtsordnung verstößt oder Anhaltspunkte dafür bestehen, dass die oder der Sterbende in der Zwischenzeit die Einstellung geändert hat."

[31] Vgl. Botschaft zur Änderung des Schweizerischen Zivilgesetzbuches (Erwachsenenschutz, Personenrecht und Kindesrecht) vom 28.06.2006 zu ZGB: Art. 370, Punkt 2.1.2., http://www.admin.ch/ch/d/ff/2006/7001.pdf

[32] Im Vorentwurf zur Revision des Vormundschaftsrechts vom Juni 2003 wurden verschiedene bundesrechtliche Regelungen zur Vertretung von urteilsunfähigen Personen bei medizinischen Maßnahmen vorgeschlagen, vgl. VE-ZGB: Art. 434 ff. Die Vorschläge sowie die Zusammenstellung der Vernehmlassungen dazu sind abrufbar unter http://www.bj.admin.ch/bj/de/home/dokumentation/medien informationen/0/2004/7.html. Der Gesetzesentwurf findet sich unter http://www. admin.ch/ch/d/ff/2006/7139.pdf. Zu den Reformbemühungen in Deutschland vgl. Bericht der Arbeitsgruppe „Patientenautonomie am Lebensende" vom 10.06.2004: 42 ff. Eckpunkte zur Stärkung der Patientenautonomie, BMJ 5.11.2004; Enquête-Kommission 2004: 12.

[33] http://www.bundestag.de/aktuell/archiv/2009/23281274_kw04_patienten/index. html; Drucksache 16/844216/8442 – Gesetzentwurf mehrerer Abgeordneter: Änderung des Betreuungsrechts; 16/11360 – Gesetzentwurf mehrerer Abgeordneter: Patientenverfügungsgesetz; 16/11493 – Gesetzentwurf mehrerer Abgeordneter: Patientenverfügungsverbindlichkeitsgesetz.

stimmt oder nicht zustimmt (E-ZGB: Art. 370 Abs. 1 und 2). Sie kann auch eine sogenannte Vollmacht erteilen, in welcher eine natürliche Person ermächtigt wird, im Fall der Urteilsunfähigkeit des Ausstellers zusammen mit dem Arzt über anstehende medizinische Maßnahmen zu entscheiden. Die Patientenverfügung ist schriftlich zu verfassen, zu datieren und zu unterzeichnen. Der Arzt soll an die Patientenverfügung gebunden sein, es sei denn, sie verstößt gegen Gesetze, beruht nicht auf dem freien Willen oder entspricht nicht dem mutmaßlichen Willen des Ausstellers (E-ZGB: Art. 372 Abs. 2).

Daneben wird das Institut des Vorsorgeauftrags geregelt (E-ZGB: Art. 360 Abs. 1). Damit kann eine handlungsfähige Person einen anderen beauftragen, im Fall ihrer Urteilsunfähigkeit die Personensorge oder die Vermögenssorge zu übernehmen oder sie im Rechtsverkehr zu vertreten. Die zu übertragenden Aufgaben sind zu umschreiben, auch können Weisungen erteilt werden. Der Vorsorgeauftrag ist eigenhändig zu errichten, zu datieren oder öffentlich zu beurkunden.

Die beauftragte Person vertritt die auftraggebende Person und nimmt ihre Aufgaben nach den Bestimmungen des Auftragsrechtes wahr. Sie ist befugt, von den Weisungen abzuweichen, wenn die Einholung der Erlaubnis des Auftraggebers nicht möglich und überdies anzunehmen ist, dieser würde sie bei Kenntnis der Sachlage nicht erteilt haben.

Teilnahme an der Selbsttötung

Zwischen der aktiven und der passiven Tötung ist die Teilnahme an der Selbsttötung angesiedelt. Sie wird im allgemeinen Sprachgebrauch häufig als Hilfe zum Sterben bezeichnet. Ihre Beurteilung ist trotz einer großen Zahl an Publikationen mit vielen Schwierigkeiten verbunden. Ausgangspunkt ist das allgemeine strafrechtliche Prinzip, wonach die Teilnahme, d. h. die Anstiftung und die Gehilfenschaft, an einer fremden Straftat strafbar ist.[34] Sie setzt jedoch ei-

---

[34] Vgl. Art. 24 (Anstiftung) und Art. 25 (Gehilfenschaft) schweizerisches StGB bzw. §§ 26, 27 deutsches StGB.

ne tatbestandsmäßige und rechtswidrige Haupttat voraus (Donatsch, Tag 2006: § 14 1; NJW 1987: 2940 ff.). Da aber die freiverantwortliche Selbsttötung weder in der Schweiz (Stratenwerth, Jenny: § 1 N 49) noch in Deutschland strafbar ist, ist in beiden Ländern auch die Teilnahme hieran grundsätzlich nicht strafbar (BGH, NJW 2001: 1802). Das bedeutet: Weckt jemand bei einem anderen Menschen den Entschluss zum freiverantwortlichen Suizid oder unterstützt er ihn hierbei, indem er ihm z. B. ein Medikament in tödlicher Dosis besorgt, ist dies zumindest nach dem Strafgesetzbuch im Regelfall nicht illegal.[35] Voraussetzung ist stets, dass derjenige, der die Unterstützung leistet, im Hinblick auf die Selbsttötung keine Tatmacht hat. Wer das Gift selbst nimmt und hierbei urteilsfähig ist, begeht eine straflose Selbsttötung. Die Teilnahme ist damit auch in der Schweiz nicht strafbar, soweit nicht die Voraussetzungen von Art. 115 StGB vorliegen. Eine sowohl in Deutschland wie in der Schweiz strafbare Fremdtötung liegt aber vor, wenn der Täter dem Opfer bewusst vorspiegelt, dass es todkrank sei und es sich deswegen mit Hilfe des Täters suizidiert (BGH NStZ 2003: 537; Roxin, Schroth 2001:104).

Können gelähmte Menschen das tödliche Medikament nicht mehr selbst einnehmen und setzt der Helfer die tödliche Spritze, kommt ihm die Tatmacht über den entscheidenden Schritt zu, dann liegt eine strafbare aktive Tötung vor.[36] Dies gilt auch dann, wenn sich der Täter dem ernsthaften und ausdrücklichen Todeswunsch beugt und den Sterbewilligen tötet (schweizerisches StGB: Art. 114). Stellt der Helfer die Ernährung auf Wunsch des urteilsfähigen, aber sterbenskranken Patienten z. B. auf reine Flüssigkeitszufuhr um, so ist straflose passive Sterbehilfe gegeben.[37] Denn hier wird die weitere Ernährung zulässigerweise aufgrund der selbstbestimmten Ent-

---

[35] Es kann aber z. B. ein Verstoß gegen die Regelungen des Betäubungsmittel- oder Heilmittelrechtes oder des ärztlichen Standesrechtes vorliegen.

[36] Soweit davon ausgegangen wird, dass der Sterbewillige über das tatsächliche Einleiten des Giftes in den Körper keine Tatmacht hat.

[37] Eine Strafbarkeit wegen Unterlassung der Nothilfe, Art. 128 StGB, scheidet ebenso aus.

scheidung des Sterbewilligen unterlassen, was in der Folge in der Regel zum Tode führt.[38]

Strafbar ist in der Schweiz, wer Teilnahme am Selbstmord aus selbstsüchtigen Beweggründen leistet, Art. 115 StGB.[39] So z. B., wenn der Gehilfe sich erhofft, vom Suizidenten zu erben oder dessen Lebensversicherung zu erlangen. Die von Suizidhilfeorganisationen wie EXIT und DIGNITAS durchgeführte Suizidhilfe gilt als nicht selbstsüchtig und blieb bis anhin straflos (EJPD 24.4.2006: Punkt 2.2.1; Bosshard u. a. 2003: 106 ff.). Deutschland kennt derzeit keinen vergleichbaren Straftatbestand. Werden allerdings Medikamente vom Ausland importiert und Sterbewilligen in Deutschland zur Verfügung gestellt, kann hierin ein Verstoß gegen das Betäubungsmittelrecht liegen (BGH NStZ 2001: 324).

Aufgrund des Ausweichens auf tödliche Verfahren und Stoffe, die nicht dem Betäubungsmittelrecht bzw. der Verschreibungspflicht unterliegen, sind beide Länder mit der Frage befasst, wie Missbrauch verhindert und ethische Grundsätze verankert werden können. In der Schweiz wird geprüft, ob Sterbehilfeorganisationen einer effektiven staatlichen Aufsicht zu unterstellen sind und/oder das Strafgesetzbuch im Bereich von Art. 115 StGB, der Verleitung und Beihilfe zum Selbstmord, zu ergänzen ist.[40] In Deutschland wird nicht nur,[41] aber gerade auch das rigide strafrechtliche Verbot der geschäftsmäßigen Vermittlung von Gelegenheiten zur Selbsttötung kontrovers

---

[38] Zum Abhandlungsabbruch vgl. Medizinisch-ethische Richtlinien der SAMW-Richtlinien 2004: Punkt 3.2.

[39] Vgl. schweizerisches StGB: Art. 115, Verleitung und Beihilfe zum Selbstmord. Zur Auslegung des Begriffs der selbstsüchtigen Beweggründe vgl. Venetz 2008: 260 ff.; Schwarzenegger 2007: 81 ff.

[40] Stellungnahme Nationale Ethikkommission der Schweiz im Bereich Humanmedizin Nr. 9/2005: 63, 70; Zu den Vorentwürfen eines reformierten Art. 115 StGB vom 28.10.2009 vgl. http://www.ejpd.admin.ch/etc/medialib/data/gesellschaft/gesetzgebung/sterbehilfe.Par.0031.File.tmp/entw-d.pdf Schwarzenegger 2007: 843 ff.; ders. 2007: 81, 119 ff.

[41] Ein umfangreicher Gesetzentwurf zur Sterbehilfe in Deutschland findet sich bei Lorenz 2008. Ein Alternativentwurf zur Sterbebegleitung findet sich bei Schöch, Verrel 2005: 553, dem insoweit auch das Gutachten von Verrel zum Juristentag folgt. Verrel 2006: C 50 ff.

diskutiert.[42] Ob damit die offenen Fragen zufriedenstellend beantwortet und der ethisch heikle Sterbetourismus in die Schweiz unter-
bunden werden können, mag mit guten Gründen bezweifelt werden.
Die rigide Haltung des deutschen Gesetzesentwurfs verdrängt das
Problem eher, als dass sie es löst. Die neue Debatte um den Ausbau
und die bessere Verankerung der Palliativmedizin kann helfen, einen
Teil der Probleme aufzufangen. Die Sterbehilfedebatte abschließend
und zufriedenstellend zu lösen vermag sie aber nicht.

V.   Verbindung der ersten, zweiten und dritten Perspektive

Der holzschnittartige Überblick über die strafrechtliche Bewertung
der Sterbehilfediskussion zeigt, dass sich hier mannigfaltige Interessen verbinden. Während der Tod früher als schicksalhaft hingenom-
men wurde, ist er durch die Entwicklung in der Medizin und der
Verbesserung der Lebensverhältnisse bis zu einem gewissen Masse
plan- und gestaltbar geworden. Im Ergebnis geht es nun darum, einen demokratischen Konsens über den zulässigen Umgang mit dem
Sterben zu erzielen. Hierauf kann auch nicht mit Blick auf die immer
besser ausgebaute wichtige Palliativmedizin verzichtet werden. Denn
auch bei bester palliativmedizinischer Versorgung wird es stets Fälle
geben, in denen sich die Frage der Sterbehilfe stellt.

In dem notwendigen Diskurs sollte die Möglichkeit der passiven
Sterbehilfe unangetastet bleiben. Hier haben die Disziplinen lange
gerungen, um einen tragfähigen Konsens zu finden. Eine Zwangsbe-
handlung sowie -ernährung am Ende des Lebens ist bei entgegenste-
hendem Willen des urteilsfähigen und zum Sterben bereiten Menschen weder ethisch noch rechtlich verantwortbar.

Es stellt sich allerdings die Frage, ob die rechtlich komplizierten,
in den Wirkungen bedeutsamen Rahmenbedingungen der Sterbehilfediskussion klarer gefasst werden sollten. Denn es ist den Menschen, die mit der Sterbehilfe konfrontiert werden, kaum noch zu-

---

[42]   Vgl. dazu den auf den Weg gebrachten Gesetzentwurf des Bundesrates, BR-
Drucks. 230/06; Heister-Neumann 2006: 39, 41.

mutbar, sich auf das derzeit rechtlich und ethisch prekäre Glatteis zu begeben. Dies gilt sowohl für die Frage der zivilrechtlichen Wirksamkeit von Patientenverfügungen wie für die Frage, ob im Einzelfall ein strafbares Verhalten vorliegt. Zumal die Tatbestände, um die es hier geht, Offizialdelikte sind. Damit hat die Staatsanwaltschaft nicht nur das Recht, sondern auch die Pflicht, bei Anfangsverdacht die entsprechenden strafrechtlichen Untersuchungen durchzuführen.

VI.   Entwurf eines revidierten Art. 115 schweizerisches StGB

Um insoweit einen Beitrag zur Fortentwicklung des Strafrechts zu leisten, soll der Frage nachgegangen werden, inwieweit die Teilnahme an der Selbsttötung revidiert werden kann und sollte. Im Zentrum steht insbesondere die Tätigkeit von Sterbehilfeorganisationen. Fasst man die Argumente für und gegen die Sterbehilfeorganisationen kurz und damit zugleich scherenschnittartig zusammen, ergibt sich folgendes Bild: Die Sterbehilfeorganisationen in der Schweiz vermitteln nicht nur gelegentlich, sondern professionell und geschäftsmäßig Gelegenheiten zur Selbsttötung. Kennzeichnend hierfür ist, dass die Sterbehilfeorganisationen ihre Unterstützung in gleicher Art wiederholen und sie dadurch zu einem dauernden und wiederkehrenden Bestandteil ihrer vereinsmäßigen Betätigung machen.[43] Das hat zur Konsequenz, dass einer Vielzahl von Menschen die Möglichkeit für eine Selbsttötung eröffnet wird. Ob die Organisationen im Vorfeld ein zuverlässiges und kontrolliertes Beratungsangebot zu Alternativen anbieten, z. B. über Palliativmedizin, Sterbehospize, etc., kann an dieser Stelle nicht abschließend beurteilt werden, ist aber aufgrund der verfügbaren Datenlage sehr unwahrscheinlich. Die Möglichkeit der Selbsttötung wird zudem nicht zwingend an einen medizinisch hoffnungslosen Krankheitszustand bzw. unheilbares Leiden

---

[43] Dies ist von der Gewerbsmässigkeit zu unterscheiden, die sich durch wiederholte Begehung von Handlungen charakterisiert, um sich eine fortlaufende Einnahmequelle von einiger Dauer und einigem Umfang zu verschaffen; Schönke, Schröder, Stree, Sternberg-Lieben 2007: vor § 52 Rn. 95 m.w.N.

geknüpft, und die Autonomie des Sterbewilligen ist nicht immer si-
chergestellt. Zudem unterliegen die Mittel, die für die Selbsttötung
bereitgestellt werden, nicht in jedem Fall der Kontrolle, was sich an
der Helium-Methode zeigt. Dazu kann die Tätigkeit der Sterbehilfeorganisationen als Signal verstanden werden bzw. den Erwartungs-
druck bei den Menschen schüren, in Krisensituationen, wie unheilbaren Krankheiten, hohem Alter, den organisierten Suizid zu wählen.[44]
      Diese Kritikpunkte sind sehr ernst zu nehmen. Sie müssen je-
doch nicht zwingend zu einem Verbot der professionalisierten Suizidbeihilfe führen. Gewährt die Rechtsordnung einer urteilsfähigen
Person das Recht, sich selbst zu töten, so ist es konsequent, ihr auch
die Möglichkeit zuzubilligen, diesen Weg in zumutbarer Weise zu
gehen. Die individuelle und nicht selbstsüchtige Unterstützung durch
Menschen aus dem persönlichen Umfeld kann einige der hierzu er-
forderlichen Schritte in rechtlich zulässiger Weise erleichtern. Existiert eine private Unterstützungsmöglichkeit nicht oder eröffnet sie
aufgrund fehlender Fachkompetenz beim Umgang mit dem Sterben
und dem Tod keinen gangbaren Weg, bleibt einer sterbewilligen Person – abgesehen von dem Einbezug von Sterbehilfeorganisationen –
derzeit nur die Möglichkeit, auf den eigenen menschenwürdigen Tod
zu verzichten: sei es durch Erleben des natürlichen, oft qualvollen
Todes oder durch eine gewaltsame Selbsttötung.[45] Einerlei, ob dies
gelingt oder misslingt, ein solches Vorgehen fordert einen hohen
Preis. Dies gilt sowohl auf Seiten des Sterbewilligen als auch auf
Seiten Dritter, die mit diesen Situationen konfrontiert werden. Dies
gilt aber auch auf Seiten der Gesellschaft, die den Sterbewilligen am
Ende des Lebens paternalistisch ihre ethischen Maßstäbe aufzwingt.
      Will man dieses Spannungsfeld ethisch verträglicher gestalten,
ist es ein Weg, die Tätigkeit der Sterbehilfeorganisationen und ihre
Unterstützungshandlungen nicht zu verbieten, aber stärker zu regeln.
Dies kann auf sehr unterschiedlichen Wegen geschehen. So z. B., in-

---

[44] So auch die deutsche BR-Drucks. 230/06 S. 4 ff.
[45] Sei es durch vor den Zug springen, sich erhängen, ertränken, die Pulsadern auf-
schneiden, sich erschießen, sei es durch Einnahme von Gift, das einen qualvollen
Todeskampf auslöst etc.

dem die Kantone im Rahmen ihrer Gesetzgebungskompetenz für das Gesundheitswesen entsprechende Regelungen erlassen, oder dass auf Bundesebene Regelungen geschaffen werden. Eine Möglichkeit bietet hier das Strafrecht, wofür bereits heute die entsprechende Kompetenz besteht. Letzteres kann dazu dienen, für die Schweiz einheitliche Mindestvorgaben zu setzen, die bei Bedarf von den Kantonen noch weiter ausgefüllt werden.

Ausgangspunkt einer strafrechtlichen Lösung ist die Überlegung, dass das Recht auf einen menschenwürdigen Tod bei infauster Prognose mit absehbarer Überlebenswahrscheinlichkeit in besonderer Weise an Bedeutung gewinnt und zugleich gefährdet ist. Andere medizinische oder psychische Ausnahmesituationen können ethisch und rechtlich sehr heikel sein, können aber im Normalfall durch die vorhandenen gesetzlichen Regelungen vertretbar gelöst werden. Die professionelle Unterstützung von Selbsttötungen sollte daher auf die beschriebene Situation, infauste Prognose, bestimmt nach ärztlichem Urteil und einer überschaubaren voraussichtlichen Überlebenswahrscheinlichkeit beschränkt werden. Dies festzustellen muss der Fachkompetenz von Ärzten und Ärztinnen anheimgestellt werden. Ein Zeitraum mit überschaubarer Überlebenswahrscheinlichkeit umfasst eine Spanne, die im Regelfall mit sechs Monaten vertretbar umschrieben ist. Diese Frist lehnt an den „Oregon Death with Dignity Act" an, wobei die prospektive Lebenserwartung dem Umstand Rechnung trägt, dass der Todeszeitpunkt nicht mit letzter Sicherheit vorhergesagt werden kann (ORS 127.800 § 1.01 Abs. 12).

Um sich ein Urteil über die Inanspruchnahme von Sterbehilfe zu bilden, muss der Sterbewillige urteilsfähig sein und über den prognostischen Verlauf seiner Krankheit, deren Konsequenzen und über die Möglichkeiten, die Folgen z. B. durch Palliativmedizin abzumildern, aufgeklärt sein. Die hierzu notwendigen medizinischen Abklärungen sind ebenso wie die Aufklärung durch einen Arzt bzw. eine Ärztin vorzunehmen.[46]

---

[46] Insoweit vorsichtig zurückhaltend, aber nicht gänzlich verbietend die Medizinisch-ethischen Richtlinien und Empfehlungen der SAMW-Richtlinien 2004: Punkt 4.1: 6.

Dabei ist es erforderlich, dass die sterbewillige Person ärztlich untersucht wird. Auch ein ausführliches Arzt-Patienten-Gespräch ist unabdingbar. Die sterbewillige Person ist dabei sowohl über ihren Gesundheitszustand und die Folgen der Sterbehilfe wie darüber zu informieren, dass sie ihren Entschluss jederzeit widerrufen kann.

Ihr dennoch gefasster Entschluss aus dem Leben zu scheiden, muss dauerhaft und willens-mangelfrei sein. Um einer allfälligen Drucksituation entgegenzuwirken, ist die sterbewillige Person darüber zu informieren, welche Alternativen bestehen und welche Vereine bzw. Stellen in dieser Situation Hilfe zum, und Unterstützung beim Weiterleben und vor allem palliativmedizinische Hilfe anbieten.[47]

Zudem ist zwischen der Beratung und der Sterbehilfe grundsätzlich eine angemessene Überlegungsfrist einzuhalten, wobei eine Woche ausreichend, aber auch erforderlich erscheint.[48] Erfordert im Ausnahmefall die Krankheit und deren Schweregrad, dass die Frist verkürzt oder ganz davon abgesehen wird, so ist dieses Spannungsverhältnis mit Hilfe allgemeiner Grundsätze zu lösen, indem im Einzelfall zum Beispiel auf die Regelung des (entschuldbaren) Notstandes oder die Pflichtenkollision zurückgegriffen wird. Für den Regelfall gilt aber, dass eine Überlegungsfrist einzuhalten ist, um so mit größtmöglicher Gewissheit auszuschließen, dass der Entschluss nur aus einer vorübergehenden Entmutigung geäußert wurde.

Hält die sterbewillige Person an ihrem Entschluss fest, ist die Beihilfe zur Selbsttötung unter der Verantwortung einer Ärztin oder eines Arztes fachgerecht zu leisten. Zwar ist diese Unterstützung gerade auch für die Ärzteschaft, deren primärer Auftrag darin besteht, Leben zu retten und zu heilen, eine große ethische Herausforderung, zu der kein Arzt und keine Ärztin gegen ihr Gewissen verpflichtet werden kann, darf und sollte. Aber gerade in der Endphase des Le-

---

[47] Vgl. auch SAMW-Richtlinien 18. 05. 2004: Punkt 5.2. Behandlung und Betreuung von älteren, pflegebedürftigen Menschen.

[48] Der „Oregon Death with Dignity Act" geht von 15 Tagen aus, vgl. 127.840 § 3.06.

bens bedarf es zentral ärztlicher Sachkunde und ärztlicher Ethik. Die
notwendigen medizinischen Abklärungen sind nicht ohne ärztliche
Fachkenntnisse möglich. Sie bieten die größtmögliche Gewähr dafür,
dass die Beihilfe zur Selbsttötung nach sorgfältiger Erhebung und
Überprüfung der Fakten im konkreten Einzelfall geleistet wird. Die
Ärzteschaft ist zudem aufgrund ihrer Bindung an das Standesrecht
zentralen ethischen Grundsätzen verpflichtet, und sie untersteht vielfältigen rechtlichen Bestimmungen, die einerseits Raum für vertret-
bare Entscheidungen gewähren, andererseits aber auch Sanktionen
bereithalten, wenn die jeweils gekennzeichneten Grenzen überschritten werden. Die Ärzteschaft steht diesem Einbezug kritisch, zum Teil
ablehnend gegenüber. Das ist ihr gutes Recht – und die Entscheidung, sich in diesem Bereich zu engagieren, muss jeder Arzt und jede Ärztin für sich autonom treffen können. Gerade in der Schweiz
hat aber die Ärzteschaft in den letzten Jahren ihre Fundamentaloppo-
sition gegen die Sterbehilfe aufgegeben und nimmt eine zurückhaltend vermittelnde Position ein. Wo in diesem Bereich medizinische
Expertise und Vertrauen in ärztliche Fachkompetenz unersetzbar ist,
muss es auch möglich sein, diese Kompetenz zur Verfügung zu stellen – und zwar ohne das Bild des Arztes zu verzerren.[49] Um die Ärzteschaft nicht einseitig mit dieser ethisch schwierigen Aufgabe zu be-
lasten, sollte sie durch interdisziplinäre Teams unterstützt werden
(Bosshard 2008: 406, 409 f.). Unter fachlichen wie unter ethischen
Aspekten scheint es aber insgesamt erforderlich, dass das Zurverfü-
gungstellen von tödlichen Medikamenten und vergleichbaren Mitteln
bzw. Methoden unter der Aufsicht eines Arztes oder einer Ärztin erfolgt.

   Die Kantone haben aufgrund ihrer Zuständigkeit im Gesund-
heitsbereich die rechtliche Handhabe, die weiteren Leitplanken der
ärztlichen Mitwirkung bei der Sterbehilfe festzulegen. Sie können
insbesondere regeln, wo die Hilfe zur Selbsttötung geleistet werden
darf und welche Institutionen ausgenommen sein sollten. Im Zu-

---

[49] Der „Oregon Death with Dignity Act" bezieht die Ärzte in noch stärkerem Masse
      mit ein, indem zwischen dem beratenden und dem behandelnden Arzt unterschie-
      den wird, ORS 127.815 § 3.01 ff.

sammenwirken mit dem ärztlichen Standesrecht ist es zudem möglich, Missbräuche zu unterbinden. Zudem sollen statistische Meldungen helfen, den Bereich der Sterbehilfe besser zu erfassen.

Beihilfe zur Selbsttötung, die ohne Einhaltung dieser Vorgaben geleistet wird, ist nicht per se unzulässig, sondern unterliegt den allgemeinen rechtlichen Bedingungen. D. h. sie darf weder geschäftsmäßig noch aus selbstsüchtigen Beweggründen erfolgen. Hieraus ergibt sich folgender Formulierungsvorschlag zu einem revidierten Art. 115 StGB:

Art. 115 StGB, Verleitung und Beihilfe zur Selbsttötung

1. Wer aus
   a. selbstsüchtigen Beweggründen oder
   b. geschäftsmäßig
      jemanden zum Selbstmorde verleitet oder ihm dazu Hilfe leistet, wird, wenn der Selbstmord ausgeführt oder versucht wurde, mit Freiheitsstrafe bis zu fünf Jahren oder Geldstrafe bestraft.
2. Die Unterstützung zur Selbsttötung nach Art. 115 Abs. 1 lit. b ist nicht strafbar, wenn sie
   a. auf ernsthaftes und eindringliches Verlangen der sterbewilligen Person erfolgt,
   b. die sterbewillige Person nach ärztlichem Urteil an einer unheilbaren Krankheit mit infauster Prognose leidet, die innerhalb von 6 Monaten zum Tode führen wird,
   c. die Ärztin oder der Arzt mit der sterbewilligen Person persönlich ein eingehendes Aufklärungsgespräch geführt und sie auch über die Möglichkeiten der Palliativmedizin beraten hat,
   d. zwischen Aufklärungsgespräch und der Unterstützung bei der Selbsttötung mindestens eine Woche verstrichen ist und
   e. die Unterstützung bei der Selbsttötung durch eine zur Berufsausübung zugelassene Ärztin oder einen zur Berufsausübung zugelassenen Arzt geleistet oder unter deren Aufsicht erfolgt ist.
3. Mit Buße wird die Ärztin oder der Arzt bestraft, die oder der es unterlässt, die Unterstützung zur Selbsttötung nach Abs. 2 zu statistischen Zwecken der zuständigen Gesundheitsbehörde zu melden. Die Anonymität der sterbewilligen Person und das Arztgeheimnis bleiben gewahrt.

VII.   Fazit

Der Beitrag versuchte, einen Überblick über die strafrechtliche Bewertung der Sterbehilfe in Deutschland und der Schweiz zu geben. Gezeigt werden sollte, dass die sich stellenden Fragen ebenso wie die zu suchenden Antworten vielfältiger Natur sind. Ob Gesetzesvorhaben zur Sterbehilfe und der Rechtsgültigkeit von Patientenverfügungen die von vielen erhoffte Rechtssicherheit bringen werden, kann derzeit nicht eindeutig mit „ja" oder „nein" beantwortet werden. Als gesichert scheint, dass im Bereich zwischen Leben und Tod ein solides, den neuen Entwicklungen angepasstes gesetzliches Fundament die Grenze zwischen Recht und Unrecht markieren sollte. Die Entschlossenheit zu neuen Regelungen darf aber nicht außer Acht lassen, dass sich nicht alle ethisch schwierigen Fragen mit neuer Gesetzesbestimmung abschließend regeln lassen. Der Gesetzgeber kann abstrakt generelle und damit allgemeingültige Regelungen schaffen – er kann und darf aber nicht jeden Einzelfall regeln. Das bedeutet zugleich, dass eine verhältnismäßige Regelung Spielraum lassen muss für das Unerwartete, das Neue und für die stark vom Regelfall abweichende Situation. Zudem ist zu beachten, dass das Sterben eine sehr persönliche Angelegenheit umschreibt. Im Vordergrund muss der Mensch stehen: Derjenige, dessen Leben sich zu Ende neigt, seine Angehörigen, die Ärztinnen und Ärzte, die Mitglieder der Pflegeteams und die Seelsorger und Seelsorgerinnen. Im Grunde geht es allein um die Gewährleistung eines menschenwürdigen Sterbens. Dies aber bedeutet, sowohl den Patienten wie auch die bei der Sterbehilfe involvierten Personen in ihrer Würde und Autonomie ernst zu nehmen und ihre Entscheidung zu respektieren. Zudem muss es selbstverständlich sein, dass effektive Schmerztherapien und eine dem Mensch-Sein angemessene psycho-soziale Sterbebegleitung im letzten Lebensabschnitt gewährt werden.

Literatur

Arbeitsgruppe „Patientenautonomie am Lebensende" des Bundesministeriums der Justiz (10. Juni 2004): *Patientenautonomie am Lebensende. Ethische, rechtliche und medizinische Aspekte zur Bewertung von Patientenverfügungen.* o.O.

Auer, Andreas; Maliverni, Giorgio; Hottelier, Michel (2006): *Droit constitutionnel suisse.* 2. Auflage Bern.

Bardola, Nicola (2007): *Der begleitete Freitod.* München.

Bardola, Nicola (2007): *Schlemm.* München.

Borasio, Gian Domenico (2006): *Thesen der Gutachter und Referenten zum 66. deutschen Juristentag (DJT).* München.

Bosshard, Georg (2008): „Sterbehelfer – eine neue Rolle für Europas Ärzteschaft?" In: *Schweizerische Ärztezeitung* 10, 406-410.

Bosshard, Georg; Jermini, D.; Eisenhart, D.; Bär, W. (2003): „Assisted Suicide Bordering on Active Euthanasia." In: *International Journal of Legal Medicine* 117, 106-108.

Bundesärztekammer (1998): „Grundsätze der Bundesärztekammer zur ärztlichen Sterbebegleitung." In: *Deutsches Ärzteblatt* 95, C-1690-C-1691.

Diederichsen, Uwe (2007): *Bürgerliches Gesetzbuch.* München.

Donatsch, Andreas; Tag, Brigitte (2006): *Strafrecht I. Verbrechenslehre.* Zürich.

Duttge, Gunnar (2005): „Zur rechtlichen Problematik von Patientenverfügungen." In: *Intensiv- und Notfallbehandlung* 4, 171-179.

Duttge, Gunnar (2006): „Rechtliche Typenbildung." In: ders.; Kettler, Dietrich; Simon, Alfred; Anselm, Reiner; Lipp, Volker (Hrsg.): *Selbstbestimmung am Lebensende.* Göttingen, 36-69.

Ebertz, Michael (1993): „Die Zivilisierung Gottes und die Deinstitutionalisierung der Gnadenanstalt. Befunde einer Analyse von eschatologischen Predigten." In: Bergmann, Jörg; Hahn, Alois; Luckmann, Thomas (Hrsg.): *Religion und Kultur.* (Kölner Zeitschrift für Soziologie und Sozialpsychologie Sonderheft 33.) Opladen, 92-125.

Eidgenössisches Justiz- und Polizeidepartement (EJPD) (2006): *Sterbehilfe und Palliativmedizin. Handlungsbedarf für den Bund?* Bern.

Enquête-Kommission Ethik und Recht der modernen Medizin (2003): *Zwischenbericht Patientenverfügungen.* Berlin.

Faisst, Karin; Fischer, Susanne; Bosshard, Georg u. a. (2003): „Medizinische Entscheidungen am Lebensende in sechs europäischen Ländern. Erste Ergebnisse" In: *Schweizerische Ärztezeitung* 84, 1676-1678.

Fellmann, Walter (2007): „Arzt und das Rechtsverhältnis zum Patienten." In: Poledna, Tomas; Kuhn, Moritz W. (Hrsg.): *Arztrecht in der Praxis.* 2. Auflage Zürich, 103-231.

Gorer, Geoffrey (1965): *Death, Grief and Mourning.* Garden City.

Härle, Wilfried (2005): *Menschsein in Beziehungen.* Tübingen.

Heister-Neumann, Elisabeth (2006): „Das Geschäft mit dem Tod." In: *Recht und Politik* 1, 39-42.

Hirsch, Günter (1987): „Behandlungsabbruch und Sterbehilfe." In: Küper, Wilfried; Puppe, Ingeborg; Teuckhoff, Jörg (Hrsg.): *Festschrift für Karl Lackner*. Berlin, New York, 597-620.

Jankélevitch, Vladimir (2005): *Der Tod*. Frankfurt am Main.

Jonas, Hans (1987): *Technik, Medizin und Ethik*. Frankfurt am Main.

Knoblauch, Hubert (2001): „Fokussierte Ethnographie." In: *Sozialer Sinn* 1, 123-141.

Kunz, Karl-Ludwig (2002): „Sterbehilfe. Der rechtliche Rahmen und seine begrenzte Dehnbarkeit." In: Donatsch, Andreas; Forster, Marc; Schwarzenegger, Christian (Hrsg.): *Strafrecht, Strafprozessrecht und Menschenrechte. Festschrift für Stefan Trechsel zum 65. Geburtstag*. Zürich, Basel, Genf, 613-631.

Lipp, Volker (2005): *Patientenverfügung und Lebensschutz*. Göttingen.

Lorenz, Jörn (2008): *Sterbehilfe. Ein Gesetzentwurf*. Baden-Baden.

Merkel, Reinhard (2006): „Aktive Sterbehilfe." In: Hoger, Andreas; Müller, Henning; Pawlik, Michael (Hrsg.): *Festschrift für Friedrich-Christian Schroeder*. Heidelberg, 297-323.

Nassehi, Armin; Weber, Georg (1989): *Tod, Modernität und Gesellschaft. Zu einer Theorie der Todesverdrängung*. Oplaten.

Nationale Ethikkommission der Schweiz im Bereich Humanmedizin (2005): *Beihilfe zum Suizid*. Bern.

Poledna, Tomas; Kuhn, Moritz (2007): *Handbuch des Arztrechts*. 2. Auflage Zürich.

Roxin, Claus (1984): „Anmerkung zu BGH NStZ." In: *Neue Zeitschrift für Strafrecht* 4, 376–379.

Roxin, Claus; Schroth, Ulrich (2001): *Medizinstrafrecht*. Stuttgart.

Schumacher, Bernard (2004): *Der Tod in der Philosophie der Gegenwart*. Darmstadt.

Schwarzenegger, Christian (2007): „Das Mittel zur Suizidbeihilfe und das Recht auf den eigenen Tod." In: *Schweizerische Ärztezeitung* 88, 843-846.

Schwarzenegger, Christian (2007): „Selbstsüchtige Beweggründe bei der Verleitung und Beihilfe zum Selbstmord." In: Petermann, Frank (Hrsg.): *Sicherheitsfragen der Sterbehilfe*. St. Gallen, 81-123.

Schweizerische Akademie der Medizinischen Wissenschaften (SAMW) (2004): „Richtlinien zur Betreuung von Patientinnen und Patienten am Lebensende." In: *Schweizerische Ärztezeitung* 85, 288-291.

Singer, Peter (1994): *Praktische Ethik*. 2. Auflage Stuttgart.

Stratenwerth, Günter; Jenny, Guido (2003): *Schweizerisches Strafrecht*. Bern.

Tag, Brigitte (2000): *Der Körperverletzungstatbestand im Spannungsfeld zwischen Patientenautonomie und Lex artis*. Heidelberg.

Taupitz, Jochen (2000): *Gutachten A zum 63. deutschen Juristentag (DJT)*. München.

Tugendhat, Ernst (2001): *Aufsätze 1992-2000*. Frankfurt am Main.

Venetz, Petra (2008): *Suizidhilfeorganisationen und Strafrecht*. Zürich.

Verrel, Torsten (2006): *Gutachten C zum 66. deutschen Juristentag (DJT)*. München.

Walter, Tony (1991): „Modern Death: Taboo or not Taboo?" In: *Sociology* 25, 293-310.

Walter, Tony (1994): *The Revival of Death*. London.

Wetz, Franz-Josef; Tag, Brigitte (2001): *Schöne neue Körperwelten*. Stuttgart.

Wildhaber, Luzius; Breitenmoser, Stephan (2004): „Recht auf Achtung des Privat- und Familienlebens, der Wohnung und des Briefverkehrs." In: ders.; Golsong, Herbert; Wolfram, Karl (Hrsg.): *Internationaler Kommentar zur Europäischen Menschenrechtskonvention*. Köln.

IV. Alter und Sterben in Literatur, Film und Musik

Horst-Jürgen Gerigk

„Männlich – weiblich"
Hohes Alter als literarisches Thema

I. Vorbemerkung

Das hohe Alter als literarisches Thema – davon soll die Rede sein.
Und „männlich-weiblich" – das heißt: beide Geschlechter werden
berücksichtigt. Zur Sache selbst, dem Alter im Allgemeinen, seien
einige Bemerkungen voraus geschickt, ehe ich das hohe Alter als
literarisches Thema zu meinem Thema mache. Gerhard Wahrigs
Deutsches Wörterbuch (1997: 179) definiert „Alter" als: „der spätere
Teil des Lebens, Lebensabend".

Das leuchtet ein, bleibt aber offen für Fragen. Hören wir uns an,
was Karl Jaspers über das Altwerden sagt. Ich zitiere aus seinem Geburtstagsbrief aus Basel vom 25. September 1949 an Martin Heidegger. Jaspers schreibt:

> Lieber Heidegger! Zu Ihrem 60. Geburtstag meinen herzlichsten Glück-
> wunsch. [...] Das 60. Jahr ist zweifellos der Beginn des Greisenalters. Der
> Jubel der Jünglings- und Mannesjahre ist nicht mehr möglich, und heute oh-
> nehin unangemessen. Aber das Philosophieren folgt nicht der biologischen
> Linie, es kann gerade im Alter erst recht wachsen. Vielleicht zeigt sich sogar
> nur dem Alter das bleibende Wesentliche. Entgegen dem leiblichen Abstieg
> geht eine Kurve hinauf in das Ewige. Nicht von selbst, zumeist scheinbar
> überhaupt nicht; es liegt am einzelnen. Ich wünsche Ihnen, dass Sie dorthin
> gelangen.

Und nun folgt, im nächsten Absatz, ein kurzer Blick in die Geschichte. Jaspers wörtlich: „Der alte Plato, der alte Michelangelo, Rembrandt, der alte Goethe – sie haben wundersam das Tiefste berührt.
Sie ermutigen uns kleine Leute. Es ist ein Geheimnis, dass der

Mensch geistig nicht alt werden *muss*. [...] Herzliche Grüße, Ihr Karl
Jaspers" (Heidegger, Jaspers 1992: 188).

Als er diesen Brief 1949 schreibt, ist Karl Jaspers 66 Jahre alt.
Bei aller Kürze geben seine Überlegungen vieles zu denken. Jaspers
setzt die Kreativität des Geistes gegen die „biologische Linie", was
das Altern anbelangt. Und er denkt, was die Beispiele betrifft, im
Sinne der „monumentalischen Historie" Nietzsches: Plato, Michelangelo, Rembrandt, Goethe. Frauen kommen nicht vor! Sich und
Heidegger rechnet er unter die „kleinen Leute". *Captatio benevolen-
tiae*? Nicht unbedingt. Aber doch ein bisschen. Drei Stadien werden
unterschieden: Jünglingsjahre, Mannesjahre, Greisenalter. Das Greisenalter beginnt mit 60. Grundsätzlich getrennt wird zwischen der
„biologischen Linie", das heißt: dem Altern als körperlichem Verfall
(Jaspers sagt „leiblicher Abstieg"), und der „Kurve" des Geistes
„hinauf in das Ewige". Ein solcher Aufstieg aber bleibt Einzelfall.

Worauf sich Jaspers in seinem Geburtstagsbrief an Heidegger
nicht einlässt, ist, die Reaktion der Mensch*heit* auf das Faktum des
Alters zu systematisieren. Seine *Psychologie der Weltanschauungen*
(Jaspers 1971: 117) bietet für solche Systematisierung reichhaltige
Handhabe.

Für den von mir hier vorgelegten Zusammenhang genügt die
Feststellung, dass wir jederzeit in eine „Grenzsituation" geraten können, in der uns plötzlich die Vergänglichkeit des eigenen Daseins
bewusst wird. Es kann so zu einer Vorwegnahme des Alters in einer
Situation kommen, die dem biologischen Alter weit voraus liegt.

Als literarisches Beispiel sei an die Marschallin aus dem *Rosenkavalier* erinnert. Die meisten Opernbesucher täuschen sich über das
tatsächliche Alter dieser Marschallin, denn aus ihrem Munde hören
wir ja die Klage über das gnadenlose Fließen der Zeit:

> Die Zeit, die ist ein sonderbares Ding.
> Wenn man so hinlebt, ist sie rein gar nichts.
> Aber dann auf einmal,
> da spürt man nichts als sie:
> Sie ist um uns herum, sie ist auch in uns drinnen.
> In den Gesichtern rieselt sie, im Spiegel, da rieselt sie,
> in meinen Schläfen fließt sie.

[…]
Manchmal hör ich sie fließen unaufhaltsam.
Manchmal steh ich auf, mitten in der Nacht,
und laß die Uhren alle stehen.
(Hofmannsthal 1994: 105)

Die Marschallin fürchtet, ihren jungen Geliebten, den siebzehnjährigen Octavian zu verlieren. Und das passiert ja dann auch! Er verlässt sie schließlich mit der blutjungen Sophie, die „noch keine 15 Jahre" alt ist – ein „recht hübsches Dutzendmädchen" nach den Worten Hofmannsthals (Fath 1999: 586).

Jeder kennt die Oper. Kaum jemand aber realisiert die Pointe des Librettos. Die Marschallin ist 32 Jahre alt. Selbst Christa Ludwig, die die Rolle oft gesungen hat, hielt in einem Interview die Marschallin für weitaus älter. Richard Strauss selbst vermerkte über die Marschallin: „eine schöne junge Frau von höchstens 32 Jahren, die sich bei schlechter Laune einmal dem 17jährigen Octavian gegenüber als ‚alte Frau' vorkommt" (Fath 1999: 386).

Nun könnte man sagen: *Der Rosenkavalier* spielt ja im 18. Jahrhundert. Damals hatte man ein anderes Verhältnis zum Alter. Das mag einleuchtend klingen. Wenn da bloß nicht Tennessee Williams wäre, dessen Blanche DuBois in *Endstation Sehnsucht* ebenfalls an der Vorstellung leidet, sie sei eine alte Frau, die das helle Licht scheuen müsse, was Vivien Leigh in der Verfilmung des Bühnenstücks durch Elia Kazan unvergesslich zum Ausdruck bringt. Blanche DuBois ist 32 Jahre alt.

Was den *Rosenkavalier* mit *Endstation Sehnsucht* verbindet, ist die anthropologische Prämisse, die die Charaktere durch ihre erotische und sexuelle Attraktivität definiert. Nebenbei sei erwähnt, dass Blanche DuBois ihren naiven Verehrer Mitch, der ihr rote Rosen bringt, erfreut anredet: „Look, who's coming! My Rosenkavalier!" (Szene 5, Williams 1971: 339).

Die Marschallin ahnt, dass sie von ihrem jungen Geliebten verlassen werden wird. Und genau das tritt ja auch ein. Sophie, das junge Mädchen, ist fünfzehn Jahre alt. Sophie sollte sich mit Baron Ochs, dem Vetter der Marschallin, verbinden. Richard Strauss und Hugo von Hofmannsthal haben sich auf genaue Vorstellungen von diesem Baron geeinigt: „Ochs muss eine ländliche Don-Juan-Schönheit von etwa 35 Jahren sein, immerhin Edelmann (wenn auch etwas verbaucht), der sich im Salon der Marschallin soweit anständig benehmen kann [...], innerlich ein Schmutzian, aber äußerlich immer noch so präsentabel" (Fath 1999: 587). Baron Ochs, 35 Jahre, ist eine komische Figur: er hat kein Zeitbewusstsein. Der Liebhaber einer fünfzehnjährigen Sophie zu werden, gelingt ihm nicht. Die Marschallin, 32 Jahre, ist eine *ernste* Gestalt: sie nimmt die Untreue ihres siebzehnjährigen Geliebten gedanklich vorweg, damit sie nicht vom *factum brutum* seiner zu erwartenden tatsächlichen Untreue erschlagen wird. Die vorweggenommene enttäuschende Zukunft reißt auch die unmittelbare Gegenwart an sich, das „Jetzt Jetzt", wie es in *Sein und Zeit* heißt (Heidegger 1977: 558 f.).

Hofmannsthal bringt mit seinem Libretto dieser „Komödie für Musik" zwei Typen von Zeiterfahrung zusammen, die beide von der silbernen Rose des Rosenkavaliers, Symbol der ewigen Liebe, in ihren Ansprüchen vernichtet werden: der Marschallin läuft der junge Geliebte davon, und dem Baron entzieht sich das frische Kind.

Hofmannsthals gattungspoetische Finesse besteht darin, die Tragödie reflektierter Vergänglichkeit einer nicht mehr jungen Frau und die Komödie des immanenten Bewusstseins eines unverbesserlichen „Schmutzians" unter ein gemeinsames Dach zu bringen: als „Komödie für Musik", zu der Richard Strauss das durchgängige Medium liefert.

Die hermeneutische Falle des *Rosenkavaliers*, dass auf den ersten Blick die Marschallin und Baron Ochs für älter gehalten werden, als sie sind, ist, wie ich meine, nicht nur Folge davon, dass die ausübenden Sänger oft älter sind, als sie sein sollten. Diese hermeneutische Falle gehört zum Stück, worin zwei Traditionen auf einem Gipfel vereinigt werden: die Tragödie des Liebesverlusts und die Komödie des alten Liebhabers.

II.   Zwei Erzählungen: Puschkins *Pique Dame* und
       Poes *Die Brille*

Nach solch historisch-poetologischer Erinnerung wende ich mich
nun zwei Texten zu, in denen eine Frau in hohem Alter die zentrale
Rolle spielt. Und das als Objekt der Begierde eines jungen Mannes.
    Ich spreche von Alexander Puschkins Erzählung *Pique Dame*
(*Pikovaja dama*) aus dem Jahre 1834 und von Edgar Allan Poes Erzählung *Die Brille* (*The Spectacles*) aus dem Jahre 1844. In Puschkins Erzählung ist die alte Dame 87 Jahre alt, in Poes Erzählung ist
die alte Dame 82 Jahre alt. Beide Mal ist der junge Mann, der in den
Bannkreis der alten Dame gerät, Anfang Zwanzig.
    Hier das Porträt, das Puschkin von der greisen Gräfin entwirft,
die, längst Witwe, zusammen mit ihrer Pflegetochter Lisa in Petersburg ein großes Haus „alter Bauart" mit üppigem Personal bewohnt.

> Die Gräfin konnte nicht mehr den geringsten Anspruch auf Schönheit erhe-
> ben, die längst vergangen war, doch behielt sie alle Gewohnheiten ihrer Ju-
> gend bei, kleidete sich genau nach der Mode der siebziger Jahre [des
> 18. Jahrhunderts] und machte ebenso lange und sorgfältig Toilette wie vor
> sechzig Jahren. Sie nahm an allen Zerstreuungen der großen Welt teil,
> schleppte sich auf Bälle, wo sie, geschminkt und altmodisch gekleidet, wie
> eine hässliche und notwendige Verzierung des Ballsaales in der Ecke saß;
> unter vielen Verbeugungen näherten sich ihr wie nach einem vorgeschrie-
> benen Zeremoniell die eintreffenden Gäste, und dann kümmerte sich keiner
> mehr um sie. Bei sich zuhause empfing sie die ganze Stadt, beobachtete da-
> bei die strengste Etikette und erkannte niemanden (Kap. II).

Hermann, so heißt der junge Mann, hat sich über Lisa Zugang ins
Haus verschafft und dringt (es ist Nacht) ins Schlafzimmer der alten
Gräfin ein, die gegen zwei Uhr morgens von einem Ball zurückkehrt.
Nun ist Hermann in ihrem Schlafzimmer und beobachtet sie durch
den Spalt einer halbgeöffneten Tapetentür:

> Die Gräfin begann sich vor dem Spiegel zu entkleiden. Die mit Rosen ver-
> zierte Haube wurde losgesteckt; die gepuderte Perücke von ihrem grauen
> kurzgeschorenen Kopf entfernt. Ein Regen von Nadeln ging auf den Boden
> nieder. Das gelbe, mit Silber bestickte Kleid sank zu ihren geschwollenen
> Füßen hinunter. Hermann wurde Zeuge der abstoßenden Geheimnisse ihrer

Toilette: schließlich stand die Gräfin in Nachtjacke und Schlafmütze da – in diesem Aufzug, der ihrem Alter mehr entsprach, erschien sie weniger schrecklich und hässlich.
Wie alle alten Leute litt die Gräfin an Schlaflosigkeit. Als sie ausgezogen war, setzte sie sich in den Lehnstuhl an das Fenster und schickte die Zofen fort.

Plötzlich steht ein unbekannter junger Mann vor ihr. Es ist Hermann, die Hauptperson der Erzählung. Seit ihm vor wenigen Tagen das Gerücht zu Ohren kam, die alte Gräfin wisse die magischen drei Karten, mit denen man jedes Spiel gewinnen könne, ist er in Aufregung.

Was wäre, dachte er […], wenn die alte Gräfin mir ihre drei Karten nennen würde? Warum soll ich mein Glück nicht versuchen? […] Ich lasse mich vorstellen, erwerbe ihr Vertrauen – vielleicht werde ich ihr Liebhaber –, doch all das braucht Zeit, und sie ist 87 Jahre alt, sie kann in einer Woche sterben, – in zwei Tagen schon!

Nun steht er vor ihr, beschwört sie, ihm die Karten zu nennen. Sein Argument:

Überlegen Sie: Sie sind alt. Sie haben nicht mehr lange zu leben – ich bin bereit, Ihre Sünden auf mich zu nehmen. Entdecken Sie mir Ihr Geheimnis. Bedenken Sie, dass sich das Glück eines Menschen in Ihren Händen befindet, dass nicht nur ich, sondern auch meine Kinder, meine Enkel und Urenkel Ihr Andenken segnen und ehren werden wie ein Heiligtum (Kap. III).

Die alte Gräfin aber schweigt. Hermann verflucht sie: „Alte Hexe. Dann werde ich dich zwingen müssen, zu antworten." Er zieht seine Pistole. Sie hebt den Arm, als wolle sie sich vor dem Schuss schützen, und rollt auf den Rücken. Tot! Und Hermann hat das Geheimnis der drei Karten nicht erfahren.

Damit aber ist Puschkins Erzählung noch nicht zu Ende. Hermann geht zur Beerdigung der alten Gräfin. Und in der Nacht danach erscheint sie ihm im Traum und nennt ihm die drei magischen Karten: Drei, Sieben, As. In Moskau begibt er sich in eine Gesellschaft von Spielern. Und Hermann gewinnt mit der Drei, am nächsten Abend mit der Sieben, am dritten Abend zieht er das As, wie er meint. Doch nein! Aus Versehen hat er die Pique Dame gezogen und nun alles verloren, was er zuvor gewonnen hat! Er traut seinen Augen nicht. Es scheint ihm, dass Pique Dame ihm zuzwinkert und ihn höhnisch anlächelt. Hermann bricht zusammen und wird wahnsinnig. Man bringt ihn ins Irrenhaus. Zimmer 17. Er antwortet auf keine Fragen und murmelt nur ungewöhnlich schnell: „Drei, Sieben, As! Drei, Sieben, Dame!"

Man sieht: Die Greisin erscheint hier in der Aura des Dämonischen, als Hexe. Bildlicher Höhepunkt ist die siebenundachtzigjährige Gräfin mit geschwollenen Füßen als entkleidete Venus vor dem Spiegel, beobachtet von einem jungen Mann, der Zeuge der abstoßenden Geheimnisse ihrer Toilette wird.

Dostojewskij hat diese Erzählung Puschkins ganz besonders geschätzt und legte ihr Grundmuster seinem populärsten Roman, *Verbrechen und Strafe* (*Prestuplenie i nakazanie*, 1866), zugrunde. Auch der dreiundzwanzigjährige Ex-Jura-Student Raskolnikow sieht sich in finanzieller Abhängigkeit von einer alten Frau, der Pfandleiherin Aljona Iwanowa, die, 62 Jahre alt und Witwe, „reich wie ein Jude", hässlich und böse vom Wucherzins lebt. Raskolnikow schlägt der alten Frau mit der stumpfen Seite seines Beils den Schädel ein. Die Ausbeute seines Raubmords ist sehr gering. Eigentlich nichts. Ein Raubmord aus edlen Motiven: Raskolnikow will seine Schwester Dunja und die junge Prostituierte Sonja aus der unverschuldeten finanziellen Ohnmacht befreien. Puschkins Hermann plädiert für das Glück seiner Nachkommen, als er die greise Gräfin in die Enge treibt.

Und so, wie die greise Gräfin Hermann im Traum erscheint, nachdem sie offenbar vor Schreck gestorben ist, so erscheint auch Raskolnikow die ermordete Alte im Traum: und lacht ihn aus. Von Raskolnikows zweitem Opfer, der harmlosen Stiefschwester der Wucherin, die zufällig auf der Mordstatt erscheint und von Raskolnikow ebenfalls getötet wird, soll in unserem Zusammenhang nicht die Rede sein. Im Unterschied zu Puschkins Hermann aber ist Raskolnikow disponiert, durch die Liebe aus seiner Isolation erlöst zu werden: Sonja, die Prostituierte, führt ihn zu sich selbst zurück und begleitet ihn nach Sibirien.

Fazit: Puschkins *Pique Dame* und Dostojewskijs *Verbrechen und Strafe* sind jeweils zentriert im vermuteten Reichtum einer alten

Frau, an dem ein mittelloser junger Mann teilhaben will, was sich beide Mal als utopisches Projekt erweist.

Die zweite Variante zu Puschkins *Pique Dame* liefert Fjodor Sologub mit seinem Roman *Der kleine Dämon* (*Melkij bes*) aus dem Jahre 1907. Hier bildet sich ein Gymnasiallehrer in der russischen Provinz ein, seine Beförderung zum Schulinspektor hänge von einer betagten Fürstin im fernen Petersburg ab. Er redet sie im inneren Monolog an: „Ich liebe Sie, denn Sie sind kalt und fern." Er stellt sich vor, die ferne Fürstin sei hundertfünfzig Jahre alt und ströme bereits den Geruch einer Toten aus. Das ist Gerontophilie und Nekrophilie, wenn auch nur als Wunschvorstellung (Gerigk 2005: 65). Puschkins greise Gräfin findet hier, im russischen *Fin de siècle*, ihre dekadente Aufgipfelung. Offensichtlich weiß aber die ferne Fürstin, die unseren Gymnasiallehrer in seinen Träumen mit ihrem Leichnam betört, gar nichts von ihrem angeblichen Protegé in der Provinz. Man sucht ihn zu betrügen, indem man ihm einen gefälschten Brief der fernen Fürstin vorlegt. Er aber durchschaut das dreiste Manöver und verliert schließlich den Verstand.

Nun ein kurzes Wort zu Edgar Allan Poe. Seine Erzählung *Die Brille* zeigt ihn als Meister des teleologischen Erzählens. Sonderbares, scheinbar Unerklärliches wird aneinandergereiht und gehäuft, bis die Auflösung zum Schluss alles ins Lot fallen lässt. Man denke an seine vielleicht berühmteste Erzählung vom *Doppelmord in der Rue Morgue*, dessen Täter kein Mensch ist, sondern ein lohfarbener Orang-Utan der Borneo Spezies. *Die Brille* gehört ganz offensichtlich zu Poes weniger bekannten Werken. Die auflösende Pointe ist so absurd und ihre erzähltechnische Vorbereitung so perfekt, dass der Eindruck entsteht, wir haben es mit einer Parodie teleologischen Erzählens zu tun, dessen Inhalt beliebig ist, weil dieses Erzählen als ein solches zur Dominante erhoben wird. Das aber ist zweifellos nur *eine* mögliche Lesart.

Hier der Sachverhalt: Ein junger Mann von 22 Jahren verliebt sich in eine zweiundachtzigjährige Frau, heiratet sie und muss feststellen, dass sie seine eigene Ur-Urgrossmutter ist (*great, great grandmother*). Der Grund dafür, dass er sich in eine Greisin verlieben konnte, liegt darin, dass er es, obwohl kurzsichtig, ablehnte, eine

Brille zu tragen und zudem seine Angebetete in entscheidenden Situationen nur bei Dämmerlicht zu sehen bekam.

Poe präsentiert das Ganze als Ich-Erzählung des jungen Mannes, der den Horizont seines eigenen Nichtwissens nachzeichnet. Im Schutz parodistischer Verkleidung liefert Poe eine Phänomenologie der Liebe: vom ersten Blick bis zur Hochzeit. Die dabei mitlaufende Metapher lautet: Liebe macht blind. Ja, erhebt man diesen Gemeinspruch zur Dominante der Erzählung (im Sinne Broder Christiansens, Gerigk 2007: 94 f.), dann wird die Tatsache, dass das Objekt der Begierde eine zweiundachtzigjährige Frau ist, zu einer ungeläufigen Veranschaulichung eines ganz geläufigen Sachverhalts, der sich ebenso schlagend durch eine junge Frau darstellen ließe. Poe arbeitet in dieser Geschichte mit einer speziellen Differenz zwischen dem buchstäblichen Sinn und dem allegorischen Sinn. Die Allegorie steht unter dem Motto „Liebe macht blind" – und das mit der romantischen Pointe, dass die Blindheit mit der Hochzeit und dem ehelichen Alltag verschwindet. Der Alltag war stets der Feind aller Romantik.

Poe drückt das so aus, dass der junge Mann nach der Hochzeit zum ersten Mal eine Brille aufsetzt und von Entsetzen gepackt wird, als er seine Ehefrau so sieht, wie sie wirklich ist. „Zweiundachtzig!' schrie ich auf und taumelte zur Wand zurück. ,[...] Auf der Miniatur stand doch siebenundzwanzig Jahre und sieben Monate!'" (Poe 1960: 605). Die Vollendung der Liebe vom ersten Blick bis zur Hochzeit hat stattgefunden und ist damit an ihr Ende gelangt. Poe hält allerdings noch eine Coda bereit, mit der sich der buchstäbliche Sinn von der realisierten Allegorie abkoppelt. Wir erleben einen geradezu märchenhaften Schluss, womit dem absurden Geschehen eine psychologisch „realistische" Grundlage untergeschoben wird. Dieser Realismus aber ist so an den Haaren herbeigezogen, dass er den parodistischen und metatextuellen Charakter des Ganzen nur unterstreicht. Die Parodie nämlich ist nicht nur auf die romantische Liebe gerichtet, sondern auch auf das teleologische Erzählen schlechthin, mit seiner formalen Schlüssigkeit um jeden Preis. Poes Auflösung: Die Ur-Urgrossmutter des Ich-Erzählers ist steinreich, aber nicht nur das, sie will ihn auch beschenken. „Sie war unvorstellbar reich, und als sie nach ihrer zweiten kinderlosen Ehe abermals Witwe geworden war, fiel ihr ein, dass ich in Amerika lebte. Und so war sie aus Paris in die Vereinigten Staaten gereist, um mich zu ihrem Erben einzusetzen." Und nun wird uns die ganze Geschichte noch einmal erzählt, aus der Sicht der alten Dame, die von der Sehschwäche ihres entfernten Verwandten erfuhr und ihn zum Spielball freundlicher Heimtücke werden ließ. Die Hochzeit war ganz ihre Inszenierung – rechtlich ungültig. Nicht ohne Anerkennung fasst unser Erzähler zusammen:

> In ihrer Jugend war sie eine gefeierte Schönheit, und noch mit zweiundachtzig Jahren verfügte sie über die hoheitsvolle Haltung, den gemeißelten Umriss des Kopfes, die leuchtenden Augen und die griechische Nase ihrer Mädchenzeit. Mit Hilfe von Reispuder, Schminke, Perücke, falschen Zähnen, falscher Tournure sowie der geschicktesten Modistinnen von Paris brachte sie es zuwege, unter den Schönen *en peu passées* der französischen Hauptstadt immer noch ihre Stellung zu wahren (Poe 1960: 607).

Ich enthalte mich jeglicher Mutmaßung darüber, was die Tiefenpsychologen zu Edgar Allan Poes Konstruktion sagen würden. Freud grüßt bereits, bevor er noch hinzugezogen wurde. Eines fällt auf: sämtliche alten Damen, wie sie uns von Puschkin, Poe, Dostojewskij und Sologub vorgeführt wurden, sind jeweils ein bestimmender sozialer Faktor. Bei den Russen gehen die Männer leer aus. Nur Poes junger Mann erbt die Sterntaler.

III.   Alte Männer

Männlich – weiblich: Hohes Alter als literarisches Thema. Der Anfang ist gemacht. Doch wartet nun der alte Liebhaber mit junger Freundin darauf, vorgestellt zu werden. Er ist in der Komödie zuhause, und die Formel für diesen Typus findet sich in George Gershwins Oper *Porgy and Bess*. Sportin' Life singt darin ein Spottlied auf die Bibel: „It Ain't Necessarily So." Text: Ira Gershwin (Krellmann 1988: 94). Die für unseren Kontext relevante Strophe lautet (Gershwin 1935: 286):

> Methus'lah lived nine hundred years.
> But who calls dat livin'

When no gal'll give in
To no man what's nine hundred years?

(Methusalem lebte neunhundert Jahre.
Kann man aber das ein Leben nennen,
Wenn sich kein Mädchen einem Mann mehr hingibt,
Der neunhundert Jahre alt ist?)

Eine Komödienfigur aber wird Methusalem erst in der Rolle des Liebhabers, die ihm hier von Sportin' Life zudiktiert wird. Literatur geht mit diesem Topos des Volksmunds auf recht verschiedene Weise um. Ich erwähne nur aus den *Exemplarischen Novellen* (*Novelas ejemplares*, 1613) von Cervantes die Geschichte vom *Eifersüchtigen Estremadurer* (*El celoso extremeño*). Carrizales, so heißt der Titelheld, kehrt nach langem Aufenthalt in Indien nach Sevilla zurück: „beladen mit Jahren und mit Gütern." Das heißt: Er ist jetzt 68 Jahre alt und reich. Kinderlos und unverheiratet, überlegt er, ob es nicht gut wäre, einen Erben zu haben.

> Er prüfte deswegen seine Kräfte und glaubte, das Joch des Ehestandes noch wohl auf die Schultern nehmen zu können. Doch kaum war ihm dieser Gedanke in den Sinn gekommen, so fuhr ihm auch in demselben Augenblick ein Schrecken durch seine Glieder, vor welchem sein Entschluss wie der Nebel vor dem Winde verschwand. Er war nämlich von Natur so sehr zur Eifersucht geneigt, dass ihn schon in seinem ehelosen Zustande der bloße Gedanke an die Heirat dermaßen mit Unruhe folterte, mit Argwohn quälte und mit Furcht erfüllte, dass er sich fest entschloss, lieber gar nicht zu heiraten.

Doch schon der nächste Absatz zeigt, was kommen musste:

> Indem er dies zwar gewissermaßen für sich beschlossen hatte, aber dennoch wegen seiner künftigen Lebensart noch zu keinem festen Entschluss gekommen war, traf es sich einst, wie er durch eine Straße [seines kleinen Heimatortes] ging, dass er an einem Fenster ein Mädchen von dreizehn oder vierzehn Jahren erblickte, mit soviel Anmut und so vielen Reizen geschmückt, dass der gute alte Carrizales ihnen nicht widerstehen konnte, sondern den wenigen Jahren der schönen Leonora – so hieß das reizende Mädchen – den Sieg über die Menge der seinigen überlassen musste. Er konnte sich nicht enthalten, auf einmal eine Menge neuer Betrachtungen anzustellen (Cervantes 1961: 262-263).

Der Rest ist nachzulesen in den *Exemplarischen Novellen*. Ich habe
hier aus der Übersetzung von D. W. Soltau, Königsberg 1801, zitiert,
die, nebenbei vermerkt, auch E. T. A. Hoffmann gelesen hat. Er hat
ja den Hund Berganza aus der letzten dieser zwölf Novellen übernommen und zum Helden einer eigenen Erzählung gemacht: *Nach-
richt von den neuesten Schicksalen des Hundes Berganza* (aus den
Fantasiestücken in Callots Manier). Doch ich will nicht abschweifen
und komme nun zum Schluss. Vor dem Hintergrund des eifersüchtigen Estremadurers wird, so scheint mir, deutlich sichtbar, welche
spezielle Leistung, was Tonfall und Charakterisierung anbelangt,
Martin Walser auf seine Weise in seinem jüngsten Roman, *Ein liebender Mann* (2008), vollbracht hat. Goethe wird im hohen Alter
heimgesucht von der Liebe zu einem Mädchen unter Zwanzig.

In dieser Alten Aula brauche ich hierzu keine Details einzubrin-
gen. Martin Walser selbst hat noch unlängst, am 28. April 2008, mit
seiner Lesung diesem Roman an diesem Ort eine Anwesenheit verschafft, die immer noch anhält. Die Atmosphäre hier ist, so würde
ich sagen, immer noch erfüllt davon. Walser ist es gelungen, einen
schmalen Grad entlangzugehen: Er zeigt uns Goethe im Gehäuse
seiner Konventionen, in das die Grenzsituation „Zufall" hereinbricht,
der Zufall einer plötzlichen Liebesbeziehung. Und nach Karl Jaspers,
mit dem ich meine heutigen Analysen begonnen hatte, ist eine
„Grenzsituation" dadurch definiert, dass sie die Bewältigungsmechanismen, die wir durch Sozialisation erlernt haben, außer Kraft setzt.
Es ist dann plötzlich so, als verlören wir den Boden unter den Füßen
(Gerigk 2009).

Walser zeigt uns einen Goethe, der sich weder im Gehäuse seiner
Konventionen verriegelt, noch in der Grenzsituation seiner Passion
die Selbstentgrenzung zu leben versucht. Im Resultat wird Goethe
weder zu einer komischen Figur, wie wir sie aus der Tradition kennen, noch zu einer tragischen Gestalt, die in Selbstverhöhnung eine
Fallhöhe ohne Notwendigkeit zur Schau stellt. Walser ist ein gat-
tungspoetischer Balanceakt gelungen, denn zu beiden Lösungen wären die psychologischen Prämissen gegeben.

Mit Bezug auf Denis de Rougemonts inzwischen klassische Mo-
nographie *Die Liebe und das Abendland* (zuerst französisch 1939 un-

ter dem Titel *L'amour et l'occident*) ist festzustellen, Walser hat mit seinem Roman *Ein liebender Mann* nichts anderes getan, als Tristans Gestalt neu zu beschwören: Tristans „alte" Gestalt wäre im doppelten Sinne des Wortes „alt" zu sagen. Rougemont sieht in der Geschichte von Tristan und Isolde die Urform wahrer Liebe: da ist das Liebespaar, das nicht zueinander finden kann, weil es den König Marke gibt. Diesen Gedanken hat Rougemont in einem späteren Aufsatz noch einmal nach vorn gerückt, und das mit dem programmatischen Titel „Tristans neue Gestalt: Schiwago, Lolita und der Mann ohne Eigenschaften" (in: *Der Monat*, April 1959). Mit demselben Recht hätte von „König Markes neuer Gestalt" die Rede sein dürfen. Der Faktor „König Marke" ist es ja, der die leidenschaftliche Liebe als das Verbotene profiliert und ins Absolute vortreibt, so dass die Liebenden in den Widerspruch von „minne" und „êre" gestellt werden. Das Recht des Herzens kollidiert mit der Moral der Gesellschaft.

In Martin Walsers Roman *Ein liebender Mann* besteht „König Marke" aus dem Altersunterschied zwischen Goethe und Ulrike – und dies nach Maßgabe der herrschenden gesellschaftlichen Konventionen. Die Frage: „*Muss* man Goethes Leben kennen, um Walsers Roman zu verstehen?" ist abzuwandeln in die Frage: „*Soll* man Goethes Leben kennen, um Walsers Roman zu verstehen?"

Antwort: Nein. Blickt man auf die Rezensionen, die Walsers Roman ausgelöst hat, so fällt auf, dass in den meisten Fällen die Rezensenten es besser wissen wollten, wie es denn um Goethe und Ulrike bestellt war. Ein solches Wissen aber hat mit Walsers künstlerischer Leistung gar nichts zu tun, ja es überspringt diese regelrecht, indem es eine falsche Fährte setzt. Walser hat doch keine Biographie schreiben wollen.

Was er schreiben wollte, ist die Geschichte einer Liebe unter erschwerten Bedingungen – mit der Pointe, dass es sich bei dem Liebenden um den Verfasser des *Werther* und des *Faust* handelt. Nur „dies" sollte der Leser wissen, wenn er Walsers Roman verstehen will. Wir haben es mit der künstlerischen Intelligenz zu tun, die den *Werther*, den *Faust*, den *Egmont* und „Goethes Gedichte" hervorgebracht hat. Damit hat sich Walser die schwierige Aufgabe gestellt,

„Goethe" rhetorisch und handelnd in einer Zwangslage aus nächster Nähe vorzuführen: im hohen Alter verliebt, und das mit voller Einsicht in sein Greisentum. Das Objekt der Begierde: ein neunzehnjähriges Mädchen: Ulrike von Levetzow. Goethe ist 74.

Was Walser gestaltet, ist der Triumph des Geistes über die Materie. Die doppelte Zwangslage, sich im hohen Alter zu verlieben und in diesem Zustand „gesehen" zu werden, meistert Goethe im Medium des Wortes und des Rituals. Was Walser hier leistet, ist an Witz, Tonlage und Evokation außerordentlich. Er lässt Goethe – und das überzeugend – in dessen ureigenster Domäne, dem situationsbezogenen Wort, vor uns hintreten. „Bevor er sie sah, hatte sie ihn schon gesehen. Als sein Blick sie erreichte, war ihr Blick schon auf ihn gerichtet. Das fand statt am Kreuzbrunnen, nachmittags um fünf, am 11. Juli 1823 in Marienbad." So beginnt der Roman. Seine letzte Seite schildert den Tod der Ulrike von Levetzow am 12. November 1900 aus der Sicht ihrer Kammerzofe:

> Als Ulrike von Levetzow sich am Vorabend zu Bette begab, netzte ein kalter Schweiß ihr Antlitz, und im Vorgefühle ihres nahen Endes gebot sie, ein Päckchen Briefe, deren Inhalt niemandem bekannt geworden, auf einer silbernen Platte zu verbrennen. Die Asche wurde in einer silbernen Kapsel verschlossen, mit dem Wunsche, dass nach ihrem Ableben dieses für sie unschätzbare Andenken in den Sarg gelegt werde. Dies ist auch geschehen. Um vier Uhr morgens erwachte sie mit Husten, und um sechs Uhr entschlief sie sanft.
>
> Laut schriftlicher Mitteilung ihrer Großnichte sollen es Briefe Goethes gewesen sein.

Anstelle der Briefe haben wir den Roman Martin Walsers, einen Roman, dessen „literarische Reihe" in *Tristan und Isolde* ihr Zentrum hat und deshalb nicht zu Thomas Manns *Lotte in Weimar* führt, sondern zu dessen *Tod in Venedig*. Aschenbachs Konflikt von „minne" und „êre" erhält das Profil durch Alter, Homosexualität und Cholera. König Marke hat tausend Gesichter.

IV.   Schlusswort

Die Greisin als literarisches Thema ist bislang, soweit ich sehe, weder historisch noch systematisch erforscht worden. Die männliche Variante des Themas aber durchaus. Wenn in den hier vorgelegten Überlegungen auf die Greisin als Liebesobjekt eines jungen Mannes und den Greis als Liebhaber einer jungen Frau zugespitzt wurde, so geschah dies aus zwei verschiedenen Gründen. Einmal sollte durch solch suggestive Zusammenstellung überhaupt erst ein Anfang gemacht werden, um die soziologische, psychologische, ästhetische und poetologische Relevanz der Thematik zu verdeutlichen. Zum anderen aber lieferten die ungleichen Paare dem Rahmenthema Menschenwürde das Feld der Einzelfälle, die in der Möglichkeit würdeloser Leidenschaft stehen.

Die Auswahl der literarischen Texte geschah rhapsodisch: Puschkin und Poe, Dostojewskij und Sologub, Cervantes und Martin Walser hatten die professionelle Durcharbeitung des Materials zu garantieren, nicht zu vergessen Hugo von Hofmannsthal und Ira Gershwin.

Literatur

de Cervantes Saavedra, Miguel (1960): „El celoso extremeño." In: ders.: *Obras completas*. Herausgegeben von Angel Valbuena Prat. Madrid, 902-919.

de Cervantes Saavedra, Miguel (1961): „Der eifersüchtige Estremadurer." In: ders.: *Exemplarische Novellen*. Exempla Classica 22. Frankfurt am Main, Hamburg, 260-296.

Christiansen, Broder (1912): *Philosophie der Kunst*. Berlin.

Dostoevskij, Fedor M. (1972-1990): „Prestuplenie i nakazanie." In: ders.: *Polnoe sobranie sočinenij*. 30 Bde. Band 6. Leningrad.

Dostojewskij, Fjodor M. (2000): *Verbrechen und Strafe*. Frankfurt am Main.

Fath, Rolf (1999): „Der Rosenkavalier." In: ders.: *Reclams Opernführer*. Stuttgart, 578-588.

Gerigk, Horst-Jürgen (2005): „Fjodor Sologub. Der kleine Dämon." In: ders.: *Staat und Revolution im russischen Roman des 20. Jahrhunderts, 1900-1925. Eine historische und poetologische Studie*. Heidelberg, 39-77.

Gerigk, Horst-Jürgen (2007): „Wer ist Broder Christiansen? Differenzqualität, Dominante und Objektsynthese. Drei Schlüsselbegriffe seiner Philosophie der

Kunst (1909)." In: Dutt, Carsten; Luckscheiter, Roman (Hrsg.): *Figurationen der literarischen Moderne. Helmuth Kiesel zum 60. Geburtstag.* Heidelberg, 85-105.

Gerigk, Horst-Jürgen (2009): „‚Gehäuse' und ‚Grenzsituation' als Schlüsselbegriffe der Literaturwissenschaft." In: von Engelhardt, Dietrich; Gerigk, Horst-Jürgen (Hrsg.): *Karl Jaspers im Schnittpunkt von Zeitgeschichte, Psychopathologie, Literatur und Film.* Heidelberg, 61-72.

Gershwin, George (1935): *Porgy and Bess. Music by George Gershwin. Libretto by Du Bose Heyward. Lyrics by Du Bose Heyward and Ira Gershwin.* New York.

Heidegger, Martin (1977): *Sein und Zeit.* Gesamtausgabe, Bd. 2. Frankfurt am Main.

Heidegger, Martin; Jaspers, Karl (1992): *Briefwechsel 1920-1963.* München, Frankfurt am Main.

von Hofmannsthal, Hugo (1994): „Der Rosenkavalier." In: ders.: *Operndichtungen.* Herausgegeben von Juliane Vogel. Salzburg, Wien, 67-178.

Jaspers, Karl (1971): *Psychologie der Weltanschauungen.* Berlin, Heidelberg, New York.

Krellmann, Hanspeter (1988): *George Gershwin.* Reinbek.

Poe, Edgar Allan (1960): „Die Brille." In: ders.: *Meistererzählungen.* Herausgegeben von Günter Blöcker. Bremen, 577-610.

Poe, Edgar Allan (1965): „Liebe auf den ersten Blick." (OT: „The Spectacles.") In: ders.: *Erzählungen in zwei Bänden.* Band 2. München, 215-251.

Poe, Edgar Allan (1965): „The Spectacles." In: Harrison, James A. (Hrsg.): *The Complete Works of Edgar Allan Poe.* 17 Vols. Vol. V. New York, 177-209.

Puschkin, Alexander (1971): *Pique Dame. Russisch-Deutsch.* Stuttgart.

de Rougemont, Denis (1959): „Tristans neue Gestalt. Schiwago, Lolita und der Mann ohne Eigenschaften." In: *Der Monat. Eine internationale Zeitschrift* 11, 9-21.

de Rougemont, Denis (1966): *Die Liebe und das Abendland.* Köln, Berlin.

Sologub, Fjodor (1980): *Der kleine Dämon.* Leipzig.

Sologub, Fjodor (2004): *Melkij bes.* Literaturnye pamjatniki. St. Petersburg.

Wahrig, Gerhard (1997): *Deutsches Wörterbuch.* Gütersloh.

Walser, Martin (2008): *Ein liebender Mann.* Reinbek.

Williams, Tennessee (1971): „A Streetcar Named Desire." In: ders.: *The Theatre of Tennessee Williams.* Vol. I. New York, 239-419.

Helmuth Kiesel

Sterben in der Schönen Literatur

Einem bekannten Ondit zufolge hat die Schöne Literatur zwei große Themen, nämlich Liebe und Tod. Jedenfalls wird in der Schönen Literatur nicht nur viel geliebt, sondern auch viel gestorben, beides auf allerlei Arten. Was das Sterben angeht, so betrifft es Junge und Alte, und es geschieht auf natürliche und unnatürliche Weise, freiwillig und unfreiwillig, schlagartig und langwierig, schmerzfrei und grausam. Die Schöne Literatur vergegenwärtigt dies alles: das würdige und erfüllte Hinscheiden des alten Stechlin (Theodor Fontane); das vorzeitige und elende Krepieren der Knaben Hanno und Echo auf Grund von Typhus und Hirnhautentzündung (Thomas Mann); die Erschießung der englischen „Spionin" Edith Cavell im Jahr 1915, beaufsichtigt und kalt beschrieben von dem Arzt und Dichter Gottfried Benn; die Erschießung eines deutschen Deserteurs im Jahr 1941, beaufsichtigt und empathisch beschrieben von dem Hauptmann und Dichter Ernst Jünger; die lang sich hinziehende Hinrichtung der Mitglieder der Widerstandsorganisation „Rote Kapelle" am Ende des „Dritten Reichs" (Peter Weiss); die massenhafte Ermordung von Juden durch NS-Truppen in der Ukraine (Jonathan Littell); das langsame Hinscheiden einer jungen Frau unter den Lebensverhältnissen der DDR (Christa Wolf); das luxuriös gestaltete Wegdämmern dementer Alter mit großem Vermögen (Louis Begley); den begleiteten Freitod eines krank gewordenen älteren Ehepaares (Nicola Bardola). Kurz, das Register der Todesarten ist groß, und das Register der Schreibarten, in denen das Sterben vergegenwärtigt und reflektiert wird, kaum geringer. Beides kann hier nicht einmal überblicksartig eingeholt und reproduziert werden. Die folgenden Ausführungen beschränken sich auf den so genannten „Normaltod" in dem von der Bibel dem Menschen zugedachten Alter von ungefähr siebzig Jahren aus einem der vielen Gründe, die in diesem Alter für ein sozusagen „ziviles" Sterben, einen „zivilen" Tod verantwortlich sind.

Wie geht die Schöne Literatur mit diesem „Normaltod", mit diesem „gewöhnlichen" Sterben um? Auch da ist natürlich das Register der Darstellungsweisen, der Perspektiven und Wertungen sehr groß, reicht vom krass Realistischen bis zum Verniedlichenden, vom existenziell Anklägerischen bis zum Humoristisch-Versöhnlichen. Gleichwohl ist eine historische Abfolge von epochal dominierenden Darstellungsweisen zu beobachten, vielleicht sogar im Sinne eines Sondierungs- und Ausgleichsprozesses, also eines Versuchs, den Tod im richtigen Licht zu sehen und zu beschreiben.

Zu unterscheiden sind wohl drei Epochen. Die erste ist die Zeit bis zum Realismus, der um 1840/50 einsetzte. Sterben wurde in dieser „vor-realistischen" Zeit noch durchaus idealisierend beschrieben, womit gemeint ist: im Sinn der spätmittelalterlichen und barocken Ars moriendi-Bücher. Sterben erscheint in ihnen als eine letzte Lebensleistung, in welcher ein gutes Leben seinen bewussten, gefassten, ergebenen und versöhnten Abschluss findet. Sterben ist diesen Büchern ein repräsentativer Akt mit erbaulichem Charakter. Nicht von schmerzhaftem Krepieren ist die Rede, sondern von einem würdigen, gefassten Dahinscheiden, das für die Angehörigen des Sterbenden wie den Leser gleichermaßen erbaulich ist. Dass diese Darstellung des Sterbens nicht ganz und gar wirklichkeitsfern, nicht nur idealisierend und beschönigend ist, sei nur angemerkt; sie hat durchaus auch ihre realistische Seite. Der Schriftsteller Martin Mosebach berichtet in einem Artikel über Ernst Jüngers Sammlung letzter Worte, der im Juni 2006 in der *Frankfurter Allgemeinen Zeitung* erschien, wie seine Urgroßmutter starb, um ein Beispiel dafür zu geben, „wie ein vorbereiteter bewusster Tod aussehen kann". Es heißt dort:

> Sie stammte aus einer Bierbrauerei, trank aber lieber Wein. Für ihre Sterbestunde hatte sie eine ganz besondere Flasche beiseite gelegt. Ihr überaus pedantischer Sohn, mein Großvater war eingeweiht. Als sie ihr Ende nahen fühlte, sagte sie, während die Familie ihr Bett umstand: „Ich glaube, es ist Zeit, dass ihr die gute Flasche herauf holt!" Das geschah sofort, und sie hat

sogar noch einen Schluck getrunken. Das war, nach der Kommunion, die sie vorher empfangen hatte, ihr Abschied von der Materie in deren nächst dem Viaticum Geist erfülltesten Form. Dass der Plan gelang, hat freilich eine Ordnung des Lebens zu Voraussetzung, die für sie auch mit vielem Verzicht erkauft war.

Im 18. Jahrhundert wurde die Idealisierung des Sterbens durch eine Beschönigung des Todes komplettiert. Der Tod sollte nicht mehr als abstoßender und erschreckender Knochen- und Sensenmann erscheinen, sondern – an der Antike orientiert – als letztlich freundlicher Genius. Gotthold Ephraim Lessing wies 1769 mit seiner Abhandlung *Wie die Alten den Tod gebildet* darauf hin, dass die antiken Künstler den Tod nicht als Skelett vorgestellt haben, sondern als einen geflügelten Jüngling mit „umgestürzter" – also nach unten weisender – Fackel und anderen Insignien wie Totenkranz und Schmetterling, die auf den Tod und das Entschwinden der Seele verweisen. Wohl zeigt dieser Genius Zeichen der Trauer, aber nichts an ihm wirkt gewalttätig und erschreckend. Er ist ein „Engel des Todes", der die betroffenen Menschen mit sanften Gebärden in einen Zustand geleitet, welcher einem erquickenden Schlaf gleicht. Damit verband sich in der paganen Antike die Ablehnung der Vorstellung eines gleich folgenden Sündengerichts und anschließender Seelenstrafen für den Verstorbenen. Dic Wirkung dieser Schrift von 1769 war ungeheuer: Goethe beschrieb sie im achten Buch seiner Autobiographie *Dichtung und Wahrheit* 1812 als grundlegendes Erlebnis seiner Generation, und tatsächlich findet man in der Literatur jener Jahrzehnte vielerlei Wirkungsspuren, wenn auch nicht immer so deutlich wie in Friedrich Schillers Gedicht „Die Götter Griechenlandes" wo es – die Antike idealisierend – heißt:

Damals trat kein grässliches Gerippe
vor das Bett des Sterbenden. Ein Kuß
nahm das letzte Leben von der Lippe,
seine Fackel senkt' ein Genius.
Selbst des Orkus strenge Richterwaage
hielt der Enkel einer Sterblichen,
und des Thrakers seelenvolle Klage
rührte die Erinnyen.

Die damit beschriebene Idealisierung und Ästhetisierung des Todes
prägt auch noch die Literatur der zweiten hier zu betrachtenden Epoche, nämlich des Realismus, der von etwa 1840 bis ungefähr 1900
datiert und den Naturalismus mit einschließt. Beispielhaft dafür ist
Theodor Fontanes Roman *Stechlin*, der in Fontanes Todesjahr 1898
erschien. Er erzählt die Geschichte des Majors a. D. Dubslav von
Stechlin, der siebenundsechzig Jahre alt ist und am Ende des Romans
stirbt. Diese Geschichte wird auf rund 450 Druckseiten ausgebreitet,
wovon nicht weniger als 60 den letzten Monaten der Krankheit und
dem Sterben Stechlins gewidmet sind. Wir erfahren von schmerzlichen Ödemen, von Fieberanfällen und Dauerfrösteln; wir sehen
Dubslav leiden, aber nicht allzu sehr; er begleitet seinen Verfall mit
einverständigen Kommentaren derart, dass siebenundsechzig ein or-
dentliches Alter und zudem jenes sei, in dem die Stechlins seit jeher
von hinnen gegangen seien; und dann heißt es lapidar: „Es war
Mittwoch früh, dass Dubslav, still und schmerzlos, das Zeitliche ge-
segnet hatte." Etwas bedrückender erscheint hingegen das Lebensende in Leo Tolstois Erzählung *Der Tod des Iwan Iljitsch* von 1886;
aber auch dort kommt es zu einem versöhnlichen Ende. Drei Monate
leidet Iwan Iljitsch unter einer schmerzlichen Krankheit und unter
dem quälenden Verdacht, falsch gelebt zu haben. Zudem ist er von
rücksichtslosen Familienmitgliedern und Kollegen umgeben. Dann
kommen drei letzte Tage unter entsetzlichem Schmerzensgeschrei, in
denen der Sterbende zudem von einer ungeheuren Angst vor „dem
schwarzen Sack" geplagt wird. Mit einer letzten Bewusstseinsan-
strengung findet er aber seinen Seelenfrieden, und schließlich heißt
es: „An Stelle des Todes war ein Licht da. Und: ‚So ist das also!'
sagte er plötzlich laut. ‚Welch eine Freude!'" Der Realismus des
19. Jahrhunderts, den man wegen seiner – von Fontane ausdrücklich
geforderten und bejahten Tendenz zur Verklärung der Wirklichkeit –
zu Recht als „poetischen" Realismus bezeichnet, zeigt also das Sterben als einen Vorgang, der zwar mehr oder minder schmerzhaft sein
mag, aber doch eine letzte erhebende Leistung darstellen kann, das
Leben abrundet, den Charakter eines Menschen vollends enthüllt und
ihm eine besondere, nicht mehr zu beeinträchtigende Würde gibt.
Der Tod in den großen Werken der realistischen Literatur, bei Fonta-

ne wie Tolstoi, ist – mit einer Formulierung aus Rainer Maria Rilkes Roman *Die Aufzeichnungen des Malte Laurids Brigge* – ein „eigener Tod": Er rundet das Leben ab und lässt das Wesen der Person hervortreten; er wird zelebriert und ist eine Leistung; er wirkt erschütternd und erbaulich zugleich.

Diese Betrachtungs- und Darstellungsweise kommt um 1900 an ihr Ende. Die Menschen in der entfalteten Moderne, also auch in der modernen Massengesellschaft, finden typischerweise keinen „eigenen", würdevollen und versöhnlichen Tod mehr. Auch dies ist an epochalen Werken leicht zu beobachten. In Thomas Manns 1900 erschienenen Roman *Buddenbrooks*, der die Geschichte des „Verfalls einer Familie" erzählt, darf der alte Seniorchef des Hauses Buddenbrook, der gottesfürchtige Monsieur Johann Buddenbrook (I.), anno domini 1837 nach einem frommen und erfolgreichen Leben sein Haus ordnen und, nachdem ein „kleiner Frühlingsschnupfen" ihn bettlägerig gemacht hat, im Beisein der Familie das Zeitliche segnen. Auch sein Sohn, der frömmlerische und kränkliche Johann (Jean) Buddenbrook (II.), darf anno 1855 zu Hause im Lehnstuhl sterben, überraschend zwar und allein, aber immerhin doch in vertrauter Atmosphäre. Dann aber kommt die Zeit des verschärften kapitalistischen Konkurrenzdrucks und des Zwangs zur unerbittlichen Arbeit, so dass in der nächsten Generation weder ein gutes Leben noch ein gutes Sterben möglich ist, und mithin auch kein „eigener Tod". Der dritte Chef des Hauses Buddenbrook stürzt im Januar des Jahres 1875, ausgezehrt von unermüdlicher Arbeit und angeschlagen von geschäftlichen Sorgen, auf der Straße und stirbt, in „Kot und Schneewasser" liegend, würdelos, elend, ohne mit dem Leben abgeschlossen zu haben. Es ist kein „vorbereiteter bewusster Tod" (Mosebach), in dem ein Leben seine Abrundung findet, kein versöhnliches und erbauliches Sterben, sondern ein abruptes Herausgerissenwerden aus einem anstrengenden, ruhelosen, fast verzweifelten Leben, man könnte auch sagen: ein achtloses Weggeworfenwerden, das erschütternd, ja deprimierend wirkt, weil es die Leistung wie die Würde des Betroffenen ignoriert und verneint, ja vernichtet. Sterben und Tod sehen in der forcierten Moderne also deutlich anders aus als in der Literatur des poetischen Realismus, die noch in der Tradition

der Ars moriendi stand und überdies dem Ideal der „Verklärung"
(Theodor Fontane) verpflichtet war. Jetzt wird beiläufig, unfeierlich,
würdelos gestorben, zudem – in den Kliniken der Großstädte – „fab-
rikmäßig", wie der Protagonist von Rilkes *Aufzeichnungen* beim Anblick des Hôtel Dieu in Paris feststellt:

> Dieses ausgezeichnete Hôtel ist sehr alt, schon zu König Chlodwigs Zeiten
> starb man darin in einigen Betten. Jetzt wird in 559 Betten gestorben. Natür-
> lich fabrikmäßig. Bei so enormer Produktion ist der einzelne Tod nicht so gut
> ausgeführt, aber darauf kommt es auch nicht an. Die Masse macht es. Wer
> gibt heute noch etwas für einen gut ausgearbeiteten Tod? Niemand. Sogar
> die Reichen, die es sich noch leisten könnten, ausführlich zu sterben, fangen
> an, nachlässig und gleichgültig zu werden; der Wunsch, einen eigenen Tod
> zu haben, wird immer seltener. Eine Weile noch und er wird ebenso selten
> sein wie ein eigenes Leben.

Dies ist der Beginn einer großen Klage über den Verlust der Ars moriendi, die eine Ars vivendi einschloss. Rilke beschwor sie mit den
Aufzeichnungen wie mit einigen seiner Gedichte noch einmal, und
auch an anderen Stellen der modernen Literatur scheint sie auf, auch
an sehr unerwarteten Stellen wie in Ernst Jüngers Kriegsbuch *In
Stahlgewittern*, wo neben dem brutalen Tod auf dem Schlachtfeld
auch einmal – im Kapitel „Am Saint-Pierre-Vaast" – das gefasste
und erbauliche Sterben eines Schwerverwundeten gezeigt wird, der
sich mit seinem Tod abgefunden zu haben schien:

> Merkwürdig war, dass er, der die letzten Tage eigentlich bereits von uns ab-
> wesend gewesen war, in der Stunde seines Todes die volle Klarheit wieder-
> fand und noch einige Vorbereitungen traf. So ließ er sich von der Schwester
> sein Lieblingskapitel aus der Bibel vorlesen, dann verabschiedete er sich von
> uns allen, indem er uns um Entschuldigung bat, dass er uns durch seine Fie-
> beranfälle so oft des Nachts in der Ruhe gestört habe. Endlich flüsterte er mit
> einer Stimme, der er noch einen scherzhaften Klang zu geben suchte: „Haben
> S' nit noch a bisserl Brot, Fritz?" und war in wenigen Minuten tot. Dieser
> letzte Satz bezog sich auf unseren Krankenpfleger Fritz, einen älteren Mann,
> dessen Dialekt wir nachzuahmen pflegten, und er erschütterte uns, weil in
> ihm eine Absicht des Sterbenden, uns aufzuheitern, zum Ausdruck kam.

Ansonsten wird in der dritten Phase der modernen Literatur, die um 1910 mit dem Expressionismus einsetzt, der Blick vollends geöffnet für die Brutalität manches Sterbens und die Unversöhnlichkeit des Todes. Ein Beispiel von geradezu epochaler Signifikanz ist Gottfried Benns Gedicht „Mann und Frau gehen durch die Krebsbaracke" von 1912:

> Der Mann:
> Hier diese Reihe sind zerfallene Schöße
> und diese Reihe ist zerfallene Brust.
> Bett stinkt bei Bett. Die Schwestern wechseln stündlich.
>
> Komm, hebe ruhig diese Decke auf.
> Sieh, dieser Klumpen Fett und faule Säfte
> das war einst irgendeinem Mann groß
> und hieß auch Rausch und Heimat.
>
> Komm, sieh auf diese Narbe an der Brust.
> Fühlst du den Rosenkranz von weichen Knoten?
> Fühl ruhig hin. Das Fleisch ist weich und schmerzt
> nicht. –
> Hier diese blutet wie aus dreißig Leibern.
> Kein Mensch hat soviel Blut. –
> Hier dieser schnitt man
> erst noch ein Kind aus dem verkrebsten Schoß. –
>
> Man läßt sie schlafen. Tag und Nacht. – Den Neuen
> sagt man: hier schläft man sich gesund. – Nur sonntags
> für den Besuch läßt man sie etwas wacher. –
>
> Nahrung wird wenig noch verzehrt. Die Rücken
> sind wund. Du siehst die Fliegen. Manchmal
> wäscht sie die Schwester. Wie man Bänke wäscht. –
>
> Hier schwillt der Acker schon um jedes Bett.
> Fleisch ebnet sich zu Land. Glut gibt sich fort,
> Saft schickt sich an zu rinnen. Erde ruft. –

Hier wird ein Sterben gezeigt, gegenüber dem jeder Verweis auf die traditionelle Ars moriendi als unangemessen erscheinen, ja wie eine Verhöhnung wirken würde. Die Ars moriendi, die hier angebracht zu

sein scheint, heißt: schonungslose Aufdeckung des Leids, der Verluste, der Sinnlosigkeit, ergänzt um die Pathologie der berühmten
Morgue-Gedichte, deren letztes unter dem Titel „Requiem" zeigt,
dass das, was vom Menschen bleibt, dazu geeignet ist, die Vorstellung von Gottebenbildlichkeit und Heilsgeschichte als gegenstands-
los erscheinen zu lassen:

Requiem

Auf jedem Tische zwei. Männer und Weiber
kreuzweis. Nah, nackt, und dennoch ohne Qual.
Den Schädel auf. Die Brust entzwei. Die Leiber
gebären nun ihr allerletztes Mal.

Jeder drei Näpfe voll: von Hirn bis Hoden.
Und Gottes Tempel und des Teufels Stall
nun Brust an Brust auf eines Kübels Boden
begrinsen Golgatha und Sündenfall.

Der Rest in Särge. Lauter Neugeburten:
Mannsbeine, Kinderbrust und Haar vom Weib.
Ich sah von zweien, die dereinst sich hurten,
lag es da, wie aus einem Mutterleib.

Was in diesem Gedicht zum Ausdruck kommt, ist die Ars moriendi
der ernüchterten Moderne, ausformuliert nicht zufällig von einem
Pastorensohn, dem der Glaube an eine sinnvolle Welt unter Gottes
Obhut durch Nietzsche ausgeredet worden war; der deswegen das
Theologie-Studium aufgegeben hatte und Mediziner geworden war;
der als approbierter Arzt mit ansehen musste, wie seine Mutter 1912
qualvoll an Krebs starb, ohne dass er, der Arztsohn, ihr lindernde
Mittel geben durfte, weil der Gatte, der Vater, der Pastor Benn, darauf bestand, dass der Schmerz von Gott gewollt und bis zum bitte-
ren Ende auszuhalten sei. Spätestens von da an, nach Benns Krebs-
baracken- und Morgue-Gedichten, kann Sterben anders beschrieben
werden, als in der Literatur des poetischen Realismus: drastisch,
schockierend, als ein schrecklicher Destruktionsprozess, der nicht
versöhnlich gezeigt werden kann und auch nicht schön: Die Ästhetik
des Sterbens ist seit dem Expressionismus eine vorwiegend negative,

und es unterbleiben alle Versuche, das „Malum" oder „Mal" des Todes im Sinne der ästhetizistischen *Fleurs du Mal* eines Baudelaire
(1857) zu bonisieren und florifizieren oder, anders gesagt: an ihm
Aspekte des Guten und Schönen zu suchen und in den Vordergrund
der Darstellung treten zu lassen.

Dies änderte sich zu Beginn der achtziger Jahre des letzten Jahrhunderts. 1982 erschien im Suhrkamp-Verlag die Erzählung *Josef
stirbt* von Ulla Berkéwicz, ein kleines Buch, das nur 115 Seiten umfasst, aber großes Aufsehen erregte. Leuchtend rot eingebunden, berichtet dieses Buch vom Tod eines neunzig Jahre alten Mannes, eines
heimatvertriebenen Bauern, der zuletzt als Landarbeiter lebte und
nun an Herzschwäche und Krebs stirbt, schmerzvoll, mit einem Ka-
theter im Glied und einem Beutel blutigen Urins vor dem Bett. Dies
wird mit den Augen der neunundzwanzigjährigen Enkelin gesehen.
Diese junge Frau aber beschreibt Josefs Sterben auch in seinen un-
schönen, zunächst abstoßenden Momenten mit einer solchen Unvor-
eingenommenheit und mit einer solch liebenden Hingabe, dass man
auch als Leser nichts mehr als abstoßend empfinden mag, sondern
sich eigentümlich angezogen fühlt, sich fasziniert sieht durch etwas,
was alles andere als schön ist, aber in seiner Nicht-Schönheit erhaben
zu wirken beginnt. Die Bedeutung von *Josef stirbt* liegt in zwei Momenten: zum einen in einer Ästhetik des Erhabenen, die für das Sterben dieses einfachen alten Mannes reklamiert wird; zum andern in
der Darstellung eines „eigenen Todes" in einer Zeit, in der es diesen
gar nicht mehr zu geben schien.

Wie schwer es in der heutigen Zeit tatsächlich ist, einen „eigenen
Tod" zu bekommen, auch unter besten materiellen Voraussetzungen,
zeigt nun das zweite Sterbe-Buch von Ulla Berkéwicz, das im Früh-
jahr 2008 in der selben leuchtend roten Aufmachung wie *Josef stirbt*
erschien, also eine Art von Wiederholung oder Fortsetzung darstellt,
und wiederum großes Aufsehen erregte. *Überlebnis*, so der Titel, ist
ein Buch über das Sterben von Siegfried Unseld, mit dem die Ver-
fasserin zwölf Jahre lang verheiratet war, bevor er im Oktober 2002
im Alter von 78 verstarb. Man hat dieses Buch als ein Buch der
Trauer, der Verlustbewältigung und anders mehr bezeichnet. Hier
seien zwei Aspekte hervorgehoben die von besonderer Aktualität zu

sein scheinen und gegebenenfalls Konsequenzen verlangen. Denn *Überlebnis* ist ein Protest gegen das entmündigte und entfremdende Sterben in modernen Kliniken, und es ist ein Plädoyer für einen „eigenen" Tod im Sinne Rilkes.

Überlebnis ist in fünf Kapitel untergliedert, doch kann man auch sagen, dass dieses Buch im Hinblick auf das Sterben „des Mannes", wie immer gesagt wird, zwei Teile hat. Der erste Teil spielt in einer großstädtischen Klinik, der zweite in der Villa des Mannes. Die Klinik ist ein Ort des Schreckens: Der Mann kommt in Begleitung seiner Frau in der Nacht vom ersten auf den zweiten Pfingstfeiertag mit massiven Herzbeschwerden in der Klinik an, wird gründlich untersucht, auf die Intensivstation gebracht und hinhaltend behandelt. Es ist Pfingsten, der Chef ist im Urlaub, Dienst tut, wie suggeriert wird, die zweite Garnitur. Es geschieht nicht viel: Untersuchungen, Infusionen, Spritzen, Blutbeutel am Bett. Daneben aber entfaltet sich ein Kleinkrieg zwischen der Frau, den Ärzten und dem Pflegepersonal. Man will sie vertreiben, aber sie setzt durch, dass sie Tag und Nacht am Bett des Mannes bleiben darf. Dafür wird sie jedoch von Schwestern, Pflegern und Ärzten drangsaliert: angegiftet und an die Wand gedrückt, ja sogar gegen das Schienbein getreten. Sie erlebt den Alltag in der Klinik, der für sie freilich nicht Alltag ist, und hat erschütternde und empörende Beobachtungen zu machen: Während der Arbeit an den Schwerkranken und Sterbenden plant das Personal die abendliche Grillparty und verständigt sich über die Beschaffung von Speisen und Getränken. Auf dem Balkon fürs Personal findet die Frau Kippen und Pornohefte als Vorlage für Selbstbefriedigung, während ein paar Wände weiter Patienten mit dem Tod ringen. Der Umgang von Pflegern und Ärzten mit den Kranken wirkt auf sie lieblos, achtungslos und roh, ebenso der Umgang mit ihr selbst. Anständig, menschlich und hilfsbereit ist nur eine Person: eine schwarze Putzfrau. Das Vokabular, das dann eingesetzt wird, gibt der Schilderung eine eindeutige Tendenz: der Pfleger wird „Fascho" genannt, der Oberarzt, der den bezeichnenden Namen Doktor Marter hat, kommt im „Sturmschritt", lässt die Türen knallen und brüllt im Diskant. Zur Visite erscheinen zwölf Mann im „Sturmschritt", der zum „Stechschritt" wird, und der „Fascho-Pfleger" will die Frau aus dem

Zimmer werfen. Die mit diesem Vokabular vermittelte Botschaft ist eindeutig: Klinik heißt Faschismus; Patienten sind dort rechtlos, entmündigt und entwürdigt; Sterben bedeutet Tortur unter den Händen von Rohlingen und Herrenmenschen. Eingeschoben in diese Klinikschilderungen wird die Erinnerung an den häuslichen Tod Josefs und eine zweite Erinnerung an den Tod eines jüdischen Bekannten in Amsterdam, der ebenfalls zu Hause sterben durfte, umgeben von Familienangehörigen und Freunden, unter der Teilnahme der Nachbarschaft. Dem Stöhnen des Sterbenden dort antwortete das Stöhnen der Menschen im Haus und im Garten; sein Sterben war ein sozialer Akt.

Der Klinikaufenthalt wird dann abrupt beendet. Man kehrt ins eigene Haus zurück, eine geräumige Villa, wo dann ein „eigener Tod" zelebriert wird. Dessen Darstellung tendiert zum Idyllischen und zum Erhabenen. Idyllisch ist das stille, schön eingerichtete und von Efeu eingehüllte Haus, ein idealer Rückzugsort fürs Sterben wie zuvor fürs Leben: „Sterben braucht seinen Raum", heißt es, „wie Lieben. Dann findet der Anfang das Ende wieder und wieder, bis das Ende den Anfang gefunden hat." Idyllisch ist die Pflege: der vertraute Hausarzt, einige Pfleger, die bald als liebenswürdige „Pflegerchen" bezeichnet werden, zwei „Polenmädchen" und eine robuste „Pflegeschwester" wohl für härtere Arbeit. Es gibt keinen „Fascho" und keinen „Stechschritt" mehr; im bergenden „Efeuhaus" entsteht eine innige Pflege- und Sterbegemeinschaft.

Erhaben ist dann das Sterben des mächtigen Mannes, der aufhört, Medikamente zu nehmen, den Tod sucht und den Todeskampf besteht, einen Kampf, in den die Elemente einstimmen: Während der Mann stirbt, tobt – wie in der romantisch-symbolistischen Literatur und wie noch in Alfred Döblins Roman *Berlin Alexanderplatz* (1929) während der Ermordung Miezes – ein Sturm ums Haus, klirren die Gläser in den Schränken, geht in der linken Hand seiner Frau eine Wunde auf. Und diese Schilderung des Sterbevorgangs wird umrahmt durch die Erinnerung an religiöse, jüdische Vorstellungen über das seelische Geschehen im „Todesnu".

Es stellt sich die Frage, welchen Realitätsgehalt dieser Text hat. Deutlich ist, dass kräftig mit Mitteln der Zuspitzung, Typisierung,

Verzerrung und Idealisierung gearbeitet wird, zudem mit romantisch-naturphilosophischen Vorstellungen einer Korrespondenz zwischen dem Mikrokosmos des Sterbehauses und dem Makrokosmos der umgebenden Landschaft und Atmosphäre. *Überlebnis* ist ein vielleicht denunziatorischer, jedenfalls massiver Angriff auf die Klinik, auf das Sterben in der Klinik, auf die Auslagerung des Sterbens in die Klinik, auf die Ausgrenzung der Sterbenden aus den Familien, der Nachbarschaft, der Gesellschaft, und komplementär dazu eine Idealisierung, Ästhetisierung und Re-Sakralisierung des Sterbens im Sinne eines „eigenen Todes", der zugleich ein gesellschaftlicher Akt ist und einem Leben einen angemessenen Abschluss gibt. *Überlebnis* ist ein Angriff auf die Klinik als falschen Sterbeort und ein Plädoyer für den „eigenen Tod" im eigenen Haus. Die Frage nach Betäubungsmitteln, nach Verkürzung des Sterbens oder nach assistiertem Suizid taucht nicht auf. Der Tod, auch der Todeskampf, gehört in diesem Buch zum Leben, das vom Sterbenden ausgestanden und von den Angehörigen ausgehalten werden muss.

Literatur

Ariès, Philippe (1982): *Geschichte des Todes.* München.

Barner, Wilfried (1984): „Der Tod als Bruder des Schlafs. Literarisches zu einem Bewältigungsmodell." In: Winau, Rolf; Rosemeier, Hans Peter (Hrsg.): *Tod und Sterben.* Berlin, New York, 144-166.

Kühlmann, Wilhelm (1989): „Abschied von der ‚Sterbekunst'. Heinrich Heines Briefe und Gedichte aus der ‚Matratzengruft'." In: Jansen, Hans Helmut (Hrsg.): *Der Tod in Dichtung, Philosophie und Kunst.* Darmstadt, 327-336.

Rainer, Rudolf (1957): *Ars moriendi. Von der Kunst des heilsamen Lebens und Sterbens.* Köln, Graz.

Rehm, Walter (1928): *Der Todesgedanke in der deutschen Dichtung vom Mittelalter bis zur Romantik.* Halle an der Saale.

Sill, Bernhard (1999): *Ethos und Thanatos. Zur Kunst des guten Sterbens bei Matthias Claudius, Leo Nikolajewitsch Tolstoi, Rainer Maria Rilke, Max Frisch und Simone de Beauvoir.* Regensburg.

Waller, Friederike (2006): *Alles ist nur Übergang. Lyrik und Prosa über Abschied, Sterben und Tod.* Tübingen.

Winau, Rolf; Rosemeier, Hans Peter (1984): *Tod und Sterben.* Berlin, New York.

Kurt W. Schmidt

„Herr Doktor – heißt das, ich muss sterben?"
Die Diagnosemitteilung im Spielfilm, das Alter und das Weiterleben angesichts des Todes

Wenn wir im Sterben liegen, ist es gefährlich, über den Tod nachzudenken. Diese eindrückliche Mahnung gibt Martin Luther in seinem 1519 erschienen Sermon von der Bereitung zum Sterben:

> Im Leben sollte man sich mit des Todes Gedanken üben und sie zu uns fordern, wenn er noch fern ist und einen nicht in die Enge treibt. Aber im Sterben, wenn er von selbst schon allzu stark da ist, ist es gefährlich und nichts nütze. Da muss man sein Bild ausschlagen und nicht sehen wollen [...].
> Im Leben, da [...] sollten [wir] des Todes, der Sünde, der Hölle Bild stets vor Augen halten [...]. Im Tode, da [...] sollten [wir] nur Leben, Gnade und Seligkeit vor Augen halten (Luther 1990: 15-34).

Für Luther verlangt die Beschäftigung mit dem Tod Kraft und Stärke, die in den guten Tagen gegeben ist, um den notwendigen Schutz für das Ende des Lebens bereit zu stellen. So rät auch der Reformator Johannes Calvin zur Prävention: „Bei bester Gesundheit immer den Tod vor Augen haben."

Ein solches *vor Augen führen* übernimmt auf eigene Weise seit über 100 Jahren das Kino und drängt uns immer wieder aufs Neue in die Auseinandersetzung mit dem (eigenen) Tod. Seit der ersten öffentlichen Filmvorführung im Keller des Grand Café in Paris im Jahre 1895 wird auf der Leinwand mit dem Tod gerungen. Über die Ländergrenzen hinweg lebt hier eine Tradition des *memento mori*, die uns Sterbliche in Form des antiken Theaters eine Erfahrung der Katharsis anbietet, um mit (dem eigenen) Sterben und Tod besser umgehen zu können. Zwei große Herausforderungen sind zu nennen: Krankheit und Alter.

I.   Diagnose: unheilbar

Wir beginnen mit den Filmen, in denen eine Krankheit den Helden des Films unvermittelt trifft. Die Hauptperson erfährt vom Arzt (häufig zu Beginn des Films), dass sie an einer unheilbaren Erkrankung (häufig Krebs) leidet und bald sterben wird. Diese zeiten- wie länderübergreifende szenische Abfolge lässt sich wie folgt zusammenfassen:

- die Hauptfigur fühlt sich plötzlich unwohl
- dem Besuch beim Arzt folgen diverse Untersuchungen
- dann die Mitteilung der Diagnose: unheilbare (!) Erkrankung (häufig Krebs)
- nur noch kurze Zeit zu leben
- Klappe / Pause

Wahrlich kein schöner Beginn für einen Kinobesuch. Wer für eine solche Ouvertüre an der Kinokasse acht Euro bezahlt hat, mag sich im Kinosessel fragen, ob dieses Geld gut investiert war und was er dafür in den nachfolgenden 90 Minuten bekommen wird. Niemand geht ins Kino, um über die neuesten Behandlungsformen und wissenschaftlichen Erkenntnisse einer Krebstherapie informiert zu werden. Es muss also etwas anderes sein, dass die Aufmerksamkeit des Zuschauers gewinnt. Der japanische Schwarzweißfilm *Ikiru* (Japan 1954, dt. Titel: „Einmal wirklich leben") des berühmten Regisseurs Akira Kurosawa soll uns dies verdeutlichen.

Zu Beginn des Films bekommen wir den Helden der Geschichte vorgestellt, Herrn Watanabe. Seit 25 Jahren ist er ein überaus gewissenhafter Büroangestellter der Stadtverwaltung und hat in dieser Zeit keinen einzigen Tag gefehlt. Aber heute erscheint er zum ersten Mal nicht an seinem Arbeitsplatz, denn wegen ständiger Magenschmerzen hat er einen Arzttermin. Mit langsamen Schritten verlässt er gerade die Röntgenabteilung und begibt sich ins überfüllte Wartezimmer des Krankenhauses. Ein Patient wird im Bett an ihm vorbeigefahren, im Hintergrund ist das Schreien eines kleinen Kindes zu hören. Herr Watanabe ist deutlich verängstigt und unsicher in dieser für ihn fremden Welt. Im Wartezimmer nähert sich ihm ein Mitpatient, setzt sich zu ihm und spricht ihn an.[1]

Mitpatient:	Probleme mit dem Magen? *(Herr Watanabe nickt.)* Mir macht ein chronisches Magenleiden zu schaffen. In letzter Zeit spüre ich mich selbst gar nicht mehr ohne Schmerzen. *(Beide schmunzeln. Ein Mitpatient wird aufgerufen. Beide schauen zu ihm hinüber.)* Dieser Mann da *(Er steht auf und setzt sich neben Herrn Watanabe)*... sie sagen, er habe ein Magengeschwür... Aber ich vermute, es ist Krebs... Krebs zu haben ist wie ein Todesurteil... Ein Arzt sagt normalerweise, es handle sich um ein Magengeschwür und dass eine Operation unnötig sei. Und wenn er einem sagt: „Sie können essen, was Sie wollen!", dann hat man höchstens noch ein Jahr zu leben. Wenn man die Symptome bemerkt, hat man nur noch weniger als ein Jahr. Man leidet unter einem Völlegefühl und der Magen schmerzt. Das Aufstoßen ist unangenehm, und man hat ständig Durst. Entweder man leidet an Verstopfung oder an Durchfall. Der Stuhlgang ist schwarz. Man ist nicht mehr in der Lage, die Speisen zu sich zu nehmen, die man immer gegessen hat. Man erbricht alles, was man zu sich nimmt. Und wenn man das erbricht, was man eine Woche zuvor gegessen hat, bleiben einem noch drei Wochen. *(Entsetzt wendet sich Herr Watanabe ab. Der Mitpatient widmet sich wieder seiner Zeitungslektüre.)*
Arzthelferin:	Herr Watanabe! Herr Kanij Watanabe! *(Herr Watanabe betritt das Arztzimmer. Der Arzt bittet ihn Platz zu nehmen.)*

---

[1] Eigene Übersetzung der englischen Untertitel der japanischen Originalfassung.

Arzt:	Sie haben ein kleines Magengeschwür. (*Herr Watanabe lässt vor Schreck seinen Mantel fallen. Mit weit aufgerissenen Augen setzt er sich dem Arzt gegenüber und fleht ihn an.*)
Watanabe:	Seien Sie aufrichtig zu mir! Bitte sagen Sie mir die Wahrheit! Ist es Krebs?
Arzt:	Nein! Es ist ein kleines Magengeschwür.
Watanabe:	Ist eine Operation unmöglich?
Arzt:	Sie ist unnötig! Die Medizin wird es heilen.
Watanabe:	Was darf ich essen?
Arzt:	Nun,... Sie können essen, was Sie wollen... Solange Sie es verdauen können. (*Herr Watanabe verlässt das Arztzimmer. Der Arzt lehnt sich zurück und steckt sich eine Zigarre an.*)
Junger Arzt:	Wird er noch ein Jahr haben?
Arzt:	Nein, höchstens 6 Monate... (*zum jungen Arzt gerichtet:*) Wenn Sie nur noch 6 Monate hätten, was würden Sie tun? (*Der junge Arzt senkt den Blick und bleibt stumm. Der ältere Arzt dreht sich auf seinem Stuhl der Krankenschwester zu und fragt:*) Und Sie, was würden Sie tun, Frau Aihira?
Krankenschwester:	Auf der Ablage steht Gift...

Herr Watanabe weiß nun, dass er sterben wird. Nachdem er sich von dem ersten Schock der Diagnose erholt hat und in seinem Sohn keinen Gesprächspartner findet, erkennt er das Drama seines bisherigen ungelebten Lebens und möchte nun erstmals „richtig" leben. Die Tragik besteht jedoch darin, dass Herr Watanabe gar nicht weiß, wie man „richtig" lebt, und er dies in der kurzen Zeit, die ihm bleibt, auch nicht mehr wird einüben können.

Es ist hier nicht der Ort, auf die medizinethische Komponente der ärztlichen Diagnoseaufklärung einzugehen. Ob der Arzt dem Todkranken die Wahrheit sagen soll (ob überhaupt, wie umfassend und in welcher Form), ist in der Medizingeschichte höchst unterschiedlich beantwortet worden, und bis heute finden sich kulturelle

Unterschiede in dieser Frage. Für Thomas Percival, den bedeutenden englischen Medizinethiker im beginnenden 19. Jahrhundert, ist es in seiner 1803 erschienenen *Medizinischen Ethik* ein grobes und gefühlloses Fehlverhalten des Arztes, wenn er dem unheilbar kranken Patienten auf dessen Fragen hin diese Wahrheit sagt (Radovsky 1985: 586-588). Noch um 1960 wird berichtet, dass in den USA etwa 80 Prozent der Ärzte der Meinung sind, man solle einem unheilbar kranken Patienten nicht die Wahrheit über seinen Zustand sagen (Schmidt 2001: 63-80). Doch eine notwendige Grundbedingung, um sich dem eigenen Sterben und der Endlichkeit stellen zu können, ist die wahrhaftige Mitteilung von Diagnose und Prognose. In *Ikiru* kann sich Herr Watanabe (und mit ihm wir als Zuschauer) die Wahrheit indirekt erschließen durch die vorherigen Informationen des Mitpatienten. Was der Film uns dabei aber auch zeigt: Kaum ein Patient geht – ob er will oder nicht – ohne Vorinformationen zum Arzt. Die Worte und Gesten des Arztes treffen beim Patienten auf ein bereits vorhandenes Interpretations- und Entschlüsselungsschema.

Wenn das Kino seine Akteure nun an Krebs erkranken lässt, dann ist damit bereits eine Vorentscheidung getroffen: Es ist nicht der schnelle Tod, das plötzliche Versterben, das den Betroffenen ohne Vorwarnung aus dem Leben reißt. Der Krebstod kommt im Kino langsam, er zwingt den Menschen, sich mit ihm auseinanderzusetzen, er drängt auf eine persönliche Stellungnahme.

Dass bis ins späte Mittelalter der plötzliche Tod noch ein großer Schrecken war, vor dem man bewahrt sein wollte, zeigt eindrücklich ein christliches Abendlied aus dem 17. Jahrhundert. Dort heißt es:

Ach bewahre mich vor Schrecken,
schütze mich vor Überfall,
laß mich Krankheit nicht aufwecken,
treibe weg des Krieges Schall,
wende Feu'r und Wassersnot,
Pestilenz und schnellen Tod,
laß mich nicht in Sünden sterben
noch an Leib und Seel verderben.
(Rist 1642)

Glaubt man den Umfrageergebnissen, dass sich der moderne Mensch des 20. und 21. Jahrhunderts einen schnellen, plötzlichen Tod wünscht, so wird dieser Wunsch im Kino bei der Diagnose Krebs gerade nicht eingelöst. Ärztinnen und Ärzte sind häufig verärgert, dass das Kino beharrlich an der Gleichung Krebs = Tod festhält. Und in der Tat stimmt dies mit der medizinischen Realität nicht überein und würde eine differenzierte Betrachtung der unterschiedlichen Krebserkrankungen verlangen, aber das Kino ist eben kein Abbild der Realität! Jeder Film ist eine Inszenierung. Wir alle wissen, dass im Kino nicht richtig gestorben wird, dass kein echtes Blut fließt und dass die Tränen künstlich sind. Film ist ein Medium der Welterfahrung. Jeder Film evoziert eine eigene Welt. Dabei hat ein guter Film die Macht, das Leben des Zuschauers vorübergehend zum Verschwinden zu bringen, ihn in die Welt des Film hineinzuziehen und eine prägende Erfahrung zu vermitteln. Der Zuschauer darf an (inneren) Erfahrungen teilhaben, die sonst nur den direkt Beteiligten zugänglich sind. Das trifft besonders für jene Ereignisse zu, die eine große emotionale Spannung aufweisen: dazu gehören Liebe und Krankheit, Sterben und Tod.

So stellt das Kino die Hauptperson exemplarisch für uns Zuschauer vor das Angesicht des Todes. Oder, wie Woody Allen seine Figur Mickey in Erwartung der Mitteilung einer schrecklichen Diagnose sagen lässt: vor den „Abgrund der Ewigkeit" (*Hannah und ihre Schwestern*, USA 1986, Regie: Woody Allen). Wir sehen als Zuschauer wie die Kinofigur stellvertretend für uns in diesen Abgrund blickt und fortan bewegt uns nur die eine Frage: Wie bewältigt der unheilbar Kranke die ihm verbleibende Zeit? Wird er der Prüfung gerecht?

Die Filme inszenieren bewusst diesen engen Zeithorizont, der durch die Mitteilung einer unheilbaren Erkrankung gegeben ist.[2] Filme sind nicht, wie die Analyse von Jan Sellmer zeigt, an der Heilung des Krebspatienten interessiert (Sellmer 2008: 123-142). An-

---

[2] Dies trifft in gewisser Weise auch auf das fortgeschrittene Alter zu, bei der dem Zuschauer die zu Ende gehende und begrenzte Lebenszeit schon rein optisch vor Augen geführt wird.

ders als die Print- und Fernsehmedien erzählt das Kino keine „Erfolgsgeschichten" im Sinne von Heilungserfolgen (Appel, Jazbinsek 2000: 184-228). Durch die Erkrankung – und ihre filmisch deklarierte Unheilbarkeit – wird der Patient mit der eigenen Endlichkeit konfrontiert und muss sich Rechenschaft abgeben über sein Leben, über unerfüllte Hoffnungen und Träume, Lebenslügen und den Sinn des Lebens. – Und wenn wir wollen (und dafür die Kraft haben), beziehen wir es auf uns selbst. Eine Einladung zur Selbstreflexion.

II.   Der Mann auf dem Sterbebett

So wird in *Magnolia* (USA 1999, Regie: Paul T. Anderson) im Angesicht der Endlichkeit der Vorhang zurückgezogen und das Leben in aller Gebrechlichkeit und Verwundbarkeit gezeigt: Auf der Leinwand sehen wir ein riesiges Wohnzimmer. Große Fenster, Licht durchflutet, dunkler Parkettboden. Wie in einem großen Blockhaus. An einer Wand aus Naturstein steht das überdimensionale Bett. Dort liegt der alte Earl Partridge, der Fernsehmogul, vom Krebs gezeichnet. Karger Schädel, unrasiert, die Sauerstoffbrille erleichtert ihm das Atmen. Neben ihm wachend sein Pfleger Phil, um das Bett herum seine großen Hunde, die auf dem Boden liegend spüren: hier geht ein Leben zu Ende.

Kein schneller Tod, kein plötzliches Versterben, das den Betroffenen ohne Vorwarnung aus dem Leben reißt. Der Krebstod kommt auch hier langsam. Und so ist der Tod, der zwar noch nicht am Fußende des Bettes steht, aber doch bereits um das Haus geht, Anlass für Earl Partridge, über sein Leben nachzudenken, über seine Hoffnungen und Träume, und Rechenschaft abzulegen über seine Versäumnisse und Verfehlungen. „Das Leben ist nicht kurz, es ist lang, – verdammt lang!" resümiert der 65-Jährige. Und er ist nicht der Einzige, der in diesem Film an Krebs erkrankt ist: Auch seine Frau Lilly hatte Krebs. Dass er sie, seine große Liebe, betrogen hatte, immer und immer wieder, und dass er sie und seinen damals vierzehnjährigen Sohn verlassen hatte und alleine sterben ließ, das reut ihn nun am Ende seiner Tage. „Reue... Das ist der schlimmste Schmerz, den Du

spürst, den Du nie wieder los wirst... Verdammte Reue!" Sein letzter
Wunsch, „so von wegen: Mann-auf-dem-Sterbebett": seinen Sohn,
den er seit mehr als 15 Jahren nicht mehr gesehen hat, noch einmal
zu sprechen, und so bittet er seinen Pfleger Phil, seinen Sohn zu suchen und diesen Kontakt herzustellen, solange noch Zeit ist. Und –
mag es im richtigen Leben auch anders kommen – das Kino gewährt
diese Zeit, damit es zum dramatischen Höhepunkt kommen kann: der
Begegnung zwischen Vater und Sohn auf dem Sterbebett, der Aus-
sprache, den letzten Worten.

Gelingt es dem Menschen, sein Leben angesichts des bevorstehenden Todes neu zu ordnen? Wir alle wissen, dass wir sterben müssen, aber es ist schwer, dies zu verinnerlichen. In dem tragikomi-
schen Roadmovie *Indien* (Österreich 1993, Regie: Paul Harather)
bringt der krebskranke Gesundheitsinspektor Fellner diese Situation
auf den Punkt: „Mit dem Sterben ist es wie mit dem Zahnarzt: Wir
alle müssen zum Zahnarzt, aber ich habe einen Termin!"

Der amerikanische Film *Wit* (USA 2000, Regie: Mike Nichols)
beginnt mit einigen unangenehmen, geradezu schmerzhaften Tönen
vor einem verschwommenen Bild, dann erscheint das Gesicht eines
Arztes auf der Leinwand und dieser spricht die schneidend-klaren
Worte: „Mrs. Bearing, sie haben Krebs!" Schnitt. Wir sehen in die
fassungslosen, weit aufgerissenen Augen der Patientin.

Ein radikaler Beginn. Ein Sturz aus der Wirklichkeit. Wenn
Krebspatienten beschreiben, wie sie die Diagnosemitteilung erlebt
haben, dann sind es häufig genau jene Empfindungen: Ein haltloses
Fallen in einen Abgrund, der Boden unter ihren Füßen tut sich auf.[3]

Legen wir die Sprechakttheorie von Austin zu Grunde, dann
wird verständlich, dass hier durch die Worte des Arztes Wirklichkeit
verändert wird (Austin 1986). Ebenso wie der Polizist Kraft Amtes
sagt: „Sie sind verhaftet!", und sich allein durch diese Worte die soziale Wirklichkeit des Bürgers verändert (er verliert bestimmte Rech-

---

[3]   Mein Lehrer Dietrich Ritschl, Professor für Systematische Theologie und Ethik in
      Heidelberg, dem ich viel zu verdanken habe, hatte uns bei einer Vorlesung mit
      seiner Erfahrung konfrontiert, dass Erwachsene sich die meiste Zeit in der „Mitte
      ihres Lebens" fühlten.

te), so ändert sich die Wirklichkeit durch das ärztliche Urteil: „Sie haben Krebs", filmdramaturgisch ein Todesurteil.

Im Film zweifeln die Patienten diese niederschmetternde Diagnose nicht an. Es wird kaum eine zweite Meinung eingeholt, und wenn doch, dann erkennen wir es als Zeitverschwendung, denn an dem unentrinnbaren Ende lässt sich letztlich nichts ändern. Der Patient braucht in der Folge auch alle Energie, um sich dem bevorstehenden Tod zu stellen.

Während sich Herr Watanabe die schreckliche Wahrheit indirekt erschließen musste, zeigt der israelische Filmregisseur Assi Dayan (Sohn des früheren israelischen Verteidigungsministers) das andere Extrem. Keine Satire spannt den Bogen derart zum Zerreißen, wie es in diesem Film von 1997 geschieht. Der Titel ist Programm: *Die 92 Minuten des Herrn Baum* (Israel 1997, Buch und Regie: Assi Dayan). Der Hausarzt, ein begeisterter Mathematiker, konfrontiert Miki Baum mit der Tatsache, dass er aufgrund eines sehr schnell wachsenden Tumors nur noch 92 Minuten (!) zu leben habe. Was vielen Ärzten als Kunstfehler gilt, die Benennung der verbleibenden Lebenszeit, wird hier satirisch überhöht. Herr Baum versucht in den verbleibenden 92 Minuten sein Leben zu ordnen. Da dies der gesamten Länge des Films entspricht, erleben wir quasi in Echtzeit das Scheitern von Herrn Baum. Er bekommt es einfach nicht hin, mit seiner Familie, mit seinen Kindern zu sprechen und die letzten fünf Minuten des Films geht er in sein Zimmer, macht die Tür hinter sich zu, legt sich auf sein Bett und wartet ab.

Es ist gar nicht leicht, sein Leben in 92 Minuten zu ordnen. Es ist nicht leicht, mit den Menschen aus der eigenen Familie, mit dem Ehepartner, den Eltern, den Kindern offen und ehrlich zu sprechen, auch wenn man – wie es heißt – nichts mehr zu verlieren hat. Und wir sehen: Was im Leben nicht eingeübt ist, wird im Sterben kaum gelingen. Viele Filme ziehen diese ernüchternde Bilanz. Kaum einer Filmfigur gelingt es, sofort offen und ehrlich mit dem Partner zu sprechen, wenn dies zu gesunden Tagen nicht eingeübt wurde. Carpe diem!

Es ist, als wolle uns der Film von der Selbsttäuschung befreien, die Mitteilung des bevorstehenden Todes lasse uns befreit alle Kon-

vention und Zwänge aufbrechen, und unser wahres, befreites Ich tre-
te zu Tage, wir wären ehrlich und aufrichtig zu uns selbst und gegenüber den anderen. Jean Becker hat in seinem aktuellen Film *Tage
oder Stunden* (OT: *Deux jours à tuer*, Frankreich 2008, Regie: Jean
Becker) gezeigt, welche Folgen es hat, wenn die gesellschaftlichen
Konventionen gebrochen werden und die Hauptfigur allen offen auf
den Kopf zusagt, was er immer sagen wollte. An einem einzigen
Wochenende zerstört er, der alles hat und glücklich sein müsste, seine gesamten Beziehungen. In dem Glauben, nur noch begrenzte Zeit
zu leben, wollte er endlich offen und ehrlich sein, zu sich selbst und
den anderen.

Die Kehrseite des Verschweigens, die Verschwörung gegen den
Patienten, zeigt die Verfilmung des Tennessee Williams Stücks *Die
Katze auf dem heißen Blechdach* (OT: *Cat on a hot tin roof*, USA
1958, Regie: Richard Brooks). Hier verschweigt in unseliger Allianz
der Arzt, der Pfarrer, die Ehefrau und die Kinder dem Oberhaupt der
Familie, Big Daddy, seine unheilbare Krebserkrankung. Erst ein heftiger Streit mit dem Sohn führt dazu, dass dieser ihm die Wahrheit
ins Gesicht schleudert und der angekündigte Tod letztlich eine Befreiung zur Folge hat. Der Krebs, an dem Big Daddy leidet, ist zugleich Metapher für die Lügen und Intrigen, für die Krebsgeschwüre
der Gesellschaft. Erst die schmerzhafte Offenheit führt dazu, dass
sich die Menschen wieder annähern und sich gegenseitig ihre Verfehlungen eingestehen.

Viele dieser Filme sind hochmoralisch. Und es ist eine große
Kunst der Regisseure, eine erträgliche Balance herzustellen und uns
einen Spiegel anzubieten.

Aus der jüngsten Zeit ist der französische Spielfilm *Die Zeit, die
bleibt* (OT: *Les temps qui reste*, Frankreich 2005, Regie: François
Ozon) zu nennen. Zu Beginn des Film sehen wir den jungen Mode-
fotografen Romain, der bei einer Fotosession zusammenbricht. Das
nachfolgende Arzt-Patient-Gespräch, das wir in Auszügen wiederge-
ben, ist aus medizinethischer Sicht vom Arzt gut geführt:

Romain: Guten Tag Herr Doktor

Arzt: Nehmen Sie doch bitte Platz. Also, wie fühlen Sie sich? Wie sind die Untersuchungen gelaufen?

                [...]

Arzt: Mir liegen die Untersuchungsergebnisse jetzt vor. Ich will Ihnen die Wahrheit nicht verschweigen; – es sieht nicht gut aus...

Romain: Habe ich AIDS...?

Arzt: Sie haben einen Tumor. Er ist bösartig!

Romain: Krebs also...!?!

Arzt: Eine Art Krebs, ja

Romain: Ja... und was heißt das? Er hat bereits gestreut...?

Arzt: Ja, er hat Metastasen gebildet. Wir tun alles, um Sie zu heilen. Aber ich will Sie nicht belügen. Es besteht ein hohes Risiko, dass der Tumor der Behandlung stand hält und sich weiter ausbreitet.

Romain: Meine Chance, wie hoch ist die?

                [...]

Arzt: Die Chance ist gering, aber sie ist da. – Hören Sie – Ich zwinge Ihnen nichts auf! Aber Sie sind jung! Mir wäre es lieber, Sie würden kämpfen!... Auch wenn es nur eine einzige Chance gäbe, sollte man sie nutzen... Aber diese Entscheidung können nur Sie treffen! Ich respektiere sie, wie sie auch ausfällt![4]

Romain entscheidet sich gegen jegliche Behandlung und fährt zu seiner Großmutter, um nur sie in seine Krankheitsgeschichte einzuweihen. Das bewegende Gespräch mit der Großmutter Laura (wunderbar gespielt von der knapp 80-jährigen Ikone des französischen Films, Jeanne Moreau) ist eine der eindrücklichsten Szenen des

---

[4] Der Arzt legt dem Patienten die Chemotherapie eindringlich nahe, rät ihm dazu, und macht zugleich deutlich, dass es letztlich die Entscheidung des Patienten ist, die er respektiert, wie immer auch der Patient sich entscheidet. Als Arzt spricht er von sich und sagt dem Patienten, was er als Arzt sich wünscht: „Mir (!) wäre es lieber, Sie würden kämpfen!" (und nicht: „Sie müssen kämpfen!").

Films. Nachdem Romain seiner Großmutter berichtet, warum er niemandem von seiner Krankheit erzählt hat, fragt sie ihren Neffen: „Warum hast Du es mir gesagt, warum mir?" Daraufhin antwortet Romain: „Weil Du so bist wie ich: – Du stirbst auch bald...!" Laura erstarrt. Bei aller Zuneigung für ihren Neffen spiegelt sich im Gesicht der Großmutter nun vor allem auch eins: Entsetzen. Das hohe Alter allein, so lässt uns der Film wissen, bedeutet noch lange nicht, dass es einfacher wird, sich dem eigenen Tod zu stellen. Aber für den 30-jährigen Romain scheint das hohe Alter seiner geliebten Großmutter gerade die Bedingung der Möglichkeit zu sein, um über den eigenen Tod, seine Ängste und seine Furcht zu sprechen.

Auch die *Geschwister Savage* (OT: *The Savages*, USA 2007, Regie: Tamara Jenkins) müssen in dem gleichnamigen Film erfahren, wie schwierig ein Gespräch über Krankheit, Alter und Tod ist, wenn es mit dem eigenen Vater geführt werden muss.

Nachdem die Lebensgefährtin ihres Vaters verstorben war, müssen sich die beiden Kinder um ihren Vater kümmern. Vor Jahren hatten sie den Kontakt zu ihm abgebrochen, was die Situation jetzt nicht einfacher macht. Der Sohn Jon ist Philosophieprofessor und die Tochter Wendy hält sich mit Gelegenheitsjobs über Wasser. Die Geschwister finden für ihn einen Platz im Pflegeheim, aber der alte Vater hält dies für eine vorübergehende Hotelunterkunft. Das Verhältnis der Geschwister untereinander bleibt angespannt. Die Leiterin des Pflegeheims fordert die Geschwister nun auf, mit ihrem pflegebedürftigen Vater über das Verhalten im medizinischen Notfall, über eine Patientenverfügung und über die Einzelheiten nach dem Todesfall zu sprechen: Erd- oder Feuerbestattung.

Was sich im Gespräch mit der Leiterin des Pflegeheims so einfach angehört hatte, entwickelt sich im konkreten Gespräch zum Fiasko, vor allem weil die Beziehung der drei untereinander nicht stimmt. Es sind nämlich keine „Formalitäten", die geklärt werden müssen, sondern Gefühle und Beziehungen.

Im Café. Wendy und Jon sitzen ihrem Vater gegenüber und sind unsicher, wer das Gespräch in welcher Form beginnen soll. Schließlich beginnt Wendy.

Wendy: Nehmen wir an, dass Dir etwas zustößt...
(Pause. Der Vater schaut seine Tochter unverständig an.)
Was würdest Du dann wollen,... dass wir...
(Der Vater runzelt die Stirn und versucht zu verstehen. Ihr Bruder Jon wird zunehmend unruhiger und übernimmt schließlich das Gespräch.)

Jon: Dad, nehmen wir an Du liegst im Koma.
(Wendy läßt sich entsetzt auf ihren Sitz zurückfallen.)
Würdest Du... würdest Du... würdest Du wollen, dass man Dich künstlich am Leben erhält?
(Der Vater schaut seinen Sohn ungläubig an.)

Vater: Was ist denn das jetzt für 'ne Frage?

Jon: Na ja, es ist schon 'ne Frage, die wichtig ist, für den Fall....
(Wendy ist sichtlich entsetzt für die brüske Art ihres Bruders, der sich ihr gegenüber zu rechtfertigen sucht.)

Vater: Was denn für 'nen Fall?
(Er schaut seine Kinder verständnislos an.)

Jon: Falls was passiert...
(Wendy erträgt diesen Gesprächsverlauf nicht weiter, geht dazwischen und wiegelt mit den Händen ab.)

Wendy: Es wird schon nichts passieren! – Jedenfalls jetzt nicht!

Jon: Das sind nur Formalitäten, die brauchen das für Ihre Unterlagen.

Vater: Wer?

Wendy: Die Heimverwaltung vom Belle View.

Vater *(lacht)*: Was ist denn das für'n Scheiß Hotel?

Jon *(mit verschränkten Armen)*:
Dad, das ist kein Hotel, das ist ein Pflegeheim.
(Schweigen. Der Vater erstarrt. Er beginnt zu realisieren, was passiert ist.)

Vater *(ruhig und langsam)*:
            Schaltet mich ab!
Jon *(fragt zaghaft nach)*:
            Was?
Vater *(brüllt erregt)*: Zieht einfach den Stecker!
            (Entsetztes Schweigen. Alle anderen Gäste des Cafés drehen sich zu ihnen um.)
Jon *(versucht die Fassung zu wahren)*:
            OK, Dad. Wenn die Geräte abgeschaltet sind...
Vater: Dann bin ich tot!
Jon: Und dann... was....?
Vater *(schroff)*:   Was?
Jon *(leise, nahezu flüsternd)*:
            Was tun wir dann mit dir?
Vater: Das kann doch nicht wahr sein! *(Schreit)* Begrabt mich!! Seid ihr total bescheuert? Ihr begrabt mich!... *(Fasst sich ungläubig an den Kopf.)* Das ist doch...
            (Am Ende sind alle verletzt und bedrückt.)

Einen ganz anderen Weg, um uns mit der Endlichkeit und dem würdigen Umgang mit Sterben und Tod zu konfrontieren, geht der Film *Der seltsame Fall des Benjamin Button* (OT: *The curious case of Benjamin Button,* USA 2008, Regie: David Fincher), der mit drei Oscars prämiert wurde. Benjamin kommt als Kind mit der körperlichen Beschaffenheit eines über 80-jährigen Greises auf die Welt. Von da an verläuft seine körperliche Entwicklung rückwärts (!), d. h. er wird körperlich immer jünger, während seine geistige Entwicklung auf der normalen Zeitachse verläuft, d. h. er vom Verstand her von Tag zu Tag erwachsener und älter wird.

Bereits die Umstände seiner Geburt sind tragisch: seine Mutter verstirbt im Kindbett und sein Vater ist so schockiert, ein kleines Neugeborenes mit dem Aussehen, der Haut und den körperlichen Gebrechen eines 80-Jährigen in den Händen zu halten, dass er das Neugeborene zuerst im Fluss ertränken will, dann aber voller Panik auf den Stufen eines Altersheims (!) ablegt, wo es gefunden und aufgenommen wird. Unter den alten Bewohnern, die auf ihren Tod warten, ruft der kleine Erdenbürger mit dem ungewöhnlich alten Äußeren keine Bestürzung hervor. „Willkommen im Club!" ruft einer der Senioren, als der gerade anwesende Arzt erklärt, das Kind habe wohl nicht mehr lange zu leben, – so wie es aussieht. Und das Aussehen, das Spiel mit unseren Sehgewohnheiten, der üblichen Zuordnung von Eigenschaften und körperlicher Erscheinung (alt/jung) ist ein zentrales Element.

Der Film, der auf die gleichnamige Kurzgeschichte von F. Scott Fitzgerald aus dem Jahr 1922 zurückgeht, lässt den Zuschauer den Bogen des Lebens auf besondere Weise neu entdecken. Zu Beginn muss das körperlich stark gealterte Neugeborene versorgt und gepflegt werden wie ein Greis, als Kleinkind sitzt es im Rollstuhl, da es sich wegen der Gebrechen des nunmehr 75-jährigen Körpers nicht gut bewegen kann. Dann lernt es laufen, da der Körper immer jünger wird. Am Ende seines Lebens steckt Benjamin Button in einem immer jünger gewordenen Körper, ist Jugendlicher, wird Kind und schließlich Säugling. Sein Verstand ist jedoch gealtert; als körperliches „Kind" leidet er an Demenz, erkennt seine Umwelt nicht mehr und wird schließlich als Sterbender wieder wie ein Säugling auf dem Arm getragen. „Unser Leben beginnt und endet in Windeln", heißt es an einer Stelle. Wir sind auf Fürsorge angewiesen, am Anfang und Ende des Lebens. Eine großartige *ars moriendi*-Darstellung.

III.   That's the road we travel

Beenden wir unsere filmischen Betrachtungen zum Leben angesichts des bevorstehenden Todes mit einem Dokumentarfilm über einen ungewöhnlichen Chor von 75- bis 92-Jährigen aus den USA: *Young@Heart* (USA 2007, Regie: Stephen Walker). Einige Chormitglieder haben beide Weltkriege erlebt und gehen seit den 90er Jahren auf Tournee mit modernen Popsongs von den Beatles über die Rolling Stones bis zu Coldplay. Die alten Chormitglieder sind körperlich teilweise sehr gebrechlich, haben Herzinfarkte überstanden, leiden an Herzinsuffizienz, benötigen Sauerstoff zur Unterstützung der Lungenfunktion. Einige waren dem Tode bereits sehr nah, aber sie gehen alle nach wie vor mit großer Freude ihrer Leidenschaft, dem Singen nach. Der engagierte Leiter Bob Cilman, der den Chor seit seiner Gründung im Jahr 1982 leitet, hatte einige frühere Mitglieder für die neue Tour des Chores reaktiviert, und so erfahren wir auch einige berührende Krankheitsschicksale der Chormitglieder.

Während der monatelangen Filmaufnahmen sterben drei Mitglieder des Chores. Von einem Todesfall erfährt der Chor erst kurz vor einem Auftritt in einem Gefängnis, und der, der gestorben ist, war ein wichtiges und beliebtes Mitglied. Was soll der Chor nun tun? Muss er, darf er, soll er weitermachen? Bob Cilman, der Chorleiter, gibt zu bedenken:

> Ich frage mich eher: Wie kann man *nicht* weitermachen? Wie können wir nicht weitermachen aus Respekt vor ihm und der Situation? Die Leute erwarten, dass man auftritt. Man muss weitermachen, und wir mussten das schon oft. Der Chor musste schon oft auftreten, kurz nachdem wir erfahren hatten, dass jemand gestorben war. Und ich glaube es hilft sehr, wenn alle in dem Moment zusammen singen.

Und nachdem das Konzert begonnen hat, tritt der Chorleiter ans Mikrofon, erklärt den jungen Gefangenen, warum es für den Chor heute besonders schwer ist, zu singen. Ein Chormitglied sei heute Nacht verstorben. Und dann singen die Alten mit rauen und gebrochenen Stimmen „Forever Young" im Gedenken an ihren verstorbenen Freund. Niemand, der dies hört, und den die Kamera einfängt, bleibt unberührt. Und für einen Augenblick werden alle zu Gefangenen, denen die Musik Flügel verleiht.

> Möge Gott dich allzeit schützen und führen,
> mögen sich all deine Wünsche erfüllen,
> mögest du immer für andere da sein,
> und andere für dich.
>
> Mögest Du eine Leiter zu den Sternen bauen
> Und jede Sprosse erklimmen.
> Mögest du ewig jung bleiben...
>
> Mögen deine Hände immer tätig sein
> Mögen deine Füße immer flink sein

Mögest du ein starkes Fundament bauen
Wenn die Winde ihre Richtung ändern

Möge dein Herz immer froh sein
Und dein Lied immer gesungen werden
Mögest du ewig jung bleiben...

Forever young
May you stay forever young

Darf man aufhören angesichts des Todes eines engen Freundes? Der 77-jährige Stan Goldmann antwortet: „Wir müssen trotzdem weitermachen. Und ihn immer in Erinnerung behalten. So ist das Leben! That's the road we travel." Der Gedanke an den Tod, auch an einen plötzlichen Tod, beschäftigt viele. Und für das älteste Chormitglied, die 93-jährige Eileen Hall ist es nach dem Tod ihres guten Freundes auch nicht so schwer weiterzumachen, denn sie wusste, dass der Verstorbene gewollt hätte, dass sie weitermachen.

> Und ich will es auch, wenn mir etwas passiert. Ich erwarte, dass sie weitermachen. Ich sage ihnen schon seit Jahren: Wenn ich sterbe, verschwinde ich nicht aus eurem Leben. Ich sitze auf einem Regenbogen und schaue zu euch runter. Darum macht weiter mit dem, was wir zusammen gemacht haben. Denn ich werde da sein.

Das Kino zeigt uns ein breites Spektrum: die Schwierigkeit, erst Angesicht des Todes das eigene Leben und die Vergangenheit zu ordnen, ebenso wie das Gelingen, den Tod vor Augen zu haben und das Leben gerüstet weiterzuführen. Das Kino verweist uns auf die Chance, die in der eigenen Auseinandersetzung mit dem Tod für die Gestaltung unseres eigenen Lebens liegt. Filme über den Tod sind Filme über das Leben. Das Kino transportiert dabei eine Erkenntnis, die der Arzt Dr. Frederick Steele in dem amerikanischen Spielfilm *Dark Victory* (Dt. Titel: *Opfer einer großen Liebe*, USA 1939, Regie: Edmund Goulding) seiner todkranken Patientin weitergibt: „Aber das Wichtigste ist für uns alle dasselbe: So zu leben, dass wir am Ende dem Tod begegnen können, wann immer er kommen mag."

Literatur

Appel, Andrea J; Jazbinsek, Dietmar (2000): „Der Gen-Sieg über den Krebs." In: Jazbinsek, Dietmar (Hrsg.): *Gesundheitskommunikation*. Wiesbaden, 184-228.

Austin, John L. (1986): *Zur Theorie der Sprechakte*. Stuttgart.

Luther, Martin (1990): „Sermon von der Bereitung zum Sterben." In: ders.: *Ausgewählte Schriften*. Herausgegeben von Karin Bornkamm und Gerhard Ebeling. Frankfurt am Main, 15-34.

Radovsky, Saul S. (1985): „Bearing the News." In: *The New England Journal of Medicine* 313, 586-588.

Rist, Johann (1994): „Werde munter, mein Gemüte." In: *Evangelisches Gesangbuch. Ausgabe für die Ev. Kirche in Hessen und Nassau*. Frankfurt am Main, Lied Nr. 475.

Schmidt, Kurt W. (2001): „...wenn wir nur zu den Kranken gingen, wo wir noch helfen können..." In: Huth, Karl (Hrsg.): *Arzt-Patient. Zur Geschichte und Bedeutung einer Beziehung*. Tübingen, 63-80.

Sellmer, Jan (2008): „Krebs im Spielfilm." In: Schmidt, Kurt W.; Maio, Giovanni; Wulff, Hans J. (Hrsg.): *Schwierige Entscheidungen. Krankheit, Medizin und Ethik im Film*. Frankfurt am Main, 123-142.

Lorenz Welker

Totenklage und Lamento
Vom Umgang mit dem Sterben in der Musik

I.   Erfahrung von Sterblichkeit in der Evolution

Eine der einschneidendsten Erfahrungen im Zuge der Menschwer-
dung war, so dürfen wir annehmen, die Erfahrung der eigenen Sterblichkeit – darauf verweisen Beobachtungen an unseren nächsten Verwandten im Tierreich, an Menschenaffen und insbesondere an
Schimpansen. In der berühmt gewordenen Dokumentation ihres
langjährigen Forschungsaufenthalts in Gombe in Tansania, der ihr
die intensive Beobachtung von Schimpansen in freier Wildbahn er-
möglichte, kann Jane Goodall zahlreiche eindrückliche Beispiele für
die psychologischen und physiologischen Reaktionen von Jungtieren
auf den Verlust der Mutter beibringen (Goodall 1986). So berichtet
sie von der fünfjährigen Kristal, die auf den Tod der Mutter zunächst
mit Depression und Lethargie reagierte, bevor sie noch vor Ablauf
eines Jahres verschwand (Goodall 1986: 77). Noch heftiger war
die Reaktion des heranwachsenden Flint auf den Tod der Mutter
(Goodall 1986: 58-59, 66, 204): Trotz der fürsorglichen Behandlung durch die anwesenden Menschen geriet auch er in einen Zustand von Depression, wurde rasch körperlich krank und starb keine
vier Wochen nach dem Tode der Mutter. Goodall fasst wie folgt
zusammen: „There is abundant evidence that disruption of the
mother-infant bond in nonhuman primates can lead to behavioural
disturbance."[1] Während die Verlustreaktionen von Jungtieren im
Material von Goodall außerordentlich gut belegt sind, finden sich nur

---

[1]   Goodall 1986: 101; vgl. auch die weiteren Erörterungen zum Bindungsverhalten
von Schimpansenjungen zu den Muttertieren: Goodall 1986: 101-104.

wenige Berichte über den Umgang von erwachsenen Schimpansen mit dem Tod der Gruppenmitglieder bzw. über die Reaktionen auf den toten Körper des Artgenossen. Das Fehlen von Beobachtungsmaterial lässt sich unschwer auf den Umstand zurückführen, dass das Sterben nur selten innerhalb der Gruppe geschieht; todkranke Schimpansen ziehen sich zurück, sie verschwinden einfach: „Of the sixty-six chimpanzees who have died (or disappeared and are thought to have died) in both study communities after 1963, the bodies of only twenty-four have actually been seen. Usually a chimpanzee simply disappears" (Goodall 1986: 109-113). In den seltenen Fällen, in denen das Sterben ohne Vorbereitung innerhalb der Gruppe geschieht – etwa bei einem Unfall –, reagieren die anderen Tiere mit Erregung und Furcht und versuchen die Spannung über aggressive Handlungen zu lösen. Goodall referiert eine solche Situation: „When adult male Rix fell from a tree and broke his neck, group members showed intense excitement and anxiety, displayed around the dead body, and threw stones at it; they also directed many agressive acts at each other" (Goodall 1986: 330; nach Teleki 1973). Ähnliches Verhalten zeigte sich, als ein erwachsener Schimpanse nach kurzer Abwesenheit von der Gruppe in einem bewusstseinsgeminderten Zustand zurückkehrte; die übrigen Gruppenmitglieder, Männchen wie Weibchen, attackierten den vormaligen Kumpan aufgrund seiner Veränderung so heftig, dass nur das Eingreifen der Menschen seine Tötung verhinderte (Goodall 1986: 331; nach Marc Cusano). Jane Goodall verglich diese Aggressionsausbrüche auf der Grundlage von Furcht mit den Reaktionen einiger männlicher Schimpansen bei der erstmaligen Konfrontation mit ihrem Spiegelbild (Goodall 1986: 331). Andere versuchten dem Erschrecken mit der Suche nach Körperkontakt zu begegnen: „When David Greybeard first saw his reflection in a mirror, he grinned widely in fear, his hair bristled, and he abruptly reached out to four-year-old Fifi, who was nearby, and drew her into a close embrace. Slowly the grin left his face and his hair sleeked" (Goodall 1986: 358). Seit den Untersuchungen von Gardner und Gardner sowie von Gallup wissen wir freilich, dass Schimpansen durchaus in der Lage sind, sich selbst nach einer Lernphase im Spiegel zu erkennen und ein zumindest rudimentäres

Selbstkonzept zu entwickeln.[2] Die Entwicklung eines Selbstkonzepts und die Erfahrung, dass das Erleben, das Fühlen und auch das Sterben des Artgenossen einem auch selbst widerfahren kann, führt weiter zum Umgang des Menschen mit dem Tod. Schon im Blick auf die Erkenntnisse aus der Beobachtung von Schimpansen und anderen Primaten wird im Übrigen deutlich, dass einerseits Trennungserfahrung und Bindungsverhalten im Rahmen der Mutter-Kind-Beziehung aufgrund eines immensen Datenmaterials sehr gut untersucht ist, über Universalien im Verhalten in Zusammenhang mit der Erfahrung des Todes hingegen erst beim Menschen ausreichende Kenntnisse vorhanden sind. Vor diesem Hintergrund ist es verständlich und nachvollziehbar, dass der Psychoanalytiker John Bowlby, der die Grundlage für die moderne Bindungstheorie in der Folge einer konstruktiven Auseinandersetzung mit der Evolutionstheorie legte, im zweiten Band seiner Trilogie, in der er Trennungserfahrungen von Säuglingen behandelt, ein umfangreiches Kapitel ethologischen Fragestellungen widmen kann, während der dritte Band, der den Verlust geliebter Menschen und die daran anschließende Trauer zum Thema hat, zwar in einem kurzen, ethnologisch orientierten Kapitel auf Trauerverhalten und Trauerrituale bei anderen Kulturen eingeht, auf den ethologisch ausgerichteten Rückgriff auf Beobachtungen an prähumanen Primaten hingegen verzichten muss (Bowlby 2006, a: 83-178; ders. 2006, b: 123-133).

II.   Bewältigungsstrategien

Das schon bei Schimpansen zu beobachtende Erschrecken bei der Erfahrung des Todes eines Artgenossen, dann vor allem aber auch eines Gruppenmitglieds, eines Familienangehörigen und eines geliebten Menschen dürfte auch die ersten Menschen tief geprägt haben, zumal wenn der Tod nunmehr innerhalb der Gruppe stattfand. Und ähnlich den Bewältigungsmechanismen der Schimpansen, die ja

---

[2]   Gardner 1969: 664-672; Gallup 1970: 86-87; ders. 1977: 329-338; Goodall 1986: 34-36.

von der Aggression bis hin zum Körperkontakt ein breites Spektrum aufweisen, war auch der Mensch von Anfang an auf die Bewältigung des Schreckens angewiesen, musste aber überdies Strategien zum Umgang mit dem Traueraffekt entwickeln. Denn wir müssen davon ausgehen, dass „die im Laufe der Hominisation beobachtbare Lockerung der festen Instinktabläufe von einem Hypertrophieren des Affektsystems und der höheren kognitiven Funktionen begleitet war", wie Rainer Krause betont.[3] Und wie Krause (2009: 89) jüngst an anderer Stelle ausgeführt hat, macht sich der Traueraffekt mit dem beginnenden Wissen um den eigenen Tod und um den der anderen „als heimlicher, aber grundlegender Organisator" des seelischen Lebens breit, ja, wirkt sogar „im Zentrum des Bindungssystems". Im Rahmen der Ausbildung kombinierter Strategien zur Bewältigung des Schreckens und zur Kanalisation heftiger Affekte lassen sich einerseits Vorstellungen von einem Dasein nach dem Tod, andererseits umfangreiche Rituale zur Bewältigung der Trauer sehen. Vorstellungen von Daseinsformen jenseits des Todes dürften zur Ausbildung der ältesten Formen von Religion geführt haben.[4] Richard Dawkins hat die Vorstellung von einem Leben nach dem Tod an die Spitze einer „Liste religiöser Meme" gestellt, also kultureller Phänomene, die analog zu Genen vererbt werden.[5] Der Religionsanthropologe Pascal Boyer hat in seinem wichtigen Buch zu den Ursprüngen der Religion ein ganzes Kapitel unter dem Titel „Why is religion about death?" der Frage nach dem Zusammenhang von Tod und Religion gewidmet und in diesem Zusammenhang darauf hingewiesen, dass in allen Kulturen Zusammenhänge zwischen „supernatural agents" und „representations of death" bestünden, auch wenn sie im Einzelnen sehr

---

[3]   Krause 1998: 29. Dazu gehört auch der ethologische Begriff des „Anschlussverhaltens", welches den Partner als unersetzlich erleben lässt und nach seinem Verschwinden zu aktiver Suche, nach seinem Verlust zu Trauer führt. Vgl. dazu Bischof 1985: 166.

[4]   Auch wenn Pascal Boyer bloßes „terror-management" als eine zu primitive Erklärung für die Entstehung von Religion ansieht, weist er diesem Aspekt doch immerhin einen wenigstens aus heuristischen Gründen wichtigen Stellenwert zu; vgl. Boyer 2002: 236.

[5]   Dawkins 2006: 231. „You will survive your own death."

unterschiedliche Formen annehmen könnten (Boyer 2002: 233). Und auch wenn er die in seinen Augen allzu simple Schlussfolgerung in Frage stellt, dass unsere Vorstellungen und Gefühle vom Tod generell die Ursprünge religiöser Vorstellungen seien,[6] so kann er immerhin dahingehend differenzieren, dass Religion bzw. Vorstellungen von übernatürlichen Wesen und Phänomenen zumindest etwas mit dem Umgang mit toten Menschen zu tun haben muss, wenn schon nicht mit dem Tod an sich:

> Dead people, like vegetables, can be pickled or preserved. You can also abandon them to the beasts of the field, burn them like rubbish or bury them like treasure. From embalming to cremation, all sorts of techniques are used to do something with the corpse. But the point is, something must be done (Boyer 2002: 232).

Und wie Daniel Dennett im Anschluss an Boyer weiter ausführt, hat sich offensichtlich ein ubiquitär anzutreffendes, hocheffizientes Verhaltenssystem entwickelt (ein „Good Trick", wie es Dennett nennt), das sowohl die Entfernung der potenziell gefährlichen Leiche erlaubte (weil mögliche Ursache von Krankheiten) als auch den Angehörigen den Trennungsschmerz durch die Annahme einer weiter bestehenden Anwesenheit des Verstorbenen als Geist, als „virtuelle Person" erleichterte (Dennett 2006: 112-113). Das geisthafte, aber eben auch wirkungsmächtige Fortleben der nahen Angehörigen und insbesondere der Vorfahren führt zu den gleichfalls ubiquitär anzutreffenden Ahnenkulten, die die amerikanischen Anthropologen Lyle Steadman und Craig Palmer kürzlich in ihrer gerade im Blick auf die Definition religiösen Verhaltens sehr präzisen Studie zur Evolution von Religion an den Anfang des Umgangs mit dem Übernatürlichen stellten.[7] Ahnenkulte sind immer noch weit verbreitet; bei Kulturen,

---

[6] Boyer 2002: 259. Christoph Antweiler weist im Anschluss an Pascal Boyer auf die extreme Vielfalt von Glaubensformen hin, gibt jedoch gleichzeitig zu Bedenken, dass die Frage nach der Universalität von Religion eng mit dem Problem der Definition von Religion bzw. Glaube verknüpft sei; vgl. Antweiler 2007: 175.

[7] Steadman, Palmer 2008: 55-70, zu den Geistern der Ahnen insbesondere: 56-57. „[...] it is possible that in every human group studied by anthropologists, individuals have communicated acceptance of the *same* one: the claim that *dead an-*

von denen wir annehmen, dass sie archaische Denkformen weiter-
führen, bilden sie das Zentrum religiösen Denkens und Handelns.
Mit der darin angenommenen Existenz einer diesseitigen Menschen – und einer wie auch immer gearteten „jenseitigen" Geister-
welt bleibt der Tod nicht nur bloßes Ende, sondern wird zu einem
Übergang, der in allen Kulturen von Ritualen begleitet wird. Diese
Rituale sind oft ausgedehnt und komplex, und sie erscheinen im Detail in jedem Fall kulturell spezifisch. Doch als solche sind sie eben
auch universell nachweisbar – wobei Wulf Schiefenhövel differen-
zierend darauf hinweist, dass Universalität zumindest für Bestattungsriten sowie für Trauerriten nach dem Tod einer nahe stehenden
Person angenommen werden kann.[8]

Bereits Arnold van Gennep hat in seinem grundlegenden, erstmals 1907 erschienenen Buch über die *Rites de passage* (van Gennep
1986) die einzelnen und verschiedenen Elemente von Bestattungsriten dargelegt und darauf hingewiesen, dass Trennungsriten in dem
von ihm untersuchten ethnographischen Material nicht notwendigerweise den wichtigsten Bestandteil des Ritualkomplexes darstellen. Vielmehr seien in bestimmten Fällen „die Umwandlungsriten so
langwierig und komplex, dass man ihnen eine gewisse Autonomie
zugestehen" müsse.[9] Trennungsriten, die ja auch für andere Gelegenheiten, für andere Übergänge wesentlich sind, könnten demgegenüber beim Bestattungsritual auch eher einfach ausfallen. Im Folgenden möchte ich mich auf diese „einfachen" Elemente des Rituals
beschränken, denn gerade hier lassen sich meiner Meinung nach kulturelle Gemeinsamkeiten feststellen. Und zum Trennungsritual, zur

---

*cestors are still alive and can influence the living and be influenced by the liv-
ing.*"

[8]   Schiefenhövel 1999; zitiert nach Antweiler 2007: 375. Soeben ist von diesem Au-
      tor zur Evolution religösen Verhaltens erschienen: Eckart Voland und Wulf
      Schievenhövel (Hrsg.): *The Biological Evolution of Religious Mind and Beha-
      viour.* (Frontiers Collection.) Berlin, Heidelberg.

[9]   van Gennep 1986: 142: „Die Riten aber, die den Verstorbenen dem Totenreich
      angliedern, sind am stärksten ausgestaltet, und ihnen misst man die größte Bedeu-
      tung bei."

Verarbeitung des Verlusts einer nahe stehenden Person, gehört die ritualisierte Klage.

III.   Ritual und Musik: Totenklage in transkultureller Perspektive
         und als Universalie

Vorab ist ausdrücklich zu betonen, dass hochgradig ritualisierte Formen eines sprachlichen Klagegestus nicht von vornherein als Gesang bezeichnet werden können. Vielmehr ist mit Übergangsformen zwischen gesprochenen und im engeren Sinne gesungenen Lautäußerungen zu rechnen, die im Einzelnen auch mit je anderen Begriffen gekennzeichnet werden können. Kofi Agawu hat vor zwanzig Jahren die Musik bei Bestattungsritualen der Akpafu, einem Volk im Südosten von Ghana beschrieben (Agawu 1988: 75-105). Hier spielt eine Art des Vortrags eine wichtige Rolle, die als „sino" bezeichnet wird und sowohl regelrechtes Singen und Sprechen als auch vor allem Ausdrucksformen zwischen beiden Polen umfasst. Agawu gibt in seinem Aufsatz zahlreiche Beispiele für den in sino präsenten Sprechgesang, der auf über etwa eine Quint absteigenden Tonstufen ausgeführt wird (Agawu 1988: 88). Sino wird deutlich vom regelrechten Singen unterschieden, das als „kuka" bezeichnet wird. Diese Differenzierungen verdeutlichen, dass eine simple Dichotomie zwischen Musik und Sprache, wie sie für die westliche Kultur seit geraumer Zeit typisch ist, nicht überall anzutreffen, mithin keine Universalie ist. Die Tatsache, dass hier Sonder- und Übergangsformen vorkommen und zudem mit eigenen Begriffen belegt sind, lässt weitere Untersuchungen zum Verhältnis von Musik und Sprache in transkultureller Perspektive sinnvoll und notwendig erscheinen.[10] Gesang lässt sich als eine spezifische Form ritualisierten Sprechens beschreiben, bei der nicht nur der zeitliche Ablauf des Vortrags be-

---

[10]   Am Institut für Musikwissenschaft der Universität München ist jetzt eine Dissertation zu dieser Thematik entstanden: Gerhard Apfelauer (2009): *Singen und Sprechen. Musikwissenschaftlich-linguistische Unterschiede und Gemeinsamkeiten der beiden menschlichen Lautäußerungsformen.* Phil. Diss. München.

stimmten Regeln unterworfen ist – dies ist ja auch für gehobene
Sprache der Fall – sondern insbesondere die Abfolge der Tonhöhen.[11] In den Klagegesängen der Akpafu folgt zum Beispiel die melodische Kontur sehr genau der Intonation gesprochener Sprache,
und dass ein sprachlicher Gestus auch in weiteren Formen von Klagegesängen zu beobachten oder zumindest anzunehmen ist, möchte
ich im weiteren zeigen. Andererseits ist es mir wichtig, schon hier
darauf hinzuweisen, dass zumal im Klagegesang der Rhythmus auch
in den Hintergrund treten kann.

Die Verwendung definierter Intervallstufen und -folgen und/oder
definierter Ordnungen der Zeit als Rhythmus und Metrum sind we-
sentlicher Bestandteil einer Definition von Musik überhaupt, gerade
in der Differenzierung von Gesang und gesprochener Sprache. Dabei
zeigt sich freilich ein Manko des abendländischen Musikbegriffs:
Melodische Vortragsformen von Sprache, die auf einen definierten
Rhythmus verzichten können – dazu gehört etwa der Gregorianische
Choral – werden selbstverständlich genauso zur Musik gerechnet wie
Melodien ohne Sprache. Auch reine Rhythmen ohne jede Melodie
können üblicherweise unter den gegenwärtig in der westlichen Kultur verwendeten Musikbegriff gefasst werden – hierzu gehören etwa
Perkussionsdarbietungen – allerdings nur dann, wenn kein Text vorgetragen wird. Rhythmischer Vortrag von Sprache ohne Melodie
wird in unserer Kultur üblicherweise der Dichtung zugerechnet, und
gerade nicht zur Musik. Diese nicht in jeder Hinsicht logische und
schlüssige Einteilung galt selbst in der westlichen Kultur nicht zu allen Zeiten (so behandelte Augustinus in seinem Buch *De musica* in
erster Linie lyrische Versmaße). Und in transkultureller Perspektive
ist erst recht Vorsicht am Platze.

In seiner Überblicksarbeit zu Klagegesängen verschiedener Kulturen („laments") zeigt James Porter (2001: 181-188), dass etwa in

---

[11] Das hier zugrundegelegte Konzept von Ritualisierung, innerhalb dessen Gesang
    als ritualisierte Form des Sprechens gesehen wird, folgt weitgehend einem etho-
    logischen Ansatz, wie er etwa von Eibl-Eibesfeldt (1979: 3-55), mit einem Kata-
    log von elf Parametern, die den Übergang von nichtritualisiertem zu ritualisiertem
    Verhalten charakterisieren, entwickelt wurde: 14-15.

Karelien die zum Bestattungsritual beigezogene Klagefrau zunächst ihre Augen mit einem Schal oder mit einer Schürze bedeckt, um sich mit dieser Übernahme einer sorgenvoll-traurigen Haltung in den entsprechenden Zustand zu versetzen, in dem sie dann den eigentlichen Klagegesang anstimmt, der, aufs Ganze gesehen, eine über das Intervall einer Quarte oder Quinte absteigende melodische Kontur aufweist. Ihr Gesang wird vom Schluchzen und von Einwürfen der umstehenden Frauen begleitet. Zoltan Kodály hat improvisatorische Klagegesänge in Ungarn dokumentiert und dabei festgehalten, dass es oft die nächste weibliche Verwandte des Verstorbenen ist, die den Klagegesang anstimmt, der – ohne auf einen definierten Rhythmus festgelegt zu sein – zwei absteigende Melodielinien aufweist, die sich teilweise über eine ganze Oktave erstrecken, die teilweise aber auch nur auf eine Quarte oder eine Quinte beschränkt sind. Im südlichen Hochland von Papua Neuguinea, beim Volk der Kaluli, finden sich fünf Typen von Klagegesängen, von denen drei von Männern, zwei von Frauen vorgetragen werden. Die Texte werden improvisiert, die aus wiederkehrenden Mustern zusammengesetzte Melodielinie umfasst vier absteigende Tonstufen. Bei den Eipo in West-Neuguinea, das heute zu Indonesien gehört, hingegen werden Totenklagen wieder in der Regel von Frauen ausgeführt; die hierfür verwendete spezifische Form des Singens hat keine eigene Bezeichnung, der Vorgang des Klagens wird aber unter dem Begriff „layelayana" gefasst.[12]

Trotz einzelner Ausnahmen ist die transkulturell konstante geschlechtsspezifische Ausprägung des Vortrags von Totenklagen bemerkenswert: Totenklage ist in erster Linie Domäne von Frauen. In Sambia zum Beispiel, so Porter, wird von jeder Frau die Fähigkeit und Bereitschaft erwartet, eine Totenklage für die nächsten Verwandten zu singen (Porter 2001: 185). Männer sind hierfür nicht zugelassen, da sie nie geboren haben und nie gebären werden. Die Totenklage ermöglicht aber die Geburt eines Geistes.

---

[12] Musik aus dem Bergland West-Neuguineas. Irian Jaya. Museum Collection Berlin, 2 Vols., 6 CDs und Booklet: Simon 1993: 28, 43-45, 70.

Nicht nur Tod und Geburt, sondern auch die melodisch-rhythmische Gestaltung gerade der frei improvisierten Totenklagen führen zu einer anderen, in den meisten Kulturen als spezifisch weiblich konnotierten Form musikalischen Verhaltens: dem Wiegenlied. Das Wiegenlied hat mit Klagegesängen die absteigenden Tonfolgen gemeinsam, oftmals den Verzicht auf definierte rhythmische Strukturen, auch eine ausgeprägte Repetitivität lässt sich als charakteristisch ansehen.[13] Freilich sind die akzidentiellen Momente andere – natürlich fehlt dem Wiegenlied das in vielen Ausprägungen der Klagegesänge auf charakteristische Art und Weise eingestreute Weinen und Schluchzen.

Am Beispiel eines Klagegesangs aus dem Hochland von West-Neuguinea sollen die bisher genannten Charakteristika im Detail verdeutlicht werden. Das Beispiel ist insofern eine Ausnahme, als hier ein etwa 30-jähriger Mann den Tod seines etwa 22 Jahre alten Bruders beklagt, der offenbar eines plötzlichen, psychogenen Todes gestorben war.[14] Der Gesang wurde 1975 von Wulf Schiefenhövel aufgezeichnet, der damals mit Irenäus Eibl-Eibesfeldt und Volker Heeschen das Verhalten der Eipo studierte.

Die Analyse mit Hilfe der Schallanalysesoftware PRAAT zeigt den (Sprech-) Gesang auf drei recht stabilen Stufen, die etwa mit 142 Hz, 128 Hz und 107 Hz festgelegt werden können. Der höchste Ton entspricht einem etwas hohen cis, der nächste Ton liegt mit 180 Cent einen kleinen Ganzton tiefer (200 Cent entspricht einem Ganzton temperierter Stimmung), der tiefste Ton mit 310 Cent noch einmal eine kleine Terz darunter (300 Cent temperierter Stimmung). Der Tonraum entspricht mit 490 Cent etwa dem einer Quarte (500 Cent). Das ausgewertete Segment umfasst 8,5 Sekunden einer Gesamtdauer von 6 Minuten, 9 Sekunden. Die Klage ist ansonsten durch einen sehr rasch deklamierten Sprechgesang gekennzeichnet, der auf wechselnden Tonstufen mit den oben genannten Tonhöhen vorgetra-

---

[13] Vgl. zum Wiegenlied insbesondere die grundlegenden Arbeiten von Sandra Trehub, etwa Trehub, Trainor 1988: 43-77.
[14] Musik aus dem Bergland West-Neuguineas, CD 3, Nr. 17; vgl. Booklet: Simon 1993: 45.

gen wird. Das hier verwendete, insgesamt recht stabile Tonsystem zeigt pentatonische Charakteristika.

Bereits Jaap Kunst, der große niederländische Ethnomusikologe, hat allerdings darauf hingewiesen, dass absteigende Melodiebewegungen für einen Großteil der Gesänge auf Neuguinea charakteristisch seien: „To the ear trained to European melody, the most remarkable characteristic of these songs, besides their shortness, is their tendency to descend the scale" (Kunst 1967: 7). Nichtsdestoweniger bleibt die erstaunliche melodische Parallelität mit Klagegesängen anderer Kulturen, wie sie von Porter zusammenfassend beschrieben wurden. Schließlich verweist auch Kunst auf weitere Formen melodischen Gestaltens, die er als „fanfares" bezeichnet und die sich von den „descending scales" eindeutig unterscheiden, ohne dass im einzelnen Kontext und Herkunft bestimmt werden (Kunst 1967: 23).

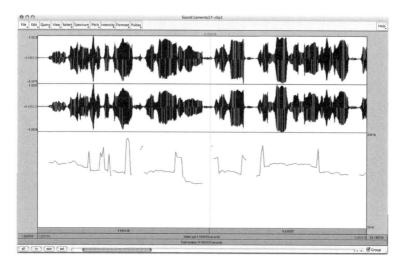

Abb. 1: Layelayana

Die Abbildung zeigt im oberen Feld die Impulse bzw. die Lautstärkeschwankungen, im unteren Feld den Verlauf der Grundfrequenz bzw. die melodische Kontur. Die in das Plateau einheitlicher Tonhöhe eingestreuten Spitzen entsprechen den schluchzenden Klagelauten, die den Vortrag nicht nur ergänzen, sondern den Zuhörer weit mehr berühren als eine hochgradig stilisierte Totenklage, wie sie in der westlichen Kunstmusik anzutreffen ist. Nur wird gerade aus dem Zusammentreffen von spontaner und unkontrollierter Affektäußerung und weitgehend ritualisierter, mithin einem strikten Regelsystem unterworfener Affektdarstellung deutlich, welche soziale und kulturelle Funktion dem Klagegesang zukommt, der verhindert, dass die Individualklage außer Kontrolle gerät und damit der Gruppenzusammenhalt gestört wird.

IV.   Lamento: Ritual, Performanz und Opernkonvention

Nach den einleitenden Bemerkungen zu Entstehung, Platz und Stellenwert von Totenklagen im Kontext von Begräbnisritualen und dem Überblick über Klagegesänge in transkultureller Perspektive möchte ich abschließend zwei Bespiele für die musikalische Ausprägung von Klage im abendländischen Westen erörtern.

In einer wohl aus Florenz stammenden Handschrift des späten 14. Jahrhunderts, die jetzt in der British Library aufbewahrt wird, findet sich innerhalb einer kleiner Gruppe von Instrumentalstücken, „Istanpitte" genannt, ein einstimmiges Stück, das *Lamento di Tristano* überschrieben ist (London, British Library, MS Add. 29987). Der melodische Verlauf lässt zum einen reiche Figurationen erkennen, die aber, wenn wir uns auf den Verlauf der Kerntöne konzentrieren, zum anderen über einer Folge absteigender Stufen im Tonraum einer Quart bzw. einer Quint erklingen:

Abb. 2: Anon., *Lamento di Tristano* (14. Jh.)

Die Istanpitta war wie ihr französisches Gegenstück, die Estampie, die Instrumentalform des Mittelalters schlechthin, mit ersten Belegen aus dem 12. und späten Nachweisen aus dem 15. Jahrhundert.[15] Estampie und Istanpitta wurden lange Zeit als Formen von Tanzmusik angesehen; heute gelten sie in erster Linie als solistische Vortragsformen, ohne unmittelbare Bezugnahme zum Tanz. Bemerkenswert erscheint mir, dass der Klagegestus, der musikalisch in der absteigenden Tonfolge präsent ist, wohl trotz der Figurationen für das Publikum des 14. Jahrhunderts wahrnehmbar blieb und dem Stück zu seinem Titel verhalf.

Zu Beginn des 17. Jahrhunderts fand die Klage als spezifisch musikalische Form Eingang in die noch junge Oper und wurde so sehr zum Prototyp der sich rasch ausbildenden Opernkonventionen, dass etwa der Klagegesang der Ariadne, das *Lamento d'Arianna* als einziges Stück aus Monteverdis Oper *Arianna* erhalten blieb und überdies vom Komponisten in zwei Versionen verbreitet wurde, nämlich einer weltlichen, die die Trennung Ariadnes von ihrem geliebten Theseus zum Gegenstand hatte, und einer geistlichen Kontrafaktur, die als *Pianto della Madonna* die Klage Mariens über den Tod Jesu aufnahm.

Gegen Ende des 17. Jahrhunderts trug das Lamento, nunmehr fester Bestandteil jeder Oper, so sehr zur Attraktivität der Aufführungen bei, dass bei Neuinszenierungen weitere Lamenti hinzukomponiert wurden.[16] Was im *Lamento d'Arianna* noch nur rudimentär zu beobachten war, wurde später zum Markenzeichen der Lamentokomposition überhaupt: ein absteigender Quartgang, der von der Musikgeschichtsschreibung dann auch mit der Bezeichnung „Lamentobass" in seiner einschlägigen Verwendung gekennzeichnet wurde. Monteverdi selbst hatte mit seinem *Lamento della Ninfa* erneut einen Prototyp der Form geschaffen – diesmal in Form einer

---

[15] Vgl. zu dieser Gattung: Welker 2006: 385-390; ders. 1995: 161-171.

[16] Vgl. zum Komplex Lamento in der frühen italienischen Oper: Rosand 1991: 361-386 (‚Il lamento: The Fusion of Music and Drama‘) und hier speziell: 369-377 (‚The Descending Tetrachord: An Emblem of Lament‘).

kleinen Szene, in der die solistische Klage der Nymphe vom Chor der Hirten umrahmt wird.[17]

Der Lamentobass nimmt, wie im Beispiel zu sehen ist, offenbar den absteigenden Gang eines universellen Klagegestus auf. Wir können vermuten, dass mit dem Erklingen des absteigenden Quartgangs tief im neuronalen Substrat verwurzelte Muster musikalischer Ausdrucksformen und Erwartungshaltungen aktiviert werden.

Abb. 3: Claudio Monteverdi, *Lamento della Ninfa*

V.   Ein Modell

Vor diesem Hintergrund einer transkulturellen Präsenz melodischer Gesten lässt sich ein Modell musikalischer Erfahrung entwickeln, das angeborene, kulturübergreifende Parameter musikalischen Verhaltens genauso berücksichtigt wie kulturelle und individuelle Spezifika (Welker 2007: 271-290). Das Modell berücksichtigt basale Phänomene wie akustisch induzierte Vigilanzregulation, transkulturell konstante Patterns von Tonhöhenverläufen, im impliziten Gedächtnis verankerte, über früh einsetzende Lernprozesse vermittelte kulturspezifische und individuelle Konventionen des Hörens und schließlich eine bewusste kognitive Verarbeitung melodischer und rhythmischer Figuren.

[17] Siehe hierzu: Leopold 1982: 176-180. Das Notenbeispiel folgt der Ausgabe von Malipiero, Monteverdi 1929.

IV	Bewusst kognitive Verarbeitung von und kreativer Umgang mit musikalischen Strukturen
III	Über Erfahrung vermittelte Engramme: Musikalische Sozialisation und kulturelle Überformung; implizites Gedächtnis
II	Angeborene Schemata
I	Vigilanz- und Aufmerksamkeitsregulation

Abb. 4: Ein Modell musikalischer Erfahrung

Bereits auf einer basalen Ebene (I) werden über akustische Inputs verschiedene Zustände von Wachheit (Vigilanz) reguliert, von heller Aufmerksamkeit bis zum Einschlafen. Dazu gehört die Beobachtung, dass bereits ein leises Hintergrundgeräusch förderlich für das Einschlafen ist, absolute Stille hingegen nicht und Trompetenschall, lautes Trommeln und Lärm selbstverständlich auch nicht. Dazu gehört auch der Angst auslösende Effekt von Geräuschen in sehr tiefer Lage. Schon auf dieser Ebene ist also die Induktion basaler Emotionen zu erwarten.

Die nächste, komplexere Ebene (II) betrifft die Verarbeitung von rhythmischen und melodischen Mustern, die im Genom verankert sind und die deshalb bei allen Menschen auf der ganzen Welt zu beobachten sind – mithin anthropologische Universalien. Hierzu gehören etwa bestimmte melodische Konturen, die bei allen Kulturen zur Beruhigung von Babies verwendet werden, und rhythmisch-melodische Muster, die Gruppenzusammenhalt und Kampfbereitschaft induzieren.

Auch auf dieser Ebene werden Gefühle freigesetzt, die durch die Verarbeitung auf einer dritten Ebene (III) moduliert, verstärkt oder auch reduziert werden. Hier finden sich sowohl Engramme individueller Erfahrung als auch solche, die im Rahmen einer spezifischen Kultur von Kindheit an vermittelt wurden. Das betrifft etwa das Erkennen bestimmter Tonalitäten, von Dur und Moll und die Tatsache, dass in der abendländischen Kultur Melodien in Durtonarten eher freudig stimulieren, während solche in Molltonarten hingegen nachdenklich, ja traurig werden lassen. Dagegen ist die Verknüpfung von langsamem Tempo und absteigenden Melodielinien mit Trauer wohl universell. Ich möchte hier aber noch einmal ausdrücklich betonen, dass die Wahrnehmung und der Genuss von harmonischer Musik, von Akkorden, ein Spezifikum westlicher Kultur ist und anderswo nicht oder nicht in diesem Maße anzutreffen ist. Auch die Elemente der dritten Stufe sind schließlich nicht notwendigerweise bewusst.

Erst auf der vierten, der höchsten und komplexesten Ebene der Verarbeitung (IV) sind wir schließlich in der Lage, uns ganz bewusst rezeptiv oder kreativ mit der Struktur eines Musikstücks auseinanderzusetzen. Das bewusste Hören, das Theodor W. Adorno für seinen Idealtyp des Musikliebhabers postuliert (Adorno 1975), bezieht sich ausschließlich auf diese vierte Ebene und geht von der Voraussetzung aus, dass beim Musikgenuss höchsten Ranges die tieferen Ebenen der Verarbeitung überwunden, ja ausgeblendet werden können. In Adornos Klassifikation von Hörertypen werden die tieferen Ebenen schließlich auch als minderwertig deklassiert.

Auf dieser Ebene ist der spielerische Umgang mit akustischen Objekten zu erwarten, und auf den Spielcharakter von Musik hat ja etwa Rolf Oerter bereits mehrfach hingewiesen. Schon kleine Kinder spielen mit den Tönen, die sie produzieren können; kunstvolle, aus Tönen, Melodien und Rhythmen zusammengesetzte Gebilde können aus dem kreativen Spiel entstehen (Oerter 1999: 293-296; ders. 2007: 291-314).

VI.   Parallelen zum Wiegenlied

Wie bereits oben angemerkt, bietet der musikalische Klagegestus Parallelen zum melodischen Gestus des Wiegenlieds (vgl. Anm. 13). Hier stellt sich natürlich die Frage nach dem Sinn, und zwar nach dem evolutionären Sinn einer solchen auf den ersten Blick absurd erscheinenden Parallele. Ich vermute, dass in beiden Fällen – und wie bei jeder Ritualisierung – individuelle emotionale Reaktionen in geordnete Bahnen gelenkt werden sollen, die zudem und im Gegensatz zur individuellen emotionalen Exazerbation den Gruppenzusammen-

halt stärken sollen; das gilt für die nicht zu beherrschende Angst des
Kleinkinds vor dem Alleinsein genauso wie für das tief sitzende, von
unseren prähominiden Primatenverwandten ererbte Erschrecken vor
dem toten Artgenossen. Darüber hinaus verhindert die ritualisierte
Klage und insbesondere der ritualisierte Klagegesang, dass sich die
Trauer der von einem geliebten Angehörigen verlassenen Hinterbliebenen im Grenzenlosen verliert.[18]

Die akustischen Signale, die dem Kleinkind die Präsenz eines
wohlwollenden Anderen vermitteln, tragen möglicherweise zur Ausbildung von sicherer Bindung bei; dies gilt schon für die spontan be-
ruhigende Geste in der spezifischen Sprachmelodie der betreuenden
Erwachsenen – in erster Linie Mutter und Großmutter. In ihrer ritualisierten Form, als Wiegenlied, vermitteln sie überindividuelle Parameter, die das in der Dyade aufgebaute Vertrauen auf die Gruppe, ja
die Kultur übertragen. Im Klagegestus tritt an die Stelle des individuellen Trostes der rituelle Gesang, der von der Gruppe getragen
wird und in der Situation der Trennung die Rückbindung der Hinterbliebenen an die Gruppe sicherstellt.

Nun mag man einwenden, dass gerade beim Opernlamento die
klagende Sängerin (auch hier sind es in der Regel Frauen) meist allein auf der Bühne steht. Doch auch der Bühnenmonolog ist eine
Form der Kommunikation mit einem Publikum – sogar noch mehr,
als dies in den Dialogpartien der Fall ist, denn der einzige Dialog-
partner ist nun das Publikum. Dass der Appell ans „Mit-Leiden" immer wieder ankam, zeigt die breite Rezeption der Lamentokonven-
tion beim Opernpublikum des Barock.

VII. Resümee

Die Absicht dieses Beitrags war es, anhand der Beispiele von Totenklagen und weiteren Klagegesängen zu zeigen, wie angeborene Voraussetzungen des Erlebens und Erwartungshaltungen, die im Genom

---

[18] Rainer Krause hat darauf hingewiesen, wie lange die „Refraktärzeit" der Trauer
anhält. Vgl. Krause 2009.

verwurzelt sind, zusammen mit kulturellen und historischen Spezifika zur Erfahrung dessen beitragen, was wir als Musik bezeichnen. Das Wissen um beides, um die angeborenen und früh erworbenen Erwartungshaltungen ebenso wie um die Möglichkeit einer bewusst kognitiven und rationalen Auseinandersetzung, ermöglicht erst die volle Würdigung des Kulturguts Musik: nämlich sowohl als festen Bestandteil genuin menschlichen Verhaltens wie auch als Kunstwerk. Eine Beschränkung auf die rational erfassbare Perspektive allein, womöglich unter Verweis auf die angebliche „Banalität" des anderen, ist für mich nicht Zeichen ausgeprägten ästhetischen Bewusstseins, sondern von Ignoranz.[19] Andererseits würde der Verzicht auf die Berücksichtigung der auf je andere Art und Weise vollendeten kulturspezifischen und historisch wechselnden Perspektiven sowie der Fähigkeit des einzelnen, Musik machenden Menschen eine Vernachlässigung der kreativen Leistungen des Menschen bedeuten – auch ein solches Herangehen an das Phänomen Musik muss notgedrungen unvollständig bleiben.

Literatur

Adorno, Theodor W. (1975): *Einleitung in die Musiksoziologie*. Frankfurt am Main.

Agawu, V. Kofi (1988): „Music in the Funeral Traditions of the Akpafu." In: *Ethnomusicology* 32, 75-105.

Antweiler, Christoph (2007): *Was ist den Menschen gemeinsam? Über Kultur und Kulturen*. Darmstadt.

Bischof, Norbert (1985): *Das Rätsel Ödipus*. München.

---

[19] Vgl. hierzu etwa die im Rahmen einer „akademischen Feierstunde" vorgetragene und nachträglich im Rahmen einer „Positionsbestimmung" in den Druck beförderte, in dieser Hinsicht in Form und Inhalt bezeichnende Äußerung des Zürcher Musikhistorikers Laurenz Lütteken: „Es geht folglich nicht darum, Musik in einem banalen Anfall post-postmoderner Gefühlsseligkeit als anthropologische Konstante wohligen Gemeinsinns zu definieren; vielmehr ist Musik eine Leistung des menschlichen Verstandes, die sich der kategorialen Klassifizierung hartnäckig verweigert und genau deswegen einer andauernden Reflexion bedarf." Lütteken 2007: 65.

Bowlby, John (2006, a): *Bindung und Verlust. Bd. 2: Trennung: Angst und Zorn.* *Übersetzt von Erika Nosbüsch.* München.

Bowlby, John (2006, b): *Bindung und Verlust. Bd. 3: Verlust: Trauer und Depression.* *Übersetzt von Elke Vomscheidt.* München.

Boyer, Pascal (2002): *Religion Explained. The Human Instincts that Fashion Gods, Spirits and Ancestors.* London.

Dawkins, Richard (2006): *The God Delusion.* London.

Dennett, Daniel C. (2006): *Breaking the Spell. Religion as a Natural Phenomenon.* New York.

Eibl-Eibesfeldt, Irenäus (1979): „Ritual and Ritualization from a Biological Perspective." In: Cranach, Mario von (Hrsg.): *Human Ethology. Claims and Limits of a New Discipline*: Contributions to the Colloquium. Cambridge, Paris, 3-55.

Gallup, Gordon (1970): „Chimpanzee self-recognition." In: *Science* 167, 86-87,

Gallup, Gordon (1977): „Self-recognition in primates." In: *American Psychologist* 32, 329-338.

Gardner, Beatrix T.; Gardner, Allan (1969): „Teaching sight language to a chimpanzee." In: *Science* 165, 664-672.

van Gennep, Arnold (1986): *Übergangsriten. Les rites de passage.* Frankfurt am Main, New York.

Goodall, Jane (1986): *The Chimpanzees of Gombe. Patterns of Behavior.* Cambridge, Mass., London.

Krause, Rainer (1998): *Allgemeine Psychoanalytische Krankheitslehre.* Band 2. Stuttgart, Berlin, Köln.

Krause, Rainer (2009): „Regulierungskontexte von Verlusterfahrung." In: Wellendorf, Franz; Wesle, Thomas (Hrsg.): *Über die (Un)Möglichkeit zu trauern.* Stuttgart, 89-102.

Kunst, Jaap (1967): *Music in New Guinea. Three Studies.* Den Haag.

Leopold, Silke (1982): *Claudio Monteverdi und seine Zeit.* Laaber.

Lütteken, Laurenz (2007): „‚Und was ist denn Musik?' Von der Notwendigkeit einer marginalen Wissenschaft." In: ders. (Hrsg.): *Musikwissenschaft. Eine Positionsbestimmung.* Kassel, 40-66.

Malipiero, Gian Francesco; Monteverdi, Claudio (1929): *Tutte le opere. Libro ottavo.* Asolo.

McGee, Timothy (1989): *Medieval Instrumental Dances.* Bloomington.

Oerter, Rolf (1999): *Psychologie des Spiels. Ein handlungstheoretischer Ansatz.* Weinheim, Basel.

Oerter, Rolf (2007): „Musik und Kultur." In: Eibl, Karl; Mellmann, Katja; Zymner, Rüdiger (Hrsg.): *Im Rücken der Kulturen.* Paderborn, 291-314.

Porter, James (2001): „Lament." In: Sadie, Stanley (Hrsg.): *The New Grove Dictionary of Music and Musicians.* London, 181-188.

Rosand, Ellen (1991): *Opera in Seventeenth-Century Venice. The Creation of a Genre.* Berkeley, Los Angeles, Oxford.

Schiefenhövel, Wulf (1999): *Exposé für die konstitutierende Sitzung im Hanse Wissenschaftskolleg*. Delmenhorst.

Simon, Arthur (1993): *Musik aus dem Bergland West-Neuguineas. Irian Jaya*. Berlin.

Steadman, Lyle B.; Palmer, Craig T. (2008): *The Supernatural and Natural Selection. The Evolution of Religion*. Boulder, London.

Teleki, Geza (1973): *The Predatory Behavior of Wild Chimpanzees*. Lewisburg.

Trehub, Sandra E.; Trainor, Laurel J. (1988): „Singing to Infants. Lullabies and Playsongs." In: *Andvances in Infancy Research* 12, 43-77.

Welker, Lorenz (1995): „Estampie." In: Finscher, Ludwig (Hrsg.): *Die Musik in Geschichte und Gegenwart*. Sachteil Bd. 3, 2. Auflage Kassel, 161-171.

Welker, Lorenz (2006): „La naissance de la musique instrumentale du XIIe à la fin du XVIe siècle." In: *Musiques. Une encyclopédie pour le XXe siècle*. Vol. IV. Arles, 381-411.

Welker, Lorenz (2007): „Kategorien musikalischen Verhaltens in evolutionärer Perspektive. Geschlechtsdifferenzen, Universalien und ein Schichtenmodell musikalischer Wahrnehmung." In: Eibl, Karl; Mellmann, Katja; Zymner, Rüdiger (Hrsg.): *Im Rücken der Kulturen*. Paderborn, 271-290.

V. Ein anderer Umgang mit dem Sterben

Peter G. Coleman

Demenz, Personsein und Lebensende

Von allen tödlich verlaufenden Krankheiten stellt die Demenz vielleicht die größte Herausforderung dar: Ihre Prävalenz ist ansteigend,
da heute mehr Menschen ein sehr hohes Alter erreichen, ihr Verlauf
ist lang und heimtückisch, und sie bedroht die Würde des Patienten.
Die gesellschaftliche Reaktion darauf fällt in psychologischer und
seelsorgerischer wie auch in medizinischer Hinsicht bisher unzurei-
chend aus. Eine Quelle der Probleme moderner westlicher Gesellschaften im Umgang mit der Demenz ist seit jeher die übermäßige
Betonung des klaren Verstandes, der Rationalität, als wichtigsten
Maßstabes menschlichen und moralischen Status'. Dieser philosophischen Haltung steht die ältere jüdisch-christliche Tradition entgegen, die betont, dass man den Menschen immer als Person in Beziehung betrachten muss. Darauf basieren jüngste Entwicklungen in der
person-zentrierten Pflege, die auf Basis von primärer Bindung (at-
tachment) und Reminiszenztheorien arbeiten, um die engen Bande
zwischen pflegender und gepflegter Person aufrechtzuerhalten.

I.   Einführung: Die heraufziehende Krise menschlichen Alterns

Politik und Medien befassen sich zunehmend mit den Auswirkungen,
die die wachsende Zahl älterer Menschen in beinahe allen Ländern
der Welt haben wird. Sinkende Geburtenraten bei gleichzeitig ge-
stiegener Lebenserwartung zeichnen für diesen Anstieg verantwortlich, und beide Entwicklungen waren schon vor mehr als drei Jahrzehnten deutlich absehbar. Doch die Lage musste sich erst zuspitzen,
ehe Politiker sich aufgefordert sahen, zu handeln. Die meisten europäischen Länder haben inzwischen große Probleme mit nicht finan-

zierbaren staatlichen und unzuverlässigen privaten Rentensystemen, einer schrumpfenden Zahl von beitragspflichtigen jungen Beschäftigten und damit, dass zu viel ältere Menschen in einem Alter, in dem sie noch zur Wirtschaftsleistung eines Landes beitragen könnten, aus dem Arbeitsleben ausscheiden. Beunruhigender jedoch ist die zunehmende Zahl Pflegebedürftiger am oberen Ende der Altersskala, da es am politischen Willen zu positiven Lösungen zu fehlen scheint. Abnehmende Familiengröße, erhöhte Scheidungsraten und gestiegene Mobilität der Familienmitglieder sorgen dafür, dass man mit einer höheren Zahl gebrechlicher alter Menschen in den Achtzigern und Neunzigern rechnet, die alleine leben und gleichzeitig zu wenig Unterstützung bekommen. Für diese Sachlage wird oft das Verschwinden der Großfamilie verantwortlich gemacht. Doch andere Daten weisen gleichzeitig darauf hin, dass immer mehr schwersthilfebedürftige alte Menschen am Lebensende von einer einzigen Person gepflegt werden, in der Regel ein Familienmitglied, meistens der Ehepartner oder Kinder, die ungeheure Belastungen auf sich nehmen und dafür kaum Anerkennung und Unterstützung erhalten.

Von den altersbedingten Krankheiten stellt die Demenz die höchsten Anforderungen. Sie ist am stärksten durch das Alter bedingt, belastet die pflegende Person am stärksten, nicht nur physisch und psychisch, sondern auch in ihrer Beziehung zum Patienten als Ehepartner oder Kind. Die Identität und das spirituelle Wohlergehen des Pflegenden ist in Gefahr, weil die Krankheit die Beziehung zu zerstören droht, die beider Leben in hohem Maße Sinn verliehen hat. In den wirtschaftlich hoch entwickelten Ländern wächst die Zahl der Demenzerkrankungen ständig, da immer mehr Menschen ein sehr hohes Alter erreichen. Wie unzulänglich die Gesellschaft auf die daraus resultierenden Probleme reagiert, zeigt sich auf Schritt und Tritt, und wird von den Medien insbesondere durch Erfahrungsberichte pflegender Personen über das Leid der Erkrankten und über ihre eigene Belastung als Pfleger thematisiert. Seit mehr als 30 Jahren forsche ich auf diesem Gebiet. Ich habe die Fortschritte im Assessment, der Medikation und in der Kurzzeit- und unterstützenden Pflege in den 1970er und 1980er Jahren erlebt. Allerdings ist die tatsächliche Entwicklung in Großbritannien und vermutlich auch in anderen europäischen Ländern so, dass trotz formaler Beschlüsse über Pflegestandards wirkliche Unterstützung immer mehr unterhöhlt wird, mit dem Ergebnis, dass sie in immer geringerem Maße bewilligt und einem immer geringeren Personenkreis zuteil wird. Das Angebot an Hilfsleistungen kommt tendenziell nur noch jenen alleinstehenden bedürftigen älteren Menschen zugute, die kinderlos sind. Wer Ehepartner oder Kinder hat, wird zunehmend sich selbst überlassen. Die Gesellschaft scheint unfähig, der Situation Herr zu werden. Hier fehlt es an Sensibilität wie auch an Phantasie.

Hohes Alter ist, wie Paul Baltes betonte, ein relativ neuer Lebensabschnitt, und wir verfügen noch nicht über einen angemessenen begrifflichen Rahmen, um seine charakteristischen Eigenschaften zu erfassen und auf individueller und gesellschaftlicher Ebene angemessen reagieren zu können (Baltes 1997). Die Theorien über die Entwicklung des Alterns, die die moderne Psychologie anfänglich vertrat, wie etwa Jung und Erikson, haben das hohe Alter in ihrer Konzeptualisierung der späteren Lebensphase nicht berücksichtigt. Interessanterweise hat Erik H. Erikson, wie wir durch seine Witwe Joan Erikson wissen, im Lauf der Zeit erkannt, dass seine ursprüngliche Acht-Stufen-Theorie, die er 1950 entwickelte, dieser neuen Lebensphase nicht gerecht wurde, weil sie dieses letzte Stadium nicht erfasste. Erikson selbst wurde 92 Jahre alt und verbrachte seine letzten Jahre in einem Pflegeheim. Ein längeres Leben, in dem wir in irgendeiner Form auf Pflege oder Betreuung angewiesen sein werden, steht immer mehr Europäern und Amerikanern bevor. Gail Sheehy, eine bekannte amerikanische Schriftstellerin, die in den 1970ern Popularität erlangte, weil sie das Konzept der Entwicklungsstadien des Erwachsenenlebens bekannt machte, ist in jüngster Zeit dafür eingetreten, die Pflege von Erwachsenen als normatives Lebensstadium zu betrachten, und forderte angemessenere Maßnahmen der Politik (Sheehy 2009).

Die Fragen, um die es geht, stellen für Politiker, Klinikärzte und -psychologen und zunehmend auch für Ingenieure und Technologen eine gewaltige Herausforderung dar. Doch auch für Philosophie, Religion und Ethik haben sie große Bedeutung. Wie sollen wir auf die Gebrechen des Alters, insbesondere auf Demenz reagieren? Es ist dringend erforderlich, diesem neuen Lebensabschnitt mehr Sinnhaftigkeit zu verleihen. Die Pflege Demenzkranker in der westlichen Kultur scheint bis in die jüngste Zeit durch beinahe vollständige Vernachlässigung geprägt zu sein. Es gibt daher praktisch keine Tradition, auf die man bei der Ausarbeitung eines geeigneteren konzeptionellen Rahmens aufbauen könnte, der über die praktischen und emotionalen Aspekte hinausgeht, die die Pflege Demenzkranker aufwirft und Bedeutung und Ziele der Pflege thematisiert. Spirituelle und philosophische wie auch praktische Antworten sind zu einer zwingenden Notwendigkeit geworden, weil immer mehr Menschen das Alter erreichen, in dem Demenz auftreten kann. Wir müssen damit beginnen, ansatzweise wenigstens, einige grundlegende Prinzipien über das Leben mit Demenz zu formulieren, darauf aufbauen und feststellen, wie weit sie uns dabei helfen, die Demenz aus ihrer Randexistenz in den Fokus der öffentlichen Aufmerksamkeit zu bringen.

II. Die Entwicklung einer Pflegekultur für Demenzkranke

Die christlichen Kirchen und andere religiöse Institutionen tragen besondere Verantwortung dafür, älteren Menschen und auch denen, die sie pflegen, eine Stütze zu sein, wenn sie gebrechlicher werden. Auch wenn es dabei vorrangig um Aufgaben praktischer Art geht, ist es dennoch wichtig, eine Theologie der Pflege zu entwickeln und zu fördern, um die seelsorgerische Tätigkeit zu unterstützen. Bleibt dies aus, wird auch die Pflegekraft mit den besten Vorsätzen unweigerlich von den nihilistischen Ansichten über das Altern angesteckt werden, wie sie in unserer Gesellschaft verbreitet sind. Für die Demenz gilt das in besonderem Maße.

Die Demenz stellt viele unserer herkömmlichen Auffassungen in Frage: über das menschliche Leben, über die Bedeutung, die wir dem Gedächtnis und der Rationalität beimessen, über die persönliche Identität, was es heißt, eine Person zu sein, und was an unserer Existenz wirklich wertvoll ist. Die meisten von uns fürchten sich davor, einmal demenzkrank zu werden. Und doch ist es kurzsichtig, die

Demenz nur als Problem zu sehen, für das es praktische Lösungen zu finden gilt, das wir im besten Fall sogar aus der Welt schaffen können. Indem sie unser Denken erschüttert, bietet uns die Demenz die Möglichkeit, eine tiefere Sicht auf unser Leben insgesamt zu erlangen, etwa zu lernen, unsere Verletzlichkeit, Bedürftigkeit und unsere Interdependenz zu akzeptieren und wertzuschätzen. Irrige Vorstellungen von Eigenständigkeit, Kontrolle und ein funktionelles Verständnis der Menschen stehen der Wertschätzung des Menschen als gebender wie nehmender Person im Wege.

Tom Kitwood, der in Großbritannien bei der Verbesserung der Qualität der Pflege Demenzkranker eine Vorreiterrolle spielte, hat hervorgehoben, wie das menschliche Bedürfnis, zu sorgen und umsorgt zu werden, sich in einer Kultur entwickelt. Kulturelle Settings können das Pflegen begünstigen, aber auch beschädigen und es pervertieren (Kitwood 1997: 3). Wir sind nicht einfach passive Nutznießer von Kultur, sondern auch verantwortlich für ihre Bewahrung und Entwicklung. Dieser Aspekt ist wichtig für das Studium des Alterns. Kultur – deren wichtigster Aspekt seit jeher die Religion ist – ist dem Altern meistens wohlwollend begegnet, ganz anders als die Biologie, die sein Feind zu sein scheint (oder, wie der Hinduismus sagt, ein Freund in Verkleidung, der uns an die Notwendigkeit erinnert, unsere spirituellen Pflichten nicht zu vernachlässigen). Im Verlauf der Menschheitsgeschichte hat die Entwicklung der Kultur die Defizite und Schwächen des Alters kompensieren geholfen, und sie hat älteren Menschen Werte, Rollen und Ziele an die Hand gegeben. Die Gesellschaft hat inzwischen zwar zahlreiche angemessene Kulturumgebungen für alte Menschen geschaffen, doch noch keine Mittel und Wege gefunden, mit der rapiden Zunahme an sehr alten und gebrechlichen Menschen Schritt zu halten. Für eine Gesellschaft, in der alle Altersstufen gut aufgehoben sind, müssen wir noch sehr viel kulturelle Aufbauarbeit leisten.

Kitwood (zuerst christlicher Missionar, dann Sozialpsychologe), der erst spät in seinem Leben das Thema Demenz aufgriff und dann für diese „Sache" engagiert eintrat, stellte sich die Schaffung von Umgebungen vor, in denen sich die Pflege Demenzkranker „natürlich anfühlt". Unsere ererbten Traditionen enthalten viele falsche

Vorstellungen und für die Demenzbetreuung ungeeignete Handlungsvorgaben, die wir besser über Bord werfen sollten. Man sagt zwar, wir verfügten über keinen instinktmäßigen Drang, der uns, wie bei unserer Sorge für Kinder, dabei hilft, uns um die Alten und Gebrechlichen zu kümmern; allerdings müsste dies nicht negativ ins Gewicht fallen, wenn wir im Hinblick auf die Pflege Älterer starke kulturelle Normen entwickelten. Tatsächlich können wir auch feststellen, dass solche Normen in einigen anderen Kulturen viel stärker vorhanden sind und wir sie nachahmen und von ihnen lernen können.

Das Erleben von Verlust gehört zu den Charakteristika des Alterns. Bei der Demenz ist der Verlust unübersehbar, denn sie beraubt Menschen oft der Dinge, die sie am meisten schätzen: ein Sicherheitsempfinden, eine eindeutige Identität, Erinnerungen an Menschen und Orte, Denkvermögen. Der Verlust kann ein normales und annehmbares Maß überschreiten und so die menschliche Würde und Selbstachtung in Frage stellen. Zugleich kann er dazu führen, dass die Familie und professionelle Helfer ein unwürdiges Verhalten an den Tag legen, das verderblich wirkt und Pflegestandards verschlechtert. Kitwood bezeichnete dieses Phänomen als „maligne Sozialpsychologie". Mangelhafte Pflegestandards nähren sich von Unwissenheit und Vorurteilen gegenüber dem Verhalten des Demenzkranken; beides entsteht, wenn gute Ausbildung und emotionale Unterstützung fehlen. Sie spiegeln aber auch wirklich vorhandene kulturelle Defizite. Unsere Studien in Southampton zeigen, dass ältere Menschen die Arbeit der Ärzte und Helfer deshalb negativ beurteilen, weil sie in der Interaktion mit ihnen die Reziprozität vermissen; ein Mangel, der das Fehlen früherer positiver Beziehungen zur älteren Generation, insbesondere den Großeltern, widerspiegelt.

III.   Persönlichkeit, Personsein und Demenz

[A]uch wenn die (organische) Erkrankung von ihrem Körper Besitz ergreift, so besiegt sie doch nicht ihren Geist. Bei der Demenz verhält es sich anders. Menschen versuchen auf verschiedene Weise, Verlust zu verarbeiten; ihre Persönlichkeit kann dadurch in Mitleidenschaft gezogen werden, muss es aber nicht. Bei der Demenz scheint die Person selbst sich zu verändern. So ergeben sich grundlegende Fragen, die eine spirituelle Dimension haben, und etwa lauten können: „Wer bin ich?" und „Welches ist mein wirkliches Ich?"

Dieses Zitat stammt von Malcolm Goldsmith (1999: 128), einem christlichen Geistlichen in Großbritannien, der sich besonders für die seelsorgerischen Bedürfnisse von Demenzkranken und ihrer Betreuer interessiert hat. Er macht darauf aufmerksam, dass die durch die Demenz aufgeworfenen Fragen auch in spiritueller Hinsicht sehr brisant sind. Welchen Charakter haben die Veränderungen, die mit der betroffenen Person als Ergebnis der Demenz vor sich gehen, und wie können wir sie am besten begrifflich fassen? Hier tun sich sehr komplizierte Fragen auf. Ändert sich die Persönlichkeit? Und wenn ja, was bedeutet das für die Personalität? In welchem Sinne ist eine an Demenz erkrankte Person noch dieselbe Person, in welchem Sinn eine andere?

Die Psychologie unterscheidet das Studium der Kognition vom Studium der Emotionen und der Motivationen und schenkt ersterer seit jeher die größere Aufmerksamkeit. Auch die Demenz hat man in erster Linie als Störung der kognitiven und speziell der Gedächtnisprozesse aufgefasst. Das Assessment der Demenz konzentriert sich wohl auf die kognitive Leistungsfähigkeit, doch handelt es sich hier vor allem um ein Artefakt der relativ weiter entwickelten Methoden zur Messung kognitiver Fähigkeiten, als sie zur Messung von Persönlichkeitsprozessen zur Verfügung stehen. In den letzten Jahren erfuhr die Beziehung zwischen Demenz und Persönlichkeit etwas mehr Beachtung, als man erkannte, dass eine beginnende Veränderung der Persönlichkeit zu den Anzeichen früher Demenz gehört, und dass dieser Aspekt der Krankheit für die pflegende Person zu den schwierigsten gehört.

Was heißt es, eine Person zu kennen? Zweckdienliche Definitionen müssen mehrere Aspekte umfassen, etwa die für eine Person typischen Motivationen, Einstellungen und ihr Verhalten (McAdams 1995). McAdams unterscheidet drei Ebenen der Persönlichkeitserforschung. Auf der ersten Ebene geht es um die allgemeinen „Charakterzüge", die eine Person von einer anderen unterscheidet (etwa „extravertiert", „neurotisch"). Die zweite Ebene, die McAdams als

„persönliche Anliegen" bezeichnet, handelt von den spezifischen Motivationen und Interessen, Werten und Coping-Strategien, die eine Person im Kontext von Zeitpunkten, Orten und sozialen Rollen auszeichnet. Die dritte Ebene, die er als „Identität" bezeichnet, beinhaltet die Einheit und Zielgerichtetheit, die im Leben der Person erkennbar sind und in narrativer Form, als internalisierte Lebensgeschichte einer Person, am besten zum Ausdruck kommt.

Die Zerstörung der Persönlichkeit durch die Demenz scheint auf mehreren Ebenen vonstatten zu gehen. Der Mensch verliert den Kontakt zu seinem Lebensverlauf, weil Erinnerungen immer schwerer abzurufen sind. Er findet es zunehmend schwieriger, seine besonderen Fähigkeiten und Interessen zur Geltung zu bringen, und selbst charakteristische Persönlichkeitszüge wie Gewissenhaftigkeit und Geselligkeit können verloren gehen, weil er Hemmungen verliert und gegen soziale Verhaltensnormen verstößt. Demenz kann ein erschreckender Anblick sein. Sie scheint den Kern dessen zu bedrohen oder sogar zu zerstören, was uns zu der Person macht, die wir sind. Etwas Fundamentales scheint sich zu verändern, wie in einem Horrorfilm. Wie real diese Angst ist, zeigt sich in den Bemühungen derer unter den Pflegern, die darauf aufmerksam machen, dass unter der Oberfläche der Veränderung die Stabilität zu finden ist.

Die Diskussion hat sich zunehmend auf die dritte, die Ebene der Persönlichkeit konzentriert, die Ebene der Identität und des Selbst. In welchem Sinne kann man davon sprechen, dass Demenzkranke ein Selbst bewahren? In Gesprächen zwischen, mit und über demente Personen hat die linguistische Forschung beispielsweise den Gebrauch der ersten Person (d. h., das internalisierte Selbst) und der zweiten und dritten Person (d. h. des von außen definierten Selbst, der „Persona") untersucht (Sabat 2001; Small u. a. 1998). Die Ergebnisse sind positiver wie negativer Art. Selbst und Persona sind bei der Demenz gefährdet, doch selbst bei schwerem Verlauf bezieht sich der Kranke auf verschiedenste Weise darauf. Wir hören nicht auf, uns als Individuum auf uns selbst und andere zu beziehen.

In der Diskussion über die Persönlichkeitsveränderung bei Demenz fällt der häufige und oft austauschbare Gebrauch der Worte „individuell", „Person", „Selbst" und „reales Ich" auf. Es wird allerdings nicht ausreichend gewürdigt, dass diese Worte vielschichtige Bedeutungen haben, und unsere philosophische und spirituelle Auffassung über das Leben sich darin widerspiegelt, wie wir sie gebrauchen.

IV. Demenz und die christliche Auffassung von der Person

> Das wahre Wesen der Person ist das Abbild Gottes,
> und keine Verunstaltung kann daran etwas ändern.
> (Heiliger Johannes von Kronstadt)

Einer der wichtigsten geistigen Beiträge des Christentums zur modernen westlichen Kultur, gleichzeitig aber auch eines seiner limitierenden Attribute, ist seine starke Betonung der Rationalität, der menschlichen Verstandeskraft als hervorragendstes Charakteristikum des Menschen. Dieser Denkansatz wurde am stärksten in der scholastischen Tradition der westlichen Kirche entwickelt, deren wichtigster Vertreter Thomas von Aquin war. Das Ergebnis dieser Konzentration auf Autonomie, Vernunft und Kompetenz war die Vernachlässigung der Bereiche, die in typischen seelsorgerischen Gesprächen über Vernunft und Denken außen vor bleiben. Die östlichen orthodoxen Christen haben weniger von dieser Tradition übernommen und sind daher dem ursprünglichen christlichen, stärker vom Beziehungsgedanken bestimmten Verständnis des menschlichen Wesens, das im Bild der Dreifaltigkeit wurzelt, von Personen, die durch Liebe verbunden sind, stärker verpflichtet geblieben. Man muss allerdings darauf hinweisen, dass sich diese Auffassung über das Wesen des Personseins in früheren Schriften im Westen ebenfalls findet (Ware 1986).

In der angelsächsischen Welt wurden wir besonders stark beeinflusst von der von Locke und Hume angestoßenen Debatte über das Wesen der persönlichen Identität, die das Konzept des separierten Individuums gegenüber der Vorstellung der Person in Beziehung zu anderen bevorzugten, die für die zeitgenössische Theologie der orthodoxen Ostkirche kennzeichnend ist (Zizioulas 1985). In der Diskussion über Wert und Rechte des Menschen gibt es im westlichen

Denken in der Tat eine zunehmende Betonung auf Vernunft und Re-
flektion als Kriterium für moralischen Status. Man denke nur an das
Extrembeispiel des australischen Philosophen Peter Singer (Singer
1994), der zustimmend Lockes Definition der Person zitiert, „ein
denkendes, verständiges Wesen, das Vernunft und Überlegung besitzt. […] Das heißt, es erfasst sich als dasselbe Ding, das zu verschiedenen Zeiten und an verschiedenen Orten denkt." (Locke 1690:
211) Entsprechend besitzt ein kerngesunder Schimpanse höhere moralische Rechte, argumentiert Singer, als ein kognitiv behinderter
Mensch. An anderer Stelle räumt er allerdings ein, dass seine Mutter
im fortgeschrittenen Stadium unter Alzheimer leidet (Toolis 1999),
und dass er für ihre Betreuung bezahlt. Die Aufforderung des Journa-
listen, dies zu erklären, beantwortete er so:

> Was tue ich also, das ich entsprechend meiner Philosophie anders machen
> sollte? Soll ich sie töten? Zum einen würde ich dafür eingesperrt werden. Es
> gibt noch Dinge, die ihr Freude machen, sie isst gerne – eher einfache Freu-
> den. Warum sollte sie die nicht weiterhin haben? Weil es Geld kostet, sie zu
> versorgen! Stimmt, aber es gibt ja noch andere Aspekte. Ich bin ja nicht
> wirklich arm… In einer idealen Welt…
> Wenn man, ganz legal, das Leben meiner Mutter schmerzlos beenden könnte
> und die für ihre Pflege benötigten Mittel für Menschen verwenden könnte,
> die sonst an Unterernährung sterben, und davon gibt es ja viele, dann, würde
> ich sagen, ja, das wäre die bessere Lösung. Doch weder ich noch meine Mut-
> ter befinden sich in dieser Situation (Toolis 1999).

Allen und Coleman (2006) argumentieren, dass dieses Menschenbild, das sich an Funktionen und Rationalität orientiert, eine Gesellschaft widerspiegelt, die nicht weiß, wie sie mit sichtbarer Schwäche
und Hilfsbedürftigkeit umgehen soll, und darin nur Sinnlosigkeit und
Scheitern sehen kann. Derartige Einstellungen, die oft Ausfluss von
Ängsten sind, können schließlich moralische und politische Akzep-
tanz erlangen, so dass man sich derjenigen, deren Gehirn nicht
richtig arbeitet, entledigen kann (so wie die Nazis mit dem Wort
„Ballast-Existenzen" die Ermordung tausender Menschen in psychi-
atrischen Anstalten rechtfertigten). Die Angehörigen zahlreicher
Glaubensgemeinschaften würden darin eine Schmähung des Schöp-
fers erblicken, denn alle Menschen sind untrennbar miteinander ver-

bunden durch diese Schöpfung, die den anderen gut funktionierende Gehirne verleiht.

> Zu einer christlichen Schöpfungstheologie gehört die Vorstellung einer absichtsvollen Kreativität, die liebevoll ihre Wirkung entfaltet und Abweichung als natürlichen Bestandteil des Prozesses einschließt. Der Schöpfer ist hier selbst Teil der Schöpfung und ist dem Risiko der Ambiguität und des „Versagens" ausgesetzt (Allen, Coleman 2006: 209).

Es stellt eine positive Entwicklung dar, dass Behinderte in Nordamerika unter dem Motto „Niemand muss sein Personsein beweisen" öffentlich auf sich aufmerksam gemacht und versucht haben, die Anfälligkeit des menschlichen Körpers anzuerkennen mit der Formulierung, dass die so genannten körperlich Gesunden (und implizit auch die „geistig Gesunden"), die Mehrheit also, sich selbst als „vorläufig körperlich gesund" betrachten sollten. Solche Aussagen verraten eine Auffassung, dass das Menschsein ein Prozess ist, zu dem das Werden und Vergehen gehört, womit unsere Interdependenz unterstrichen wird.

Das Gedächtnis ist ein weiteres wichtiges Element zum Verständnis der persönlichen Identität, das in der westlichen Geschichte einen hohen Stellenwert hat. Wie kann man ein- und dieselbe Person sein, wenn man sich nicht daran erinnern kann, wer man war, lautet die Frage. Zugegebenermaßen bildet das Gedächtnis einen wichtigen Aspekt in der jüdisch-christlichen Tradition, der auf das Vertrauen in die geschichtlichen Ereignisse setzt, insbesondere auf die Erinnerung an Gottes Heilstaten in der Geschichte. Beim Abendmahl, der zentralen liturgischen Handlung, werden die Christen aufgefordert: „Tut dies zu meinem Gedächtnis." Die Fähigkeit der Erinnerung, festzuhalten, was man glaubt, wird für Menschen, die an Demenz erkranken, allerdings immer schwieriger. Noch wichtiger ist aber, meint Goldsmith (1999), unser Vertrauen darauf, dass Gott uns nie vergisst, unabhängig von unseren Beeinträchtigungen, wie groß sie auch sein mögen. Die Versuchung, unser Schicksal mit der menschlichen Logik zu erklären, statt mit den Plänen Gottes, ist bestimmt sehr groß. Um dem nicht zu erliegen, müssen wir mit Herz und Verstand zuhören.

Ich halte die begriffliche Unterscheidung zwischen „Individuum" und „Person" für sehr wichtig für die weitere Entwicklung beim Durchdenken der Demenz. „Individualität" bringt unsere Fragmentierung zum Ausdruck, dass wir voneinander getrennt und in uns selbst zerbrochen sind. Der Demenzkranke führt uns diese Zerbrochenheit unübersehbar vor Augen, doch wir alle sind beschädigt, anfällig und verletzlich, wie Kitwood in seinen theoretischen Ausführungen über die Pflege Demenzkranker eloquent dargelegt hat (Kitwood, Bredin 1992). Der einzige Unterschied zwischen „uns" und „ihnen" besteht darin, dass sie ihre Schwierigkeiten viel eher zeigen als wir, die wir sie verstecken und uns verteidigen. Wie einige andere auf diesem Gebiet erkannte auch Kitwood, dass das gedankliche Konzept der „Person" der Schlüssel für Verbesserungen in der Pflege Demenzkranker ist:

> [D]er Kern unserer Auffassung ist, dass Personsein als etwas im Wesentlichen Soziales gesehen werden sollte. Es bezieht sich auf Menschen, die in Beziehung mit anderen sind. Darüber hinaus hat es eine entscheidende ethische Konnotation: eine Person zu sein bedeutet, einen gewissen Status zu haben, und würdig zu sein, respektiert zu werden (Kitwood, Bredin 1992: 275).

Auch wenn Kitwood sich nicht von einem religiösen Standpunkt aus äußerte, nahm er doch explizit Bezug auf Bubers *Ich und Du* (1923), das zwei Weisen, in der Welt zu sein, einander gegenüber stellt, zwei Möglichkeiten, eine Beziehung einzugehen, wovon die erste rein instrumental ist, die zweite mit persönlichem Engagement zu tun hat. Eine Person zu sein heißt, im zweitgenannten Sinn in Beziehung zu sein, als „Du" angesprochen zu werden. Den Gegenpol bildet die „Ich-Es-Beziehungsform". Kitwood erkannte, dass die Modernität, als Ergebnis westlichen Vernunftdenkens und Logik, eine Distanz und Versachlichung in die menschlichen Beziehungen eingeführt hatte, und verstärkte Isolation in eigens geschaffenen Institutionen für die, die gegen allgemein akzeptiertes Denken verstießen und sozial unangepasstes Verhalten zeigten (Kitwood 1997).

Vor allem das Christentum hat das Konzept der Person im Unterschied zum vereinzelten und isolierten Menschen entwickelt.

„Personsein" im christlichen Sinn meint unser tiefstes Wesen, das uns in Beziehung zu Menschen und zu Gott setzt, obwohl es von dem Wesen anderer verschieden ist. Die Unterscheidung zwischen Person und Individuum finden wir in den Anfängen christlichen Denkens. Wie Metropolit Anthony Bloom bemerkte (Bloom 1997), weist der heilige Paulus sowohl auf die Heiligkeit des Personseins und die Unvollkommenheit der Existenz des Einzelnen hin, wenn er darüber spricht, wie wir „einen Schatz in irdischen Gefäßen tragen" (2. Korinther 4.7). Unsere Fragilität und unser Bedürfnis nach Beziehung gehen Hand in Hand. Das Vertrauen, das wir ineinander setzen müssen, ist im christlichen, aber auch im jüdischen und muslimischen Gedankengut verankert, basiert auf Gottes Glauben an die Menschen, an jeden von uns, aber ganz entscheidend auf unserer Verbundenheit untereinander und mit Ihm.

V.   Fazit und Implikationen

Anfälligkeit und Zerbrochenheit in unseren Beziehungen sind unser aller Schicksal. Demenzkranke Menschen helfen uns, einer Realität in die Augen zu blicken, die sie nicht länger verbergen können. Unglücklicherweise gehen viele seelsorgerische und andere hilfreiche Schriften zum Leiden oft davon aus, dass geistige Bewusstheit untrennbar mit der Würde einer Person verbunden ist, mit der Folge, dass sie Demenz und Geisteskrankheit oft nicht thematisieren. Besonders hart ist das für jene, die sich nicht daran erinnern können, wer sie waren. Die Bedeutung des trinitarischen Konzepts der Person besteht aber darin, dass wir nicht allein sind. Andere können sich für uns erinnern und tun dies auch, und in jedem Fall erinnert sich Gott an uns, unabhängig von der Schwere unserer Beeinträchtigungen. Glücklicherweise erleben wir immer öfter, wie Spiritualität sich in der Betreuung Demenzkranker praktisch äußert, so bei Feiern mit Körperkontakt, Tanz und Musik.[1]

---

[1]   Shamy 2003; MacKinlay 2002; Coleman, Mills 2001.

Kommen wir zurück zum umfassenderen Thema, das ich zu Beginn meiner Ausführungen nannte, zu den Herausforderungen, die die alternde Gesellschaft im 21. Jahrhundert an uns stellt. Es ist deutlich erkennbar, dass sich viele der heutigen Probleme im Zusammenhang mit dem Altern um das Thema Isolation drehen. Die eigentliche Problematik besteht nicht so sehr in der steigenden Anzahl alter Menschen, ihren Behinderungen und ihrer Gebrechlichkeit, im rasanten gesellschaftlichen Wandel, der auch vor religiösen Organisationen nicht haltmacht, sondern in unserer Unfähigkeit, die alten Menschen in der Gemeinschaft zu halten. Hier ist die ganze Gesellschaft gefordert, insbesondere natürlich diejenigen, die, wie Theologen zwangsläufig, mit dem Wesen menschlichen Personseins befasst sind und mit seelsorgerischer Betreuung für alle, die ins Alter kommen, unsere Familien, Freunde und alle, die uns stützen, indem sie mit uns in Beziehung sind.

Die christliche Kirche legt in ihrer maßgeblichen Lehre zur Trinität und zum Wesen der Beziehung zwischen Christus und seiner Kirche besonderen Wert auf die Bedeutung von Beziehung. Im christlichen Kontext ist insbesondere die Ehe ein Spiegel dieser Beziehung. Gleichzeitig wird anerkannt, dass die Ehe die Unterstützung des sozialen Umfelds braucht. Untersuchungen zur Pflege Demenzkranker zeigen, dass die Ehepartner am meisten unter den Belastungen leiden, die durch die Veränderung dieser Beziehung entstehen. So wie es die Aufgabe des Ehepartners ist (und der restlichen Familie), mit der demenzkranken Person in Beziehung zu bleiben, so ist es die Aufgabe der Gemeinschaft (der Kirche), diese Beziehung zu stützen. Wie soll dies geschehen? Mehr ist gefordert als die Bereitstellung praktischer Unterstützung – auch wenn das sehr wichtig ist. Unterstützung durch eine innere Grundhaltung ist angesagt, das In-Beziehung-Treten mit Sensibilität, Liebe und Verständnis – bei aller Scheu, in die Privatsphäre einzudringen. Vor allem sollten wir nicht untätig bleiben, wenn eine oft langjährige Beziehung durch Ängste und gegenseitige Vorwürfe zu zerbrechen droht. Solche tragischen Zusammenbrüche würdigen uns alle herab.

(Aus dem Englischen von Peter Sondershausen)

Literatur

Allen, Brian; Coleman, Peter (2006): „Spiritual Perspectives on the Person with Dementia: Identity and Personhood." In: Hughes, Julian; Louw, Stephen; Sabat, Steven (Hrsg.): *Dementia. Mind, Meaning and the Person*. Oxford, 205-221.

Baltes, Paul B. (1997): „On the Incomplete Architecture of Human Ontogeny. Selection, Optimization and Compensation as Foundation of Developmental Theory." In: *American Psychologist* 52, 366-380.

Black, Helen K.; Rubinstein, Robert L. (2004): „Themes of Suffering in Later Life." In: *Journal of Gerontology. Social Sciences* 59B, 17-24.

Bloom, Anthony (1997): „The Whole Human Person: Body, Spirit and Soul." In: Osborne, Basil (Hrsg.): *To Be What We Are. The Orthodox Understanding of the Person*. London, 5-14.

Buber, Martin (1923): *I and Thou*. Edinburgh.

Coleman, Peter G.; Mills, Marie (2001): „Philosophical and Spiritual Perspectives on Dementia." In: Cantley, Caroline (Hrsg.): *A Handbook of Dementia Care*. Buckingham, 62-76.

Coleman, Peter G.; McKiernan, Fionnuala; Mills, Marie; Speck, Peter (2007): „In sure and uncertain Faith. Belief and Coping with Loss of Spouse in Later Life." In: *Ageing and Society* 27, 869-890.

Coleman, Peter G.; Mills, Marie; Speck, Peter (2006): „Ageing and Belief. Between Tradition and Change." In: Vincent, John; Phillipson, Chris; Downs, Murna (Hrsg.): *The Futures of Old Age*. London, 131-140.

Goldsmith, Malcolm (1999): „Dementia. A Challenge to Christian Theology and Pastoral Care." In: Jewell, Albert (Hrsg.): *Spirituality and Ageing*. London, 125-135.

Howse, Kenneth (1999): *Religion and Spirituality in Later Life. A Review*. London.

Kitwood, Tom (1997): *Dementia Reconsidered*. Buckingham.

Kitwood, Tom; Bredin, Kathleen (1992): „Towards a Theory of Dementia Care. Personhood and Well Being." In: *Ageing and Society* 12, 269-287.

Locke, John (1690): *An Essay Concerning Human Understanding*. Glasgow.

McAdams, Dan P. (1995): „What Do We Know When We Know a Person? " In: *Journal of Personality* 63, 365-396.

McKinlay, Elizabeth (2002): *Mental Health and Spirituality in Later Life*. New York.

Merchant, Rob (2003): *Pioneering the Third Age. The Church in an Ageing Population*. Carlisle.

Sabat, Steven R. (2001): *The Experience of Alzheimer's Disease. Life through a Tangled Veil*. Malden.

Shamy, Eileen (2003): *Guide to the Spiritual Dimension of Care for People with Alzheimer's Disease and Related Dementia*. London.

Sheehy, Gail (2009): *The Caring Passage*. New York.

Singer, Peter (1994): *Rethinking Life and Death*. Oxford.

Sinnott, Jan D. (1998): *The Development of Logic in Adulthood. Postformal Thought and Its Operations*. New York.

Small, Jeff A.; Geldart, Kathy; Gutman, Gloria; Scott, Mary A.C. (1998): „The Discourse of Self in Dementia." In: *Ageing and Society* 18, 291-316.

Toolis, Kevin (1999): „The Most Dangerous Man in the World." In: *The Guardian Weekend* 6th November, 52-56.

Underwood, Lynn (2007): *The Human Person. Possibilities for Flourishing in Dire Circumstances*. Athens.

Ware, Timothy (1986): *The Human Person as an Icon of the Trinity*. In: *Sobernost* 2, 6-23.

Zizioulas, John D. (1985): *Being as Communion. Studies in Personhood and the Church*. New York.

Reimer Gronemeyer

Auf dem Weg zur Selbstverwaltung des Sterbens?

„Ich habe vor laufenden Kameras gelebt. Vielleicht werde ich vor laufenden Kameras sterben", sagt Jade Goody, die im Februar 2009 begonnen hat, die letzten Tage ihres Lebens zu vermarkten. Die Ärzte haben der 27-jährigen Engländerin eröffnet, dass sie nur noch wenige Wochen zu leben habe. Sie ist eine Talkshow-Berühmtheit, eine Berühmtheit, die bei „Big Brother" ihren Ausgang nahm. Sie hat viele Millionen Pfund verdient, aber jetzt will sie mit ihrem Sterben noch einmal viel Geld verdienen, das – so sagt sie – sei sie ihren beiden Kindern schuldig. Eine schnelle Luxushochzeit – mit ihrem unter Hausarrest stehenden Freund –, Kindstaufe und Interviews über ihr Sterben gehören zur Vermarktung ihres bevorstehenden Lebensendes. Für die Exklusivrechte an den Feierlichkeiten bezahlte ein britischer Sender fast eine Million Pfund. Die Geschichte kann man als den konsequenten Abschluss einer Entwicklung des Umgangs mit Sterben und Tod ansehen, die das Lebensende immer nachdrücklicher ökonomisiert und das Lebensende in einen Event zu verwandeln im Begriffe ist (*Frankfurter Rundschau* 26. Februar 2009: 48).

Es ist noch nicht solange her, dass die Menschen in Mitteleuropa in eher stabile persönliche und soziale Verhältnisse eingebunden waren. Für die Mehrzahl der Menschen gab es Lebensgehäuse, in denen man sich einzurichten hatte. Ob man in diesen vorgegebenen Lebensgehäusen glücklich war oder nicht, das spielte keine große Rolle. Da war auf der einen Seite die Familie, und da war auf der anderen Seite die Berufswelt für die Männer – für Frauen eher die eigenen vier Wände mit der Aufgabe, den Ehemann zu versorgen, die Kinder zu erziehen und das Haus in Ordnung zu halten. Der Charakter dieser Menschen, die in der Industriegesellschaft lebten, war durch stabile moralische Prinzipien gekennzeichnet, wie die „Zehn

Gebote" oder die Bereitschaft zu Gehorsam, Fleiß, Sparsamkeit. Die alten Tugenden und Werte eben, die für Arbeitswelt und Familie überlebenswichtig waren. Wer sich in diese vorgegebenen Gehäuse nicht einfügen wollte, landete im Gefängnis, im Irrenhaus oder auf der Straße. Das Lebensende war in diese stabile, starre Welt eingebettet und nach dem subjektiven Empfinden wurde nicht wirklich gefragt. Das Lebensende begleitete der Priester oder Pastor, bisweilen ging die Gemeindeschwester der Familie zur Hand, wenn es einen Sterbenden im Hause gab. Das Sterben verlief gewissermaßen in den gleichen geordneten Bahnen wie das Leben selbst. Große Dramen um Liebe und Tod konnte man sich auf der Opernbühne ansehen.

An die Stelle dieses stabilen, als charakterfest gedachten Menschen ist der homo flexibilis getreten. Die Umwelt der modernen Menschen ist durch eine wachsende Beschleunigung gekennzeichnet – alles wird schneller, das Internet, das Auto, der ICE, die Abwicklung von Beziehungen, die Arbeit im Büro. Und diese Beschleunigung bleibt den Menschen nicht äußerlich. Die Beschleunigung wandert in den Charakter des modernen Menschen ein und setzt ihn selbst – und seinen Charakter – unter Flexibilisierungsdruck. Will man in der modernen Lebenswelt überleben und erfolgreich sein, dann muss man vor allem dem Flexibilisierungsdruck gewachsen sein. Das Innere des Menschen gerät ins Rutschen, der ehemals feste Charakter verflüssigt sich und seine „Umwelt" nicht minder: Familien zerfallen, Arbeitsplätze werden prekär und „Prinzipien der Lebensführung" gibt es nicht mehr, sie sind vielmehr durch eine ad-hoc-Moral abgelöst.

Dieser moderne Mensch wird eher von diffuser Angst beherrscht als von konkreten Befürchtungen (Richard Sennett). Eng verbunden mit dieser Angst ist die Frage: Was ist meine Identität? Wieweit muss ich das Persönliche, mein Ich, zum Verschwinden bringen, damit ich in dieser beschleunigten, konkurrenzorientierten, leistungsbestimmten Welt überleben kann?

Es kann ja kein Zweifel sein, dass dieser homo flexibilis sein Sterben, sein Ende anders erlebt als der Bewohner des 19. Jahrhunderts, dessen Lebensgebäude fest gefügt war. Der konnte auf ein Lebenswerk zurückblicken: Auf die Schuhe, die er gemacht hatte, auf das Unternehmen, das er aufgebaut hatte oder eben auf die Stetigkeit, mit der er ins Bergwerk eingefahren war. Der Rückblick heute zeigt eher die Reste von Sandburgen, die das Meereswasser wegschwemmt. Das ist in jedem Detail spürbar. Fotoalben verschwinden in digitalen Speichern. Briefe werden nicht mehr in alten Kartons aufbewahrt, an die Stelle sind Zigtausende von gelöschten emails oder sms getreten. Die Heimat? Man hat an vielen Orten gewohnt. Die Fremde? Man hat die halbe Welt bereist. Die Familie? In alle Winde zerstreut oder durch Beziehungswechsel verlorengegangen. Die Arbeit? Ein Patchwork, in dem allenfalls Architekten noch erkennen können, was sie eigentlich gemacht haben.

Auch die Ängste dieses modernen Menschen sind „flexibilisiert". Sie sind diffus, sie sind nicht mehr auf eine konkrete Hölle oder einen konkreten Himmel, der erwartet würde, bezogen. Ist der säkularisierte Zeitgenosse damit am Gipfelpunkt möglicher Ängste angelangt, weil er ja doch ein völlig Verlassener, Hoffnungsloser ist? Oder sind auch seine Ängste so fragmentiert wie seine Persönlichkeit, sodass er gewissermaßen ohne besondere Auffälligkeiten aus dem Leben scheiden kann, ein versagendes System, das sein Ende gar nicht beklagen kann, sondern mit Bedauern akzeptiert?

Eines ist jedenfalls unübersehbar: Auch der letzte Lebensabschnitt gerät unter den Imperativ der Flexibilisierung. Man kann sein Leben beschließen im Krankenhaus, im Pflegeheim, im Hospiz, bei ambulanter Betreuung zu Hause. Vielen stößt noch ein Wechsel am Lebensende zu, der sie vom Krankenhaus ins Heim oder nach Hause, ins Hospiz, manchmal auch wieder zurück ins Krankenhaus führt und so die moderne Mobilität am Schluss noch einmal wiederholt. So fragmentiert, wie das Leben der Menschen heute ist, ist auch das Ende geworden: Das sieht man zuerst daran, dass auch die Versorgung selbst fragmentiert ist, oft sind die verschiedenen Dienstleistungen nicht aufeinander abgestimmt. Und am Ende des Lebens wiederholt sich noch einmal die Qual der Wahl: Auch am Ende bleibt der moderne Mensch nicht davon verschont, noch einmal zwischen verschiedenen Angeboten und Dienstleistungen zu wählen. Das geht soweit, dass inzwischen hier und da schon ein Case-Manager für das Lebensende zu Rate gezogen wird. Das Lebensende ist keine Sackgasse, sondern eher ein Autobahnkreuz, auf dem man zwischen verschiedenen Richtungen zu wählen gezwungen ist. Welcher Ort ist der Richtige? Welches Pflegeheim hat einen guten Ruf? Brauche ich eine Patientenverfügung? Muss ich über den im Ausland möglichen assistierten Selbstmord nachdenken? Brauche ich Sterbebegleitung? Soll ich vielleicht sogar in eine Klinik mit alternativer Medizin gehen? Oder mache ich noch eine Chemotherapie? Vielleicht dauert es nicht mehr lange, bis man – wie in einem Reiseprospekt – die besten Angebote für die letzten Wochen des Lebens ausgebreitet bekommt. Zertifiziert womöglich? Nach dem Muster: Best Practice am Lebensende. Gibt es Informationsdefizite, die wir nun auch für die Situation „rund um das Lebensende" diagnostizieren müssen?

Wie verändern sich Sterben und Tod im 21. Jahrhundert und welchen Weg wollen wir einschlagen? Gegenwärtig bilden sich die Prozesse, die unser Leben ohnehin ausmachen, zunehmend auch im Sterben der Menschen ab. Konkurrenz zwischen den Anbietern, Wahl zwischen den Marktangeboten: Wie im richtigen Leben könnte man sagen. Und die Gesundheitsreform betreibt eine Art „outsourcing" sterbender Patienten nach Hause. Manche Ausbildungsangebote für Sterbebegleitung sind vom Modularisierungswahn ergriffen, Flexibilisierung, Standardisierung, Qualitätskontrolle, Lebensqualität, Evaluation. Alle diese Plastikwörter finden sich in der Entwicklung einer „vernetzten" Versorgung am Lebensende wieder, eines Versorgungsprojektes, das dann schließlich noch mit dem Begriff „Würdevolles Sterben" nachträglich getauft wird.

Die Diskussion über das Sterben in modernen Zeiten hat bei uns erst begonnen, aber wenn nicht alles täuscht, wächst die Bereitschaft über das, was zum Tabu geworden war, zu sprechen. Und das könnte sehr wichtig sein: In einem alt werdenden Europa, in der die Zahl der Hochaltrigen viele, viele Millionen umfasst, wird die Frage nach dem Umgang mit diesen, die manche als unnütze Esser zu sehen geneigt sein könnten, zur zentralen kulturellen und humanen Frage.

Das Resultat einer jüngst veröffentlichten Studie von *eureld* lautet: Der Todeszeitpunkt erfolgt in westlichen Gesellschaften immer weniger schicksalhaft, sondern immer häufiger in Folge einer ärztlichen Entscheidung. Befragte Ärztinnen und Ärzte in der Schweiz zum Beispiel berichten, dass sie in fünfzig Prozent aller Fälle eine Entscheidung getroffen hatten, die eine Lebensverkürzung in Kauf nahm oder beabsichtigte. Das heißt: Der Tod kommt nicht mehr, sondern wird immer häufiger zu einem medizinisch geplanten Akt, der im besten Fall das Einverständnis der Betroffenen hat.[1]

Sterben ist in aller Munde. Von einem Tabu kann nicht mehr die Rede sein. Aber muss man nicht gerade deswegen Verdacht schöpfen? Ist die mediale Allgegenwart, ist das öffentliche Geplapper über Sterben und Tod der Ausdruck für eine technisch-planerische Distanzierung vom Unfassbaren? Seitdem der Eros aus seiner Verborgenheit herausgezerrt und zum allgegenwärtigen Sex wurde, ist seine Faszination geschwunden und droht in konsumistischer Banalität zu verflachen. Romeo und Julia kann es unter Marktbedingungen nicht mehr geben, und eben deshalb – so scheint es – ist es auch nicht mehr möglich zu sterben. Wir befinden uns schon längst inmitten einer a-mortalen Gesellschaft, in der abgelebt, aber nicht mehr gestorben wird (Illich 2006: 191). Eine sterbefreie Zone. Der Tod des Sokrates, der den Schierlingsbecher trinken muss und sich in einem langen Gespräch von seinen Freunden und Schülern verabschiedet – unmöglich geworden. Die Hinrichtung des Sokrates wäre heute ein detailliert geplanter Ablauf, der für das Gespräch, in dem der Philosoph seine Zuhörer tröstet, keinen Raum mehr ließe. Im US-Bundesstaat Kalifornien wurde im Februar 2006 die Hinrichtung von Michael Morales in letzter Minute abgebrochen. Zwei vom Gericht verpflichtete Narkoseärzte weigerten sich, das Setzen der Todesspritze zu überwachen. Dies sei – so sagten sie – für sie „ethisch nicht akzeptabel" (*Süddeutsche Zeitung* vom 22. Februar 2006). Ein Richter hatte zuvor angeordnet, dass der Todeskandidat so zu betäuben sei, dass er keine Schmerzen bei der tödlichen Injektion verspürt. Die Tötung unerwünschter Gesellschaftsmitglieder stellt offenbar weniger eine Schwierigkeit dar als ein Sterben, das nicht kontrolliert ist.

---

[1] So der Informationsdienst Wissenschaft (idw) in einer Pressemitteilung vom 26.9.2008. (service@idw-online.de).

Das heimliche Thema des 19. Jahrhunderts war Sexualität: allgegenwärtig, aber verschwiegen. Im 20. Jahrhundert wird allmählich aus dem Tabu ein Markt: Flirtschulen, pornografische Einrichtungen, Embryonen- und Jungfrauenhandel, Sextourismus – alles außerhalb der Liebe wird angeboten. Warum? Weil alles, was irgendwie ökonomisiert werden kann, auch ökonomisiert wird (Sigusch 2006: 3). Im Gegenzug war das 20. Jahrhundert die Zeit, in der der Tod allgegenwärtig war, über den aber zugleich nicht geredet werden konnte. Ein wirkliches Tabu. Dem Tod droht heute das Gleiche wie dem Eros: Er wird radikal enttabuisiert, in ökonomische, planerische, kontrollierende Abläufe eingepasst und damit entschärft. Am Horizont dämmert das neue Programm: Happy dying. Tod und Sterben werden zum Event. Schon ist in Bergisch-Gladbach der erste private Friedhof entstanden, der eine Alternative zum „namenlosen Verschwinden in anonymen Gräbern" sein will, ein Ort „lebendiger und begreifbarer Trauerkultur". Der Privatfriedhof schließt einen Zentralweg in Form einer großen Möbius-Schleife ein, der als Symbol der Unendlichkeit gedacht ist. Der Zentralweg soll so etwas wie die Traumpfade der Aborigines darstellen, die ein Ausdruck der Verbundenheit mit der Vergangenheit sind. „An stillen Plätzen kann man sich mit seiner Trauer auseinander setzen, kann sein Leben neu überdenken, sich seinen Ängsten stellen, seine Wurzeln spüren. [...] Nicht nur in der Gestaltung, auch in der Planung möchte ich den Trauernden mehr Freiheit geben. Auf meinem privaten Friedhof" – so sagt der Anbieter – „haben Trauernde die Gelegenheit, auch abends, in einer Mondnacht ihre Toten zu bestatten oder am Wochenende. Eben dann, wenn es eine gute Zeit für sie ist." Das Verschwinden jeder Friedhofskultur zugunsten der anonymen Bestattung, die ja tatsächlich immer häufiger wird, soll hier mit den gleichen Mitteln aufgehalten werden, wie bisweilen Kirchen und Akademien das Sinken der Besucherzahlen bremsen wollen: durch eine „Eventkultur". Sie gilt weniger der Erinnerung an die Toten als der Selbstpflege der Lebenden, die da bei Mondenschein oder am „weekend" ihr Leben neu überdenken, ihre Ängste betrachten oder ihre Wurzeln spüren können. Und das alles sogar auf privatem Grund.

Dies ist mehr als eine psychosoziale Variante dessen, was früher Stein gewordener Friedhofskitsch war. Wenn es – wie hier versucht – gelingt, Sterben und Tod zur Steigerung des Lebensgefühls herabzuwürdigen, wird Sterben immer harmloser. Der Schmerz um den Verlorenen wird domestiziert zu einer flachen, depressiven Verstimmtheit, die man in eine Trauerakademie tragen kann, um sie dort mit ein paar künstlich zum Leben erweckten Ritualen behandeln zu lassen. Damit ist aber die Schwierigkeit, die mit dem Nachdenken über Sterben und Tod heute verbunden ist, angezeigt: Es handelt sich da um Themen, denen nicht einmal mehr soviel Respekt entgegengebracht wird, dass sie zum Tabu taugten. Im Kern haben wir es heute mit einer erfolgreichen Abtrennung der Bereiche Tod und Leben zu tun. Und das kann man als eine Steigerung der Tabuisierung ansehen. Zwar wird unablässig betont, dass Sterben ein Teil des Lebens sei. Aber wer glaubt das wirklich? Was heute im Vordergrund steht, ist ein betreutes, überwachtes, anästhesiertes Ableben, an dem die Betroffenen selbst oft genug gar keinen Anteil haben. Sie sollen, dürfen und müssen zwar über alles mitentscheiden, es hat da geradezu einen Prozess der Demokratisierung des Sterbens gegeben: Sollen wir diese Therapie noch machen, Frau S.? Jenes Schmerzmittel einsetzen, Herr P.? usw., usw. Aber eben im Rahmen institutionell gesetzter Bedingungen.

Welchen Weg beschreiten wir da, wenn wir das Sterben zu einer kontrollierbaren, an Standards messbaren Angelegenheit werden lassen, die sich irgendwann folgerichtig zwingend an EU-Richtlinien orientiert? Wird sich dann nicht auch jemand aufmachen und Sterbeorte evaluieren? Werden wir dann ein Ranking der Sterbeorte brauchen, Gütesiegel, Zertifizierungen? Sind wir – boshaft gesagt – für das Sterben gut aufgestellt?

Jede Zeit und jede Kultur hat ihre Weise des Umgangs mit Sterben und Tod. Und diese Weisen erwachsen aus der jeweiligen Kultur, sind Spiegelbilder der jeweiligen Kultur. Jacques Derrida, der französische Philosoph hat das so zugespitzt:

> Die Kultur selbst, die Kultur im Allgemeinen ist im Wesentlichen vor allem,
> ja wir können sagen a priori Kultur des Todes; und infolgedessen Geschichte

des Todes. Es gibt keine Kultur ohne den Kult der Vorfahren, ohne die Ritualisierung der Trauer und des Opfers, ohne Orte und Modalitäten institutionalisierter Bestattung, und wäre es selbst für die Asche einer Verbrennung (Derrida 1998: 77).

Derridas Bemerkung allerdings ist retrospektiv. Wir scheinen uns jetzt schon in einer Kultur zu befinden, in der – vielleicht zum ersten Mal in der Geschichte – der Kult der Vorfahren verschwunden ist, in der jede Ritualisierung der Trauer verschwindet und in der die Bestattung sich zunehmend auf die anonyme Beseitigung eines Häufchens Asche reduziert. Die radikale Diesseitigkeit des homo modernissimus hat ihn taub werden lassen für alles, was jenseits der Linie, die zwischen Sterben und Tod verläuft, angesiedelt ist. So kann es nicht wundern, dass sich auch die Kultur, in der wir leben, neue Wege im Umgang mit Sterben und Tod schafft: Die Geldgesellschaft ökonomisiert das Sterben, die Dienstleistungsgesellschaft trachtet danach, Sterben zu einem verwalteten, kontrollierten und institutionalisierten Prozess zu machen, die Gesundheitsgesellschaft sieht das Lebensende zuerst als ein medizinisches Problem an: Ökonomisierung, Institutionalisierung und Medikalisierung des Sterbens sind die zeitgenössischen Weisen des Umgangs mit dem Lebensende, und man sagt nicht zuviel, wenn man vermutet, dass darin der Versuch erkennbar ist, mit den Mitteln der modernen Gesellschaft, den Schrecken des Todes zu bannen.

Indem also versucht wird, Sterben und Tod zu modernisieren, das heißt: ihn ökonomisch, medizinisch und institutionell zu beherrschen, werden Sterben und Tod zugleich radikal individualisiert. Immer mehr Menschen leben und sterben als Singles. Sie haben keine Nachkommen, und sie haben keine Vorfahren. Eine Welt ohne Kinder und ohne Ahnen. Das hat es so noch nicht gegeben, ist aber wohl der adäquate Ausdruck für eine radikal individualisierte Lebenswelt. Und da der homo modernissimus nicht eingebunden ist in die Geschichte seiner Vorfahren und die seiner Nachkommen, wird fast zwangsläufig das Lebensende zum Ort einer Dienstleistung.

Es sagt sich so leicht: Der Tod gehört zum Leben. Aber inmitten des täglichen Stumpfsinns, überrollt von Terminen, Konflikten, Vergnügungen und was es sonst noch an Äußerlichkeiten gibt, hat dieser Gedanke im Regelfall gar nicht die Chance, bis in unser Inneres vorzudringen. „Mitten wir im Leben sind vom Tod umfangen", heißt es in einem alten christlichen Lied. Darunter können wir uns noch vorstellen, dass uns der Tod morgen durch den Autounfall oder ein Krebsleiden aus dem Leben reißt. Und der Blick in den Spiegel mag uns häufig unsere Vergänglichkeit ins Gedächtnis rufen. Aber im Wesentlichen sind Sterben und Tod erfolgreich ausgelagerte Areale, die zunehmend gut organisiert an den Rändern der Gesellschaft ihr Dasein fristen. Der Tod gehört eben nicht zum Leben – scheint der moderne Mensch sagen und demonstrieren zu wollen. Einmal abgesehen von den Bemühungen um Lebensverlängerung wird das Leben heute immer mehr zu einem Planungsprojekt: Besonders Geburt und Tod werden aus dem, was einmal natürliches Geschehen war, explantiert, nichts wird dem Zufall überlassen. Es gibt eine innere Verwandtschaft zwischen der Reproduktionsmedizin und der Medizin, die – wie in den Niederlanden zum Beispiel – Sterbehilfe praktiziert. Leben als Produkt der Planung. Dazu gehört die Auffassung, dass die Geburt den Anfang einer biographischen Linie darstellt, deren Endpunkt der Tod ist. Dass dieser Ablauf immer bedroht ist durch einen Systemzusammenbruch, der durch Krankheit oder Unfall ausgelöst werden kann, ist klar. Aber der Tod im Leben? Das kann allenfalls die Nekrose sein, die sich als totes Gewebe um das Hüftgelenk ablagert und damit den Prozess des Ablebens physisch vorwegnimmt (zum Ganzen: Gronemeyer 2007).

Giovanni Savonarola wurde am Ende des 15. Jahrhunderts auf dem Platz vor dem Palazzo de la Signoria mit zwei seiner Gefährten verbrannt. Bevor sie den Steg betreten, der sie zum Galgen führt, wendet er sich an seine beiden mit ihm verurteilten Brüder und sagt: „Wir sind nicht die Herren unseres eigenen Todes. Wir müssen froh sein, den Tod zu sterben, den Gott uns bestimmt hat" (Illich 2006: 181). Vielleicht ist das ganze Geheimnis des gegenwärtigen Sprechens über Sterben und Tod darin eingeschlossen. Dass wir, die Bewohner des 21. Jahrhunderts, in verzweifelter und trostloser und überheblicher Weise diesen Satz zu bestreiten versuchten. Insofern auch ist „Sterbehilfe" dem heimlichen Credo dieses modernen Men-

schen so verteufelt nahe: Dass er nichts auf sich zukommen lassen
kann, sondern – wenn er schon sterben muss – ihm dann doch jedenfalls präventiv die Handlungsmacht nehmen will. Wenn ich schon
sterben muss, dann will ich sagen, wann und wie.

> Wir befinden uns auf dem Weg in eine a-mortale Gesellschaft. Um das zu il-
> lustrieren, könnte ich den Computer hochfahren und dir zeigen, was ein
> Crash ist, der Zusammenbruch eines Zustandes. Oder ich könnte dich in eine
> Intensivstation mitnehmen, wo über dem Patienten der Monitor der Hirn-
> ströme läuft und beobachtet wird, wann diese flach werden. Oder ich könnte
> dir eine Reklamefläche an der Straße zwischen Clermont und Los Angeles
> zeigen, die mich und manche meiner Freunde so beeindruckt hat: Auf ihr
> sind Hirnwellen zu sehen und dann eine gerade Linie und darunter in riesi-
> gen Buchstaben der Name einer Versicherungsgesellschaft. Nichts davon hat
> irgendetwas mit dem Sterben zu tun. Sterben ist ein intransitives Tätigkeits-
> wort. Etwas, das ich tun kann, wie laufen oder nachdenken oder sprechen.
> Ich kann nicht „gestorben werden". Ich kann getötet werden. Auch wenn nur
> ein paar Sekunden oder Minuten übrig bleiben, selbst dann kann ich mich
> ganz darauf einlassen, mich zu verabschieden (Illich 2006: 192).

Drei Entwicklungen kann man ausmachen, die eine Modernisierung
des Sterbens herbeiführen, die – um es noch einmal mit den Worten
von Ivan Illich zu sagen – den Übergang in eine a-mortale Gesellschaft anzeigen. Die letztlich auch dafür sorgen, dass es keinen (philosophischen) Begriff vom Tod mehr geben kann. Er ist nicht mehr
das Ufer, das einem den Fluss zeigt, der mit dem Nachen des Charon
zu überqueren wäre, sondern er ist der schiere, nackte Grenzstrich,
der das Leben abschneidet. Er fordert nicht mehr auf, das Leben unter dem Aspekt der Ewigkeit zu resümieren, er ist nicht der Übergang in eine andere Existenz, sondern Systemabbruch und sonst
nichts. Und damit ist eine kulturelle Armut heraufbeschworen, die so
noch keine Zeit vor uns ertragen musste. Und deshalb ist auch die alte Weisheit – dass der Tod zum Leben gehöre – ad acta gelegt: Er
gehört nicht mehr zu Leben, sondern ist der Schalter, der das Leben
ausknipst – mehr nicht.

An zwei Elementen kann man diese moderne Entleerung des
Sterbens und den Bedeutungsverlust des Todes erkennen.

1. Zunächst ist eine anthropologische Veränderung zu notieren:
Die Menschen sind im Begriffe, sich immer nachdrücklicher als „Sy-

steme" zu verstehen. Noch ist das häufig ein ironisch daherkommendes Sprachspiel, wenn jemand zum Beispiel sagt, er müsse seine Festplatte neu programmieren und damit eine grundlegende Veränderung seines Lebens meint. Oder wenn ein junger Mensch – konfrontiert mit dem Angebot eines zweiten Aperitivs – sagt: „My system doesn't take that much" (Illich 2006: 192). Das kommt harmlos daher, ist aber die Spitze eines Eisbergs: Wir lernen uns als Systeme begreifen, die man steuern, optimieren, abschalten und ausbessern kann. Von der Organtransplantation bis zum Präventionswahn ist eine Stoßrichtung erkennbar, die den Menschen in ein funktionierendes oder reparaturbedürftiges oder versagendes System verwandelt. Und der Sterbende lernt eben, sich als ein versagendes System zu begreifen. Dementsprechend geht es um einen Input an Schmerzmitteln, manchmal um einen Input an letzten Therapien, bis alles aufgebraucht ist, was es so gibt, oder eben um die medikamentös gestützte Systemabschaltung.

2. In dem Maße, wie das Leben Warencharakter bekommt, wird es austauschbar, gleichgültiger. Nicht die Gelassenheit des Weisen setzt sich durch, sondern die Belanglosigkeit der Ware tritt in den Vordergrund. Die Grunderfahrung der Austauschbarkeit, die die Menschen auf dem Arbeitsmarkt und in ihren Beziehungen machen, dürfte auf ihren Umgang mit Sterben und Tod zurückwirken: Warum sollten sie, die sie ständig die Erfahrung der Ersetzbarkeit machen, ihr eigenes Leben anders betrachten als eine Ware, deren Haltbarkeitsdatum abgelaufen ist? Vielleicht ist dies der ultimative Schrecken für den modernen Menschen: Dass er gezwungen ist, seinen eigenen Tod als eigentlich belanglos anzusehen. Es geht mit ihm nichts verloren, was es wert wäre, aufgehoben zu werden. Das stellt den modernen Menschen vor eine Zerreißprobe: Einerseits ist er ja gezwungen und veranlasst, sich immer radikaler zu individualisieren, alle Traditionen und Konventionen abzuwerfen, bis er schließlich quasi nackt mit seiner radikalisierten Individualität dasteht, mit nichts in den Händen als seiner Indivdualität. Weil dieses aus allen Bindungen herausgerissene Individuum nun gewissermaßen „geschmacklos" geworden ist, weil es nach nichts mehr schmeckt, ist es austauschbar geworden. Seine „gewordene" Kultur, die an ihm haf-

tete und ihn einzigartig machte, ist verdampft, und der Moderne ist
auf dem Weg, der reine und damit austauschbare Single zu werden.
Außer seiner radikalen Individualität geht mit diesem homo modernissimus nichts unter, und deshalb sind sein Sterben und sein Tod
objektiv gleichgültig. Außer dass dieses zum Riesenballon aufgebla-
sene „Ich" platzt, geschieht nichts. Mit ihm geht nichts unter, es verschwindet nichts, was aufzuheben wert gewesen wäre, keine Kultur,
die durch ihn variiert worden wäre. Es verschwindet lediglich ein
Konsument, der durch einen anderen ersetzt werden kann.

Im Grunde treten damit Leben und Tod in ein neues Verhältnis.
Wir hatten gesagt, dass der Tod, der nur noch die Grenze des Lebens
ist, Leben und Tod endgültig trennt und den Satz: „Der Tod gehört
zum Leben" unsinnig werden lässt. Er gehört eben nicht zum Leben,
sondern muss verschoben, bekämpft und eigentlich unmöglich gemacht werden. Aber bei genauerer Betrachtung ist es noch schlim-
mer: Der Tod, den man zur Grenze machen wollte, schlägt zurück:
Er wandert in das Leben ein und färbt es zu einem Leichentuch. Es
entsteht eine nekrotische Struktur, in der das Leben selbst von Toten-
starre überzogen wird. Die Aussperrung des Todes führt dazu, dass
das Leben nicht mehr lebt. Wenn das Leben wesentlich darin besteht,
die Sterblichkeit zu bekämpfen, dann tritt diese Sterblichkeit durch
die Hintertür ein und unterwirft das Leben dem Tod. Der Mensch,
der gelernt hat, seinen Körper als das wichtigste Kapital, als das
wichtigste Gut anzusehen, muss hysterisch darum bemüht sein, dieses Kapital gegen Gefährdungen zu bewahren. Das Leben wird zum
Kampf um Gesundheit, zum Kampf gegen den Tod und hat damit
den Tod zu seinem Hauptthema, wenn nicht zum einzigen Thema
überhaupt gemacht: Die Nekrose ist überall.

Wir blicken in Europa auf mindestens drei Jahrtausende religiöser und philosophischer Auseinandersetzung mit dem Tod zurück.
Im Augenblick sieht es so aus als wenn nach dem Bruch mit der philosophischen und religiösen Geschichte des Themas eine Reflexion
nachgeblieben ist, die Sterben und Tod im Kern als ein „Gesund-
heits-Thema" betrachtet. Das ist ein Sieg der Banalität über die alte
Heiligkeit des Todes. Der Tod, der zum Thema der Biologie oder der
Medizin geworden ist, ist armselig. Man kann eigentlich nur hoffen,

dass der moderne Mensch, der so unten, auf dem Boden, angekommen ist, der im Tod nicht viel mehr sehen kann als einen medizinischen Crash, dass diesem Menschen eine Neuschöpfung aus dem Nichts geschieht. So wie Hannah Arendt es sagt:

> Aber das Leben als das höchste Gut anzusetzen ist, was die Ethik angeht, eigentlich fragwürdig; denn alle Ethiken, die christlichen wie die nicht-christlichen, gehen davon aus, dass das Leben für sterbliche Menschen nicht das höchste Gut ist, dass im Leben immer mehr auf dem Spiel steht als die Aufrechterhaltung und Hervorbringung lebendiger Organismen. Das, was wichtig ist, mag sehr verschieden sein: Größe und Ruhm wie im vorsokratischen Griechenland; das Überdauern der Stadt wie in der römischen Tugendlehre; die Gesundheit der Seele in diesem Leben oder ihre Rettung im Jenseits; es mag Freiheit sein oder Gerechtigkeit oder dergleichen mehr (Arendt 2006: 12).

Literatur

Arendt, Hannah (2006): *Über das Böse*. München.

Derrida, Jacques (1998): *Aporien. Sterben – Auf die „Grenzen der Wahrheit" gefasst sein*. München.

Gronemeyer, Reimer (2007): *Sterben in Deutschland. Wie wir dem Tod wieder einen Platz in unserem Leben einräumen können*. Frankfurt am Main.

Illich, Ivan (2006): *In den Flüssen nördlich der Zukunft. Letzte Gespräche mit David Cayley*. München.

Sigusch, Volkmar (2006): „Interview." In: *konkret* 2, 3.

Autorenverzeichnis

Klaus Bergdolt, Prof. Dr. med. Dr. phil., ist Direktor des Instituts für Geschichte und Ethik der Medizin an der Albertus-Magnus-Universität zu Köln. Wichtige Veröffentlichungen: *Leib und Seele. Eine Kulturgeschichte des gesunden Lebens.* München 1999 (engl. Übersetzung 2007); *Das Gewissen der Medizin. Ärztliche Moral von der Antike bis heute.* München 2004; *Die Pest. Geschichte des Schwarzen Todes.* München 2006.

Peter G. Coleman, Prof. PhD, lehrt Psychogerontologie an der University of Southampton. Wichtige Veröffentlichungen: (mit Ann O'Hanlon) *Ageing and Development: Theories and Research.* London 2004; „The Past in the Present: Using Reminiscence in Health and Social Care." In: *Contemporary Gerontology* 11 (2005), 113-117; „Reminiscence: Developmental, Social and Clinical Perspectives." In: Malcolm L. Johnson, Vern L. Bengtson, Peter Coleman und Thomas B.L. Kirkwood (Hrsg.): *The Cambridge Handbook of Age and Ageing.* Cambridge 2006.

Wolfgang U. Eckart, Prof. Dr. med., ist Direktor des Instituts für Geschichte der Medizin an der Ruprecht-Karls-Universität Heidelberg und Mitglied des Interdisziplinären Forums für Biomedizin und Kulturwissenschaften (IFBK). Wichtige Veröffentlichungen: *Man, Medicine, and the State – The Human Body as an Object of Government Sponsored Medical Research in the 20th Century.* Stuttgart 2006; (mit Alexander Neumann) *Medizin im Zweiten Weltkrieg – Militärmedizinische Praxis und medizinische Wissenschaft im „Totalen Krieg".* Paderborn 2006; (mit Robert Jütte) *Medizingeschichte – Eine Einführung.* Köln 2007.

Christoph Elsas, Prof. Dr. theol., lehrt Religionsgeschichte an der Philipps-Universität Marburg. Wichtige Veröffentlichungen: *Religionsgeschichte Europas. Religiöses Leben von der Vorgeschichte bis zur Gegenwart.* Darmstadt 2002; (Hrsg.) *Sterben, Tod und Trauer in den Religionen und Kulturen der Welt.* Band 1: *Gemeinsamkeiten und Besonderheiten in Theorie und Praxis.* Band 2: *Menschenwürde am Lebensende.* Schenefeld 2007 und 2010; (Hrsg.) *Interreligiöse Verständigung zu Glaubensverbreitung und Religionswechsel. VI. Internationales Rudolf-Otto-Symposion 2008.* Berlin 2009.

Horst-Jürgen Gerigk, Prof. Dr. phil., lehrte Russische Literatur und Allgemeine Literaturwissenschaft an der Ruprecht-Karls-Universität Heidelberg. Wichtige Veröffentlichungen: *Die Russen in Amerika. Dostojewskij, Tolstoj, Turgenjew und Tschechow in ihrer Bedeutung für die Literatur der USA.* Hürtgenwald 1995; *Lesen und Interpretieren.* 2. Auflage. Göttingen 2006; *Die Spur der*

Endlichkeit. Meine akademischen Lehrer. Vier Porträts. Dimitrij Tschižew-skij, Hans-Georg Gadamer, René Wellek, Paul Fussell. Heidelberg 2007.

Reimer Gronemeyer, Prof. em. Dr. theol. Dr. rer. soc., lehrte Soziologie an der Jus-tus-Liebig-Universität Gießen. Wichtige Veröffentlichungen: *Kampf der Ge-nerationen.* München 2004; *Sterben in Deutschland. Wie wir dem Tod wieder einen Platz in unserem Leben einräumen können.* Frankfurt am Main 2007; (mit Rüdiger Dammann) *Ist Altern eine Krankheit? Wie wir die gesellschaft-lichen Herausforderungen der Demenz bewältigen.* Frankfurt am Main 2009.

Wilfried Härle, Prof. em. Dr. theol., lehrte Systematische Theologie/Ethik an der Ruprecht-Karls-Universität Heidelberg und ist einer der beiden Gründer des Interdisziplinären Forums für Biomedizin und Kulturwissenschaften (IFBK). Wichtige Veröffentlichungen: *Menschsein in Beziehungen. Studien zur Recht-fertigungslehre und Anthropologie.* Tübingen 2005; *Dogmatik.* 3. Auflage Ber-lin und New York 2007; *Spurensuche nach Gott. Studien zur Fundamentaltheo-logie und Gotteslehre.* Berlin und New York 2008.

Helmuth Kiesel, Prof. Dr. phil, lehrt Germanistik an der Ruprecht-Karls-Universität Heidelberg und ist Vorstandsmitglied des Interdisziplinären Forums für Bio-medizin und Kulturwissenschaften (IFBK). Wichtige Veröffentlichungen: *Lite-rarische Trauerarbeit. Das Exil- und Spätwerk Alfred Döblins.* Tübingen 1986; *Geschichte der literarischen Moderne: Sprache, Ästhetik, Dichtung im 20. Jahr-hundert.* München 2004; *Ernst Jünger. Die Biografie.* München 2007.

Andreas Kruse, Prof. Dr. phil. Dipl. Psych., ist Direktor des Instituts für Gerontologie der Ruprecht-Karls-Universität Heidelberg und Vorstandsmitglied des Interdis-ziplinären Forums für Biomedizin und Kulturwissenschaften (IFBK). Wichtige Veröffentlichungen: *Das letzte Lebensjahr. Die körperliche, psychische und so-ziale Situation des alten Menschen am Ende seines Lebens.* Stuttgart 2007; *Le-benszyklus – Arbeitsmodelle der Zukunft.* München 2008; (mit Hans-Werner Wahl) *Zukunft Altern. Individuelle und gesellschaftliche Weichenstellungen.* Heidelberg 2009.

Michael Murrmann-Kahl, PD Dr. theol., ist Privatdozent für Systematische Theo-logie an der Evangelischen-Theologischen Fakultät der Universität Wien, Pfarrer der Evangelisch-Lutherischen Kirche in Neustadt/Donau (Bayern) und Klinikseelsorger an den Reha-Kliniken in Bad Gögging. Wichtige Veröffent-lichungen: *"Mysterium trinitatis"? Fallstudien zur Trinitätslehre in der evan-gelischen Dogmatik des 20. Jahrhunderts.* Berlin, New York 1997; (mit Christian Danz und Jörg Dierken) *Religion zwischen Rechtfertigung und Kri-tik. Perspektiven philosophischer Theologie.* Frankfurt am Main 2005; (mit Christian Danz) *Zwischen historischem Jesus und dogmatischem Christus. Zum Stand der Christologie im 21. Jahrhundert.* Tübingen 2009.

Kurt W. Schmidt, Dr. theol., leitet das Zentrum für Ethik und der Medizin am Markus-Krankenhaus Frankfurt am Main. Wichtige Veröffentlichungen: *Therapieziel und ›Menschenbild‹. Zur ethischen Problematik therapeutischer Eingriffe und deren Zielsetzungen.* Münster 1996; (Hrsg. mit Gabriele Wolfslast) *Suizid und*

Suizidversuch. Ethische und rechtliche Herausforderung im klinischen Alltag. München 2005; (Hrsg. mit Giovanni Maio und Hans-Jürgen Wulff) *Schwierige Entscheidungen – Krankheit, Medizin und Ethik im Film.* Frankfurt am Main 2008.

Brigitte Tag, Prof. Dr. jur. utr., lehrt Strafrecht, Strafprozeßrecht und Medizinrecht an der Universität Zürich. Wichtige Veröffentlichungen: *Der Körperverletzungstatbestand im Spannungsfeld zwischen Patientenautonomie und Lex artis. Eine arztstrafrechtliche Untersuchung.* Berlin, Heidelberg 2000; (Hrsg. mit Thomas Hillenkamp) *Intramurale Medizin im internationalen Vergleich. Gesundheitsfürsorge zwischen Heilauftrag und Strafvollzug im Schweizerischen und internationalen Diskurs.* (Veröffentlichungen des Instituts für Deutsches, Europäisches und Internationales Medizinrecht, Gesundheitsrecht und Bioethik der Universitäten Heidelberg und Mannheim, Bd. 32.) Berlin, Heidelberg 2008; (mit Bärbel Hüsing und Lutz Jäncke) *Impact Assessment of Neuroimaging.* Zürich, Singen 2006.

Patricia Thane, Prof. PhD, ist Leverhulme Professor of Contemporary British History und Direktor des Centre for Contemporary British History an der University of London. Wichtige Veröffentlichungen: *The Foundations of the Welfare State.* 2. Auflage London 1996; *Old Age in English History. Past Experiences, Present Issues.* Oxford 2000; (Hrsg.) *The Long History of Old Age.* London 2005. (deutsch: *Das Alter. Eine Kulturgeschichte.* Darmstadt 2005).

Lorenz Welker, Prof. Dr. med. Dr. phil., lehrt Musikwissenschaft an der Ludwig-Maximilians-Universität München. Wichtige Veröffentlichungen: *Musik am Oberrhein im späten Mittelalter. Die Handschrift Strasbourg, olim Bibliothèque de la Ville, C.22.* Basel 1993; „Kategorien musikalischen Verhaltens in evolutionärer Perspektive." In: Karl Eibl, Katja Mellmann und Rüdiger Zymner (Hrsg.): *Im Rücken der Kulturen.* Paderborn 2007, S. 271-290; „Musik … im Kaufhaus, in U-Bahnstationen, im OP: Ein Kurzstatement zu Wirkungen von Musik." In: *Jahrbuch Literatur und Medizin* 1 (2007), S. 177-182.

Die Herausgeber:

Thomas Fuchs, Prof. Dr. med. Dr. phil., ist Leiter der Sektion „Phänomenologische Psychopathologie und Psychotherapie" an der Klinik für Allgemeine Psychiatrie am Universitätsklinikum Heidelberg und Co-Direktor des Interdisziplinären Forums für Biomedizin und Kulturwissenschaften (IFBK). Wichtige Veröffentlichungen: *Zeit-Diagnosen. Philosophisch-Psychiatrische Essays.* Kusterdingen 2002; *Leib und Lebenswelt. Neue philosophisch-psychiatrische Essays.* Kusterdingen 2008; *Das Gehirn – ein Beziehungsorgan. Eine phänomenologisch-ökologische Konzeption.* Stuttgart 2008.

Andreas Kruse, Prof. Dr. phil. Dipl. Psych. (siehe Autoren).

Grit Schwarzkopf, Dr. phil., ist Akademische Mitarbeiterin und Co-Geschäftsführerin des Interdisziplinären Forums für Biomedizin und Kulturwissenschaften (IFBK) der Ruprecht-Karls-Universität Heidelberg. Veröffentlichungen: „Selbstentwurf und Gefährdung. Über die Grenzsituation des ‚Zufalls' bei Karl Jaspers und ihre Veranschaulichung in Heinrich von Kleists ‚Das Käthchen von Heilbronn oder die Feuerprobe'." In: Dietrich von Engelhardt, Horst-Jürgen Gerigk (Hrsg.): *Karl Jaspers im Schnittpunkt von Zeitgeschichte, Psychopathologie, Literatur und Film.* Heidelberg 2009.

Namenverzeichnis